Gerencia exitosa de ventas

Diseño de tapa:
MVZ ARGENTINA

FACUNDO DE SALTERAIN

Gerencia exitosa de ventas

Métodos, secretos y estrategias
para dirigir equipos de vendedores
hacia el éxito

GRANICA

BUENOS AIRES - BARCELONA - MÉXICO - SANTIAGO - MONTEVIDEO

© 2013 by Ediciones Granica S.A.
1a. reimpresión: marzo de 2013

ARGENTINA
Ediciones Granica S.A.
Lavalle 1634 3º G / C1048AAN Buenos Aires, Argentina
Tel.: +54 (11) 4374-1456 Fax: +54 (11) 4373-0669
granica.ar@granicaeditor.com
atencionaempresas@granicaeditor.com

MÉXICO
Ediciones Granica México S.A. de C.V.
Valle de Bravo N° 21 El Mirador Naucalpan - Edo. de Méx.
53050 Estado de México - México
Tel.: +52 (55) 5360-1010 Fax: +52 (55) 5360-1100
granica.mx@granicaeditor.com

URUGUAY
Ediciones Granica S.A.
Scoseria 2639 Bis
11300 Montevideo, Uruguay
Tel.: +59 (82) 712 4857 / +59 (82) 712 4858
granica.uy@granicaeditor.com

CHILE
granica.cl@granicaeditor.com
Tel.: +56 2 8107455

ESPAÑA
granica.es@granicaeditor.com
Tel.: +34 (93) 635 4120

www.granicaeditor.com

GRANICA es una marca registrada

ISBN 978-950-641-616-4

Hecho el depósito que marca la ley 11.723

Impreso en Argentina. Printed in Argentina

De Salterain, Facundo
Gerencia exitosa de ventas : métodos, secretos y estrategias
   para dirigir equipos de vendedores hacia el éxito . - 1a ed.
   1a reimp. - Buenos Aires : Granica, 2013.
296 p. ; 22x15 cm.

ISBN 978-950-641-616-4

1. Administración. 2. Ventas. I. Título
CDD 658

*Dedico este libro a Mariana Mitchell, mi esposa,
porque es además mi socia, mi novia, mi mejor amiga
y la responsable silenciosa de todos mis éxitos.*

*A mis hijos, Agustín, Gonzalo y Nicolás,
porque toleran mis ausencias cuando viajo,
y hacen grandiosos mis regresos.*

AGRADEZCO

A mis jefes, que me transfirieron, con su ejemplo, partes de lo que cuento en este libro. Especialmente a Juan Francisco González Saldívar y a Héctor Iglesias.

A mis clientes, que con sus desafíos forjaron mi experiencia.

A mis vendedores, que facilitaron varios de mis ascensos con sus esfuerzos y sus ventas.

A mis lectores de *Locos por las ventas,* que a través de sus testimonios me dieron el combustible para seguir escribiendo.

A mi madre, que con sus conocimientos de redacción me ayudó para que este libro llegue a sus manos en forma más entendible.

ÍNDICE

INTRODUCCIÓN

¿Qué originó la escritura de este libro y por qué puede ayudarlo a emprender una exitosa gerencia de ventas?

Como ya escribí en mi libro *Locos por las ventas* sobre mi experiencia en ventas, sobre las vivencias que me llevaron a hablar y escribir acerca de temas comerciales, y sobre mi claro sentimiento por el prestigio que tiene una persona que se dedica al arte de las ventas, en esta introducción me limitaré a contarle qué originó la escritura de este libro sobre gerencia de ventas, qué es lo que puede encontrar en él y a quiénes supongo que puede resultarles muy útil leerlo.

Mi interés por observar cómo hacen los gerentes de ventas que logran un éxito tras otro comenzó cuando tuve una experiencia laboral que me llevó a entender lo que representa el eje de este libro:

Para tener éxito no sirve depender de las voluntades que generen tus vendedores, hay que crear sistemas que generen esas voluntades.

Más adelante, me explayaré sobre este concepto y trataré de que compartamos la forma de pensamiento que lleva a tomar decisiones acertadas en la gerencia de ventas, pero ahora permítame decirle cómo nació esa forma de pensar en mi carrera.

Cuando me afirmaba exitosamente como gerente de ventas, al asumir el liderazgo de un grupo de sucursales de una empresa familiar, tuve que afrontar un cambio que movilizó mi estructura paradigmática.

A riesgo de resultar soberbio, puedo contar con orgullo que estaba ya experimentando éxitos en mi nuevo desafío y había logrado el respeto de mis colegas de otras sucursales cuando el gerente de uno de los grupos me llamó para una reunión, en la que –me anticipó– hablaríamos de algo personal, muy privado, y que necesitaría de mi silencio y de mi fidelidad.

Me comprometí a cumplir con la consigna, aunque, para ser sincero, debo decir que si su propuesta hubiera estado fuera de mis límites éticos y hubiera significado un perjuicio para la empresa, que confiaba en mí, habría sido capaz de faltar a mi palabra.

Sí, entendió bien, mi prejuicio iba a guiar mis acciones después de escuchar a esta persona, ya que, como vendedor, estaba acostumbrado a que en esas reuniones "personales" o "privadas", con promesa de silencio, a menudo se recibían propuestas de coimas o incentivos, de alianzas de complot, ideas de robos, y otras igualmente indeseables.

Para tranquilizarlo de antemano, quiero decirle que en aquella ocasión no tuve que escuchar ninguna proposición indecente, sino un pedido de ayuda que, con el tiempo, me di cuenta de que terminó siendo el mejor negocio de mi carrera, porque significó el aprendizaje que procuro transmitirle a usted en este libro, para que su compra sea también uno de los grandes negocios de su profesión.

Ni bien nos sentamos a conversar, mi colega me contó que además de ser gerente de ventas de uno de los grupos de sucursales de la empresa que conformábamos, era familiar y posible heredero del lugar más ambicionado por toda la familia: la gerencia general o la integración del directorio.

Hasta acá, nada nuevo, yo había oído en el famoso murmullo que recorre las oficinas, bien llamado *radio pasillo*, que él, a pesar de tener otro apellido, era uno de los familiares de los dueños de la compañía. Lo que ignoraba era que mi colega pertenecía a la rama odiada por la familia, que por ese entonces era mayoritaria en el directorio, y que buscaban la manera de que saliera de la empresa antes de que tuviera alguna posibilidad concreta de lograr ese deseado puesto.

—Estoy muy preocupado —me dijo—. En esta empresa, cuando quieren sacarse a alguien de encima, lo ponen como gerente de ventas, porque como es la responsabilidad más ligada a resultados que son difíciles de mantener en el tiempo, aprovechan cualquier oportunidad de bajón para despedirlo. Estoy convencido de que hicieron esto para dejarme afuera de la competencia por los puestos más importantes.

Le respondí con una sonrisa nerviosa, porque su comentario tenía algo de gracia, pero era muy real. La gerencia de ventas es muy similar a la dirección técnica de un equipo de fútbol: no importa cuántas copas se ganen, si después de obtenerlas los resultados están por debajo de la mitad de la tabla, se termina el contrato.

Aunque usted y yo bien sabemos que, como en el equipo de fútbol, a veces los errores son de los dirigentes, otras es cuestión de suerte, y algunos bajones son consecuencia de cambios necesarios de rumbo, el que pagará el precio de salida siempre será el director técnico o, en este caso, el gerente de ventas.

Me agradó que mi colega me eligiera para confesarme sus miedos; eso quería decir que podíamos iniciar una amistad, además de una buena relación laboral, pero quedé helado cuando me dijo el motivo por el que me contaba aquello, y sobre todo, cuál era la base de su preocupación.

—Facundo, lograste que hablemos muy bien de tu trabajo en muy poco tiempo. Estoy convencido de que eres la persona que puede ayudarme a lograr mantener mi gerencia de ventas en un estado de éxito hasta que llegue el tiempo en que los dinosaurios se retiren de la empresa. Necesito tu ayuda, y la necesito porque resulta muy evidente que me eligieron como gerente de ventas para desterrarme, porque yo soy... —y aquí su voz tomó un tono de resignación y su expresión se llenó de pánico— licenciado en sistemas.

Después levantó la voz, y agregó:

—Facundo, ¡lo mío son las computadoras, no las ventas!

Ante esas palabras, para darle ánimos, yo tendría que haberme parado, poner mi mano sobre su hombro y pronunciar el mejor discurso de motivación que me hubiera surgido, pero en cambio (y lamento haber respondido así) lo miré de la misma forma en que mira un médico a alguien que tiene una enfermedad terminal, para decirle que le quedan pocos días, y, con la mayor naturalidad, le dije:

—¿No hay alguna posibilidad de que te transfieran a sistemas?

Era obvia su respuesta negativa, después de lo que me había contado acerca de las intenciones de sus familiares enemigos. Así es que me respondió:

—Facundo, es indispensable que me ayudes. Es mi única posibilidad de permanecer en la empresa. Estoy dispuesto a pagarte muy bien por tu tiempo.

Aunque el pedido me llenaba de orgullo y me brindaba la oportunidad de transmitir mi experiencia para ayudar a otros, algo que desde siempre fue el motivo por el que siento que vine a esta vida, sabía que no podía satisfacerlo. Sencillamente, no tenía el tiempo necesario. Estaba en los primeros meses de mi gerencia de ventas –con todo lo que esto implicaba–, y, aunque la solicitud desesperada de mi colega me indicaba que iba rumbo al éxito, me faltaba mucho para navegar en piloto automático. Contra mis deseos, tuve que responderle:

—Me encantaría ayudarte, pero ¿en qué momento? Necesitaríamos reunirnos... Yo no podría trabajar en mi gerencia...

—Ya pensé en eso —me respondió—. Como mi forma de razonar es la de un licenciado en sistemas, creo que la mejor manera es desarrollar un sistema informático que contemple lo que harías en mi caso.

La cara de sorpresa que debo haber puesto quedó reflejada en su sonrisa. Siguió explicándome su idea:

—Es algo así como un buscador de respuestas. Yo te envío por mail las preguntas que siempre me hago y que me hacen, y que respondo desde mi falta de experiencia. Cuando tengas tiempo, redactas las respuestas. Con esa información, yo desarrollo un sistema, el Facundo 1.0, que me servirá para encontrar soluciones cada vez que me encuentre ante una situación similar.

Para ser sincero, no creí que su idea sirviera para nada, pero me atrajo pensar que podría sentarme en una computadora y ver en la pantalla un sistema que se llamara Facundo de Salterain 1.0. Mi ego pudo más que mi falta de tiempo.

Como digo en mi libro *Locos por las ventas*, estoy seguro de que se puede convencer a cualquier persona de algo que no quiere, si se conoce cuál es su deseo, y mi deseo egocéntrico de ese momento fue muy estimulado como para terminar convencido de ponerme a contestar miles de mails con preguntas sobre gerencia de ventas, que mi colega me envió en menos de tres días.

A continuación, voy a contarle cuál fue el resultado de aquella experiencia, y usted comprenderá lo que le prometí al principio de esta introducción, cuando le dije que el libro que tiene en sus manos puede ayudarlo a emprender una exitosa gerencia de ventas.

Increíblemente, por lo menos para mí, la mejor gerencia de ventas de la compañía empezó a ser la de mi colega, porque su sistema conseguía que él hiciera realmente lo que yo pensaba hacer, y que, aunque me pese decirlo, yo no hacía en un ciento por ciento.

Entonces descubrí dos cosas:

1. El líder debe hablar menos, y hacer más.
2. Son los sistemas y los métodos con los que se hacen las cosas los que vuelven a una gerencia o a una empresa exitosa en forma permanente. Es por sus sistemas que empresas como McDonald's o Starbucks Coffee crecieron más allá de sus fronteras, dirigiendo gente de culturas muy diferentes.

Esa vivencia es la que me llevó a pensar en sistemas y fórmulas para desarrollar una gerencia exitosa de ventas que no dependiera de mi voluntad de hacer o no hacer, y que menos sujeta estuviera a la voluntad de mis dirigidos. Porque a lo largo de estos años me convencí, cada vez más, de que a los que estamos en ventas nos gusta hacer mucho dinero con poco esfuerzo, porque sé lo difícil que es vender, y porque soy consciente de que un vendedor –o como yo prefiero llamarlo, un "loco por las ventas"– es una persona que, si tuviera la voluntad de hacer todo lo que debe hacer, estaría trabajando por su cuenta y no dependiendo de un gerente o del directorio de una empresa.

Permítame fundamentar esto último que escribí, y explicar la siguiente frase:

Para tener éxito no sirve depender de las voluntades, hay que crear sistemas que generen esas voluntades.

Querer algo fervientemente y tener planes para llevarlo adelante no es suficiente si no está presente la voluntad de ponerse a hacer lo que se debe hacer para que esos planes se concreten.

Doy un ejemplo muy personal. Hacía ya diez años que quería, y planificaba, bajar de peso, pero solo logré perder veintidós kilos en un año cuando apliqué un sistema basado en dos puntos: anotar todo lo que comía para darme cuenta de lo enorme que era la ingesta, y pesarme todos los días para ser consciente del futuro que me esperaba si seguía aumentado esos gramos diarios.

En las ventas sucede lo mismo. Basado en mi experiencia, llegué a la conclusión de que los pasos que debe superar un vendedor para llegar a su cima profesional son los siguientes:

Vendo lo de otro - Vendo lo mío - Venden lo mío

Es en el tercer paso donde, entiendo, se llega a la cumbre profesional de las ventas.

Yo me considero un profesional porque vendí lo de otros durante mucho tiempo, para poder adquirir la experiencia y los ingresos que me permitieron vender lo mío. Vendí lo mío durante muchos años, para que otros consideraran, después de observar mi éxito, que podían vender lo mío. Hoy, este libro llega a sus manos porque otros lo venden por mí.

Transmitido este concepto propio sobre la carrera profesional de ventas, y suponiendo que está de acuerdo, le propongo concentrarnos en explicar por qué un vendedor que vende bien y que tiene habilidades para convencer fácilmente a las personas, no pasa del escalón uno "vendo lo de otro" al escalón dos "vendo lo mío".

Analicemos fríamente: si ese vendedor es capaz de vender y de convencer, puede dejar de vender lo de otro y convencer a un inversor para que le dé dinero y tener así algo propio, que le permita ganar mucho más que una comisión.

La pregunta que surge inmediatamente es obvia: ¿por qué no lo hace? Encontré la respuesta después de muchos años: no tiene la voluntad de hacer algo por su cuenta y necesita un líder y un sistema empresario y gerencial que lo lleve a hacerlo, aun cuando no tenga ganas de vender, cuando su voluntad decaiga.

Esto es lo que pretendo enseñarle en el libro que tiene en sus manos: cómo implementar sistemas eficientes para que sus vendedores obtengan logros más allá de sus voluntades. Y más importante aún: cómo hacer para que el sistema funcione incluso cuando su voluntad como gerente de ventas decaiga.

Finalmente

Quiero pedirle que no acepte sin reparos todo lo que digo en este libro. Considero que es solamente la parte de la verdad que me tocó conocer a lo largo de mi experiencia. No soy psicólogo, ni sociólogo, ni licenciado en nada que confirme como cierto lo que escribí. Lo que sigue es mi verdad, y quiero que la sume a su verdad, para que junto a la verdad de Dios, que nos guía, encontremos una verdad común y más eficiente.

Lo invito a sumergirse en mi libro y a que iniciemos un contacto por intermedio de Facebook y de mi página web www.todosobreventas.com.

Será un enorme placer compartir experiencias y, si me lo permite, ayudarlo a lograr sus objetivos.

CAPÍTULO 1

PERFIL Y TAREAS PRINCIPALES
DE UN GERENTE DE VENTAS

¿Los gerentes de ventas exitosos fueron excelentes vendedores?

Una pregunta habitual en ventas es si un líder de equipo debe ser mejor vendedor y más hábil que sus liderados. No solo se lo plantean aquellos que se dedican a buscar un gerente de ventas o quienes están a punto de ascender a un vendedor a ese cargo, sino también los gerentes de ventas. Yo me pregunté lo mismo cuando ocupaba ese cargo.

Creo que el éxito de un gerente de ventas no depende de que haya sido un excelente vendedor. Una cosa no está en relación directa con la otra. Haber sido un buen vendedor no me aseguró nunca ser un gerente de ventas exitoso, y muchas veces fue la causa de mis fracasos como líder. Puedo asegurar que vi muchísimos más gerentes de ventas exitosos que antes habían sido vendedores comunes, que gerentes de ventas exitosos que habían sido previamente vendedores triunfadores.

Hay muchas analogías posibles entre el fútbol y la venta. Estoy seguro de que a usted se le habrán ocurrido varias, si siente, como yo, pasión por ese deporte y por esta profesión. Por ejemplo, es fácil equiparar el silbato del final del partido con el término del mes, cuando sabemos si hemos superado la meta. Creo que no hay dos cosas que se parezcan tanto como cerrar una gran venta y meter un gol de media cancha. Y aunque su pasión deportiva no sea el fútbol, me imagino que también podrá comprender el paralelo que existe entre los éxitos de un gerente de ventas y los de un director técnico.

Estamos acostumbrados a ver cómo equipos de fútbol (y de todos los deportes), con jugadores sin experiencia, promocionados desde divisiones inferiores, llegan a obtener grandes títulos, y en contraposición a aquellos que, con estrellas que valen varios millones de dólares, no llegan a ganar ni a conformar con su juego.

Estos casos permiten ver la importancia del director técnico. En las ventas sucede lo mismo: la pieza fundamental de toda fuerza comercial exitosa es el gerente de ventas, que debe tener la capacidad de reclutar vendedores sin experiencia (de divisiones o de empresas inferiores, para desarrollarlos como grandes jugadores de las ventas), conseguir estrellas que trabajan para sus competidores, motivar al equipo, dirigirlo, entrenarlo, controlarlo, conducirlo y planificar la mejor estrategia para que metan goles de ventas y ganen el campeonato propuesto por el directorio.

Los clubes de todos los deportes invierten dinero en grandes directores técnicos o entrenadores. Sin embargo, muchas empresas no tienen grandes líderes de equipos de ventas. No los forman, no invierten en una gran selección de su fuerza comercial, y la mayoría, incluso, suele caer en el error de promocionar a un vendedor como gerente de ventas solo porque es bueno vendiendo, sin estudiar primero si tiene habilidades de liderazgo. Y es en este punto donde el fútbol y muchos deportes nos aportan otra enseñanza: ¿cuántos directores técnicos o entrenadores exitosos conoce usted que hayan sido excelentes jugadores? En mi país, Argentina, Carlos Bianchi, un jugador normal, no de los destacados, ganó como director técnico de Vélez Sarsfield una copa Libertadores, una Interamericana y una Intercontinental, y dirigiendo al Club Atlético Boca Juniors logró tres copas Libertadores y dos Intercontinentales. Por su parte, Diego Maradona, el mejor jugador que vio el planeta, mostró incapacidad para dirigir un equipo con éxito, hasta el momento en el que termino de escribir este libro. Cuando en Paraguay pregunto si se imaginan a José Luis Chilavert (el jugador más importante que dio ese país, elegido por la FIFA como el mejor arquero del mundo), dirigiendo a la selección de fútbol, me responden asegurando que sería una catástrofe, porque, aunque no conozcan sobre temas de liderazgo como los que trato en este libro, y aunque no sepan de psicología, motivación y conducción de personas, sí saben que para dirigir un equipo se necesita tener capacidades diferentes que las que tienen los que van a ser dirigidos.

Sin embargo, muchos empresarios parecen no tener este nivel de sabiduría popular, y, obnubilados por los resultados de ventas, arruinan a un buen vendedor poniéndolo a cargo de otros vendedores. Y también es esta la causa de muchos fracasos de vendedores que aplican para ese puesto sin antes prepararse.

Pero ¿por qué un excelente vendedor suele no ser un excelente gerente de ventas?

Sencillamente, porque el trabajo de ventas difiere muchísimo del de gerencia y liderazgo. Empecemos por ver la diferencia en el eje de cada una de esas tareas. Mientras que el vendedor realiza un trabajo solitario, generalmente egoísta, con resultados vinculados a su propio esfuerzo, y no al de sus compañeros en la fuerza de ventas, el gerente cumple con un trabajo integrador, de sumo interés para el equipo, para nada egoísta y cuyo éxito está ligado a la suma de los resultados que obtienen sus dirigidos. Dos funciones bien diferenciadas: en la primera se hace para uno mismo, y en la segunda, para todos, y se depende más de habilidades formativas y estratégicas que de habilidades operativas.

El vendedor desarrolla negocios y se relaciona con clientes. El gerente desarrolla personas y se relaciona con vendedores.

La tarea del vendedor es solitaria, y generalmente individualista. El trabajo del gerente se realiza a través de otros y es integrador.

El vendedor es el jugador. El gerente es el guía, director técnico o entrenador.

El vendedor tiene una actitud rebelde, vive en un clima de insatisfacción permanente. El gerente tiene una actitud conciliadora, está siempre en busca del equilibrio.

El vendedor vende productos o servicios. El gerente solo vende ideas a su equipo.

El vendedor busca hablar con clientes en su territorio. El gerente busca hablar con vendedores en su territorio.

El vendedor debe retener a los mejores clientes. El gerente debe retener a los mejores vendedores.

El vendedor detecta necesidades, da servicio, vende. El gerente recluta, selecciona, entrena, motiva, controla, conduce, planifica.

¿Cuál es el perfil ideal de un gerente de ventas?

Estoy convencido de que la profesión de origen es indiferente. Conozco gerentes de ventas exitosos que estudiaron carreras que nada tienen que ver con lo comercial: ingenieros agrónomos, médicos, contadores, informáticos. También conozco gerentes de ventas exitosos que fueron excelentes vendedores y otros que vendiendo eran "zapateros" (como se les solía llamar a los vendedores que obtienen un resultado de cero ventas; en esta misma tipología, los "mediocampistas" eran los de resultados mediocres; los "goleadores", los que eran buenos, y los "locos" –por "locos por las ventas"–, los considerados profesionales). De todos modos, no hay procedencia alguna que asegure el éxito para un gerente de ventas, pero sí hay hábitos y comportamientos que detecté que son comunes en los triunfadores. Después de observarlos, armé esta lista:

a) Son fuertes en la comunicación oral, y conocen técnicas para ser efectivos en este punto. Son profesores de ventas, antes que vendedores.

b) También se comunican eficazmente por escrito, y esto les facilita convencer a sus niveles superiores, y a sus liderados por los medios digitales.

c) Tienen buena escucha. Les interesa informarse sobre lo que afecta a sus liderados. Saben cómo demostrar a sus vendedores que se interesan por lo que tienen para decir.

d) Son organizados. Desarrollan sistemas que funcionen, y no discursos que promocionen. Son conscientes de que el buen manejo del tiempo los ayudará a cumplir mejor con sus funciones.

e) Son persuasivos. Saben cómo vender ideas a su equipo.

f) Son conciliadores y mediadores. Saben manejar conflictos entre personas, y esta habilidad les permite resolver problemas entre los vendedores y con otros departamentos.

g) Aunque no sean psicólogos, es una ciencia que les interesa muchísimo y todos leyeron varios libros sobre la conducta humana, para comprender el comportamiento de sus vendedores y trabajar para mejorarlo.

h) Tienen la habilidad de elegir a las personas que los rodean, lo que los lleva a seleccionar buenos equipos de ventas. Se los ve felices con sus relaciones familiares y con sus amistades.

i) Son creativos. Están en la búsqueda constante de nuevas ideas para que sus vendedores aumenten sus ventas. Esto es comparable a los centros que se le tiran a un goleador en un partido de fútbol.

j) Tienen actitud de servicio. Sienten que son ellos los que deben servir a los vendedores, y no que los vendedores deben servirlos a ellos.

k) Son excelentes motivadores. Son conscientes de que la única manera que existe para que las personas lideradas logren sus objetivos, laborales y personales, es por medio del uso efectivo de las técnicas de la motivación.

Tareas principales de un gerente de ventas exitoso

Es preciso comprender que estamos ante un tiempo de cambios importantes en la forma de comunicarnos, en los hábitos de compra y en la manera de pensar.

Un ejemplo de lo que quiero transmitir: una vez leí que desde la época de Cristo se necesitaron 1.750 años para duplicar toda la información que existe en el mundo; y a la fecha de escritura de este libro, la información se duplica cada cuatro años. Estamos en una época de cambios drásticos: el paso de una era convencional a una digital, y la mayoría de los vendedores y los gerentes de esta época se encuentran en una bisagra de cambio. Los clientes a los que se enfrentarán en los próximos años pensarán de manera diferente de como lo hacen ellos y, si no están preparados para atenderlos con el mismo código comunicacional y por los medios acostumbrados por esa generación digital, serán desechados.

Es simple:

Si los gerentes de ventas no cambian,
los cambiarán a ellos.

El nuevo gerente de ventas se enfrenta a estos cambios

- En los próximos años, los clientes serán más exigentes, tendrán más conocimientos y requerirán que se diseñen estrategias de venta más específicas, totalmente "hechas a medida" y completamente diferentes a las tradicionales.
- Habrá cada vez más competencia y será más dura, estará mejor preparada y será capaz de responder en menos tiempo. Se necesitará mayor creatividad y mayor velocidad para crear esas ideas. Además, con el acceso a la computadora por todas las clases sociales y una globalización concreta, a la competencia local y nacional se sumará la internacional. Se necesitarán gerentes de ventas de nivel internacional.
- Los productos y los servicios son cada vez más equiparables entre sí, lo cual provocará que diferenciarse sea más difícil y costoso. Recuerde qué marcas lideraban el mercado de electrodomésticos en la época de sus abuelos y recorra en su mente las marcas que adquirió ahora. En mis capacitaciones, algunos alumnos no pueden decirme de qué marca es su televisor o su reproductor de películas.
- Los vendedores serán, en general, menos numerosos, más caros, más difíciles de dirigir y más exigentes, ya que estarán más preparados. Necesitarán manejar mayor tecnología, y más costosa.
- La enorme competencia, las nuevas formas de adquisición de productos que saltearán vendedores y la cantidad de información que llegará a los vendedores, muchas veces les generará bajones en su motivación. Y el gerente de ventas, además de protegerse a sí mismo, deberá actuar en forma inmediata para mantener motivados a sus liderados.

Lista de tareas

Esta es la lista de las once tareas que considero que debe realizar un gerente de ventas de éxito. Cada una contiene una explicación breve, porque serán abordadas en gran parte de los capítulos que siguen.

1. Planeamiento y presupuesto de ventas.
2. Reclutamiento, selección y entrenamiento inicial de vendedores para su fuerza de ventas.
3. Vender ideas a su equipo.
4. Generar oportunidades para sus vendedores.
5. Involucrarse en las decisiones de marketing.
6. Monitoreo, evaluación y control.
7. Mantener un buen clima organizacional. Manejo de conflictos.
8. Administrar la gestión de ventas.
9. Compensación, motivación y dirección de la fuerza de ventas.
10. Desarrollo y capacitación de su fuerza de ventas.
11. Capacitarse y mantenerse informado.

1. Planeamiento y presupuesto de ventas

En mi libro *Locos por las ventas* le dedico un capítulo a la motivación personal y laboral de las personas que se dedican a vender. En ese capítulo menciono que la motivación es la energía o impulso que moviliza y encamina los recursos de una persona hacia el logro de un objetivo.

No se puede encontrar motivación para realizar algo si no hay un objetivo. Quien no se propone objetivos de éxito, estará corriendo el riesgo de que la mala suerte lo lleve al fracaso.

Muchos éxitos y fracasos están directamente relacionados con una mala elección de las metas.

Existen tres tipos de gerentes en cuanto a la elección de objetivos:

1. Los que creen que hay que elegir objetivos altísimos, para aumentar el nivel de los mediocres. Altas exigencias, altos resultados.
2. Los que creen que es mejor asegurarse con objetivos bajos, para no asumir compromisos que después depriman a los vendedores o al directorio.
3. Los que eligen objetivos realistas y dinámicos, y se permiten subir la apuesta (adecuarlos) según los cambios que surjan en el transcurso del tiempo planificado.

Observe este estudio realizado en cien empresas exitosas de diferentes países del mundo, que publicó la *Harvard Business Review*.

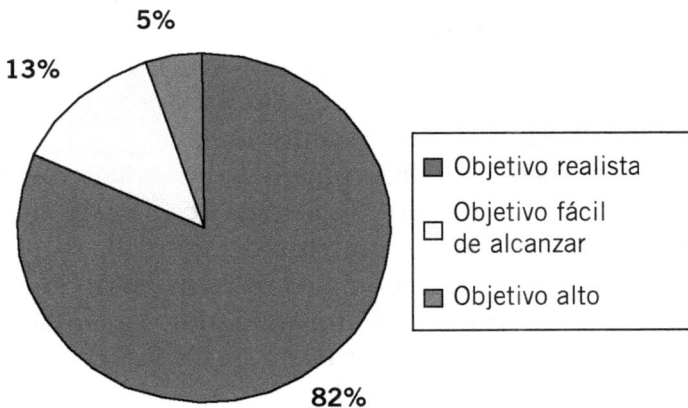

5%

13%

82%

■ Objetivo realista
□ Objetivo fácil de alcanzar
■ Objetivo alto

A la luz de estos resultados confirmé lo que siempre pensé como vendedor: un objetivo alto deprime desde el primer momento en que uno lo recibe. Cuando uno ve que algo es inalcanzable ni lo intenta.

Por ejemplo: en este momento yo peso 100 kilos, y no estoy en condiciones de correr una maratón. Si mi objetivo fuera 15 kilómetros, ni empezaría a correr; en cambio si el objetivo fuera realista, sin dejar de ser exigente, iniciaría la carrera para intentarlo.

Un objetivo fácil genera tranquilidad y estabilidad, pero se pierde la motivación que genera la realización personal, la sensación que provoca el haber logrado algo. Generalmente, con un objetivo fácil de lograr no se obtiene creatividad, no se logra una fuerza motivada y los vendedores encuentran mucho tiempo para dedicarse a formular quejas y a hablar sobre temas que no ayudan a tener éxito ni en sus vidas ni en sus trabajos.

En fin, los objetivos realistas y dinámicos mantienen despiertos a los vendedores y siempre a punto de cumplirlos en los últimos días del mes o del período elegido para establecerlos.

Quizás a esta altura su mente esté formulando la misma pregunta que me hacen en mis capacitaciones de liderazgo de ventas: ¿cómo hago para establecer un objetivo realista en tiempos de cambio o en un producto o empresa nuevos sin registros de ventas anteriores?

Mi respuesta es que elijan objetivos dinámicos, que puedan ser cambiados no solo por la modificación de factores externos, como el comportamiento del mercado, sino también cuando se modifiquen factores internos, como la ausencia por enfermedad de un vendedor. La explicación de cómo se logra la encontrará en el último capítulo de este libro.

2. Reclutamiento, selección y entrenamiento inicial de vendedores para su fuerza de ventas

La selección de su equipo de ventas es la tarea más importante y la más determinante del éxito. Volviendo a la analogía con el fútbol, todo el mundo conoce las reglas del deporte por el que siente pasión, y puede comprarse la camiseta que usa Lionel Messi (elegido mejor jugador del mundo a la fecha de escritura de este libro), pero solo él puede dejar como pintados al óleo a sus marcadores, ganar millones por hacerlo y redituarle con creces a su club, el Barcelona, dándole satisfacciones en cada campeonato.

En todos los deportes, para ganar grandes cosas hay que firmar grandes contratos con grandes jugadores. En la venta sucede lo mismo, y algunas empresas quieren ganar desafíos tan importantes como lo es una copa internacional para el fútbol, pero no quieren invertir en vendedores profesionales. Les pagan poco a su fuerza de ventas, no los capacitan y no consiguen habilidosos de la venta que les permitan lograr sus fines. Los resultados son claros: si tenemos jugadores para jugar en divisiones B, no podemos intentar ganar títulos internacionales. Lo primero que hace un director técnico o entrenador de cualquier deporte al asumir es seleccionar sus jugadores de acuerdo con sus estrategias de juego. El gerente de ventas debe hacer lo mismo al asumir su cargo.

Jamás delegue esta responsabilidad en el departamento de Recursos Humanos. Y si lo hace, involúcrese, proponga candidatos, analice bien a los sugeridos por el seleccionador.

En el Capítulo 2, encontrará una lista de acciones e ideas para tener en cuenta en la selección de su equipo de vendedores, para formar una fuerza de ventas vencedora.

3. Vender ideas a su equipo

Es común ver a gerentes utilizando la mayoría de su tiempo para vender productos o servicios. Muchas veces, por incapacidad de delegar, suelen caer en la falsa creencia a la que llevan las frases "si quieres que se haga bien, hazlo tú" y "mándalo y hazlo", que estoy seguro de que fueron creadas por gente incapaz de formar y liderar personas. Otras veces, esto sucede porque su origen fue el de vendedor y la nueva actividad de gerente de ventas no los llena de satisfacción personal o monetaria como lo hacía su anterior función. Pero...

> *El gerente de ventas solo debe*
> *vender ideas a su equipo.*

Desde que uno asume la gerencia debe cambiar su concepción sobre la venta y entender que, ahora, el candidato a cliente es el vendedor, y que la venta se cierra cuando el vendedor sale convencido a hacer el trabajo que se le encomendó. El líder debe aplicar para motivar a su equipo lo que antes utilizaba con los clientes: las mismas técnicas para manejo de objeciones, las mismas formas en la comunicación, el mismo método en la selección de la información; en definitiva, las técnicas para convencer a más personas en menos tiempo sobre las que me explayo en mi libro *Locos por las ventas*.

> *Si el tiempo que usted emplea en completar*
> *una venta con un cliente, lo dedicara a planificar*
> *cómo venderle ideas a su equipo de diez o veinte vendedores,*
> *obtendría diez o veinte ventas más.*

Los cuatro errores más habituales que cometen los gerentes de ventas cuando intentan vender sus ideas son:

a) Suponer que los vendedores a los que están intentando vender la idea son como eran ellos cuando vendían o, si antes no fueron vendedores, como imaginan ellos que hubieran sido como tales. Que tienen sus mismos objetivos personales y laborales, y que el tema del que hablan resultará también relevante para la otra parte. Muchas veces vi que los vendedores no tienen interés en las cosas que a los gerentes les importan, y ni bien terminan de escuchar su discurso salen a hacer lo que les parece mejor.

b) El segundo error consiste en creer que no existen formas de convencer a la gente para que acepte una idea. Muchos gerentes de ventas prefieren improvisar, o dedicarse a contar su propia experiencia y sus sentimientos con respecto a un concepto. En mi libro *Locos por las ventas* le dedico un capítulo a las leyes del convencimiento. Aunque me agradaría que lo leyera, si no desea hacerlo, utilice algún otro sistema probado de venta de ideas y tenga muy en cuenta el Capítulo 3 de este libro.

c) El tercer error más común es pensar que con una reunión es suficiente. Es lo mismo que pensar que un padre puede convencer a su hijo con una sola charla. Se necesita preparar una campaña para vender la idea. No basta con hacer una presentación.

d) El cuarto error es transmitir la idea como si fuera propia o del directorio. Esto hará pensar a los vendedores que el buen resultado traerá aparejado que sus superiores sientan más poder sobre ellos, y algunos, incluso, estarán dispuestos a boicotearla, para que sus jefes no se lleven el mérito. Es recomendable aplicar una estrategia de comunicación que permita hacerles creer a los vendedores que la idea surgió de ellos, o que nació de sus superiores y ellos la perfeccionaron. Solo cuando la hagan suya la llevarán adelante con orgullo.

Sobre este último punto, quiero transmitirles una experiencia que puede ayudarlos a comprender cómo hacer que los vendedores se apropien de una idea.

En una oportunidad me tocó trabajar para aumentar las ventas de una empresa de electrodomésticos que, por razones religiosas, no abría los sábados. Resultaba obvio que si conseguía que las puertas estuvieran abiertas durante ese día tan vital para la compra, aumentarían las operaciones. Pero me encontraba ante dos obstáculos. El primero: ¿cómo convencer al dueño de cambiar algo que estaba basado en sus creencias religiosas? El segundo: ¿cómo lograr que vendedores que hacía más de cinco años trabajaban de lunes a viernes aceptaran trabajar también los sábados?

En toda negociación, lo importante es contar con la información necesaria para el logro del objetivo. Eso es lo que empecé a conseguir. Me pregunté qué era lo que haría que el propietario abriera los sábados, a pesar de que su religión no se lo permitía. Después de mucho indagar, su hijo me contó que una vez su padre había hecho una excepción, porque se lo había permitido el rabino de su templo. Sin dudarlo un segundo me di cuenta de que al que había que convencer era al rabino, y en la primera oportunidad que tuve (él iba una vez por semana a la empresa a hablar con el propietario y con sus hijos) le dije:

—Necesito hablar con usted, porque estoy ayudando a esta familia a que prospere y, por el tipo de negocio que manejan, es imperioso que abran los sábados. ¿Existe alguna posibilidad de que su religión les permita trabajar ese día a aquellos que no son de la colectividad?

El rabino me miró fijamente y tuve la sensación de que su respuesta iba a ser negativa, pero creo que vio en mis ojos las buenas intenciones de la propuesta y, seguramente informado de que si la empresa no aumentaba la facturación podría estar en problemas, me respondió:

—Siempre y cuando no se obligue a trabajar a quienes tienen que dedicarle ese tiempo a Dios, este negocio podrá abrir los sábados.

Ya tenía el sí de quien representaba la máxima palabra de la religión del propietario, a quien, creo, le hice además un favor, porque, aunque hacía tiempo que quería abrir los sábados, no se animaba a hablar con el rabino.

Me faltaba obtener la respuesta positiva de los vendedores. La información que obtuve, y que me daba poder en la negociación, fue que el equipo estaba pidiendo desde hacía un tiempo aumento en las comisiones y que el propietario no se lo otorgaba. Entonces me di cuenta de que si abríamos los sábados y el propietario me permitía aumentar las comisiones en las ventas que resultaran de la nueva modalidad, lograría convencer a los vendedores.

Me reuní con él. Le conté lo que había hablado con el rabino y le expliqué la idea que tuve acerca de cómo convencer a los vendedores para que trabajaran los sábados sin que representara un costo mayor en sueldos, sino una apuesta al aumento de ventas.

Su respuesta fue afirmativa, y me permitió aplicar una estrategia de tres pasos que en una semana logró que los vendedores se apropien de la idea.

El primer paso fue contarles que había estacionado mi auto frente al local de la competencia y había registrado la venta de un sábado por la mañana, y explicarles cuánto representaría para cada uno ese dinero. Me respondieron que el propietario jamás abriría un sábado y que a ellos tampoco les gustaría sacrificar ese día de descanso. Mi interés no estaba centrado en que ellos aceptaran con aplausos la idea, sino en dejar en claro el monto de ventas que se perdían por no trabajar los sábados. Quería que la palabra sábado, unida al monto de dinero perdido, empezara a sembrar dudas en sus mentes.

El segundo paso fue contarles que estaba en mi ánimo ayudarlos a que logren el aumento de comisiones tan buscado. Les dije que estaba pensando maneras de conseguirlo y les pedí que ellos también pensaran en esto y que nos reuniéramos dentro de una semana, fuera del horario de trabajo, el sábado a la mañana. Algunos se negaron a utilizar ese horario para la reunión, pero les expliqué que no podíamos juntarnos en la empresa, y tampoco podíamos hacerlo de noche, porque ese era el momento de estar en familia. Para la reunión, elegí un bar que estaba ubicado frente al local de la competencia. Hice esto porque necesitaba que se pusieran a pensar en el tema, pero más que nada porque quería que experimenta-

ran que invertir un sábado a la mañana no les iba a causar muchos inconvenientes en su vida personal. Además, quería que vieran con sus propios ojos las cajas de productos saliendo del negocio de nuestros competidores. Durante esa semana, cada día les recordé la reunión del sábado y les pedí que fueran pensando ideas para aumentar las comisiones.

El tercer paso fue la reunión del sábado. Cuando estuvimos sentados en el café, me limité a guiar la conversación y, cada tanto, a llamar la atención para mostrar cómo salían productos del local de la competencia. Tengo que reconocer que Dios me ayudó, colocando en la escena a un muy buen cliente de uno de mis vendedores con una compra recién hecha, lo que hizo que el grupo sintiera aún más la pérdida. No se presentaron muy buenas ideas sobre cómo lograr que el propietario aumentara el porcentaje de comisiones por ventas, pero los argumentos expuestos me permitieron guiar al grupo para que formulara mi idea como si fuera de su propiedad. Encontré el pie cuando uno de ellos dijo:

—Si al menos pudiéramos convencerlo de que nos pague más comisión por las ventas que aumentemos a partir de ahora.

—¡Qué buena idea! —respondí con entusiasmo—. Creo que eso es factible. Al menos va a representar un pequeño aumento de ingresos para todos, si le ponemos fuerza y aumentamos las ventas.

Y después, con tono de desilusión, agregué:

—Aunque aumentar las ventas hoy en día es un desafío a mediano plazo.

Y con tono de esperanza dije:

—Ojalá el mes tuviera más días y no solo treinta.

En ese momento, el vendedor que había visto a su cliente salir del negocio de la competencia y que no dejaba de desviar la mirada hacia la puerta de ese local, dijo lo que para mí era la venta cerrada.

—¿Y si abrimos los sábados? Al final de cuentas, acá estamos, y en vez de vender estamos hablando.

Con gestos de felicitación hacia el vendedor, agregué, mirando a los más disconformes:

—Al final de cuentas no tenemos que venir todos los sábados. Es un solo turno. Podríamos hacerlo sábado por medio, si quieren.

Ante la aprobación de la mayoría, les prometí que me haría cargo de negociar con el propietario, y que vería al rabino para que aprobara la apertura de los sábados. Les pedí que me desearan suerte y les dije que me convertía en el abanderado de la idea que habían tenido. El resto es fácil de imaginar. Abrimos los sábados, aumentamos las ventas y nuestros ingresos personales. Durante toda mi estadía en esa empresa se habló de la excelente idea de los vendedores, del orgullo del equipo que asumió el sacrificio de trabajar sábado por medio para salvar a la empresa.

Yo sé que algunos de los que acaban de leer mi relato pensarán "al diablo con estos pasos, el que no se ajusta a lo que quiero, que se vaya". Si usted es uno de los que piensan así, quiero decirle que no se irán. Usualmente, lo que sucede es que se quedan y destruyen la idea y a su dueño, por intentar imponerla.

El gerente de ventas tiene una relación directa con los resultados, pero cuando les pregunto a los que tienen éxito, muchas veces no saben explicar con exactitud cómo obtuvieron esos resultados. Porque es fácil hablar de procesos, reglas, ideas y órdenes impuestas, pero es muy difícil hablar de transformar la manera de pensar de las personas.

4. Generar oportunidades para sus vendedores

Otra tarea que el gerente de ventas debe cumplir, en forma constante, es la búsqueda de oportunidades para que sus vendedores puedan dedicarle más tiempo a la venta que a la prospección o meditación. Con esto no quiero sugerirle que transforme a sus vendedores en robots sin propios pensamientos o sin creatividad, pero sí transmitirle que usted, como gerente, debe emplear parte de su tiempo en el análisis del mercado, en el estudio de las innovaciones y en el diagnóstico de las ventas de su fuerza, para encontrar oportunidades que son más fáciles de observar desde su puesto y su experiencia.

Repito la enseñanza que brinda la analogía entre el fútbol y las ventas: el gerente debe ser un jugador que esté continuamente tirando centros, para que consigan tantos sus goleadores.

Algunas ideas:

- Negocie con empresas aliadas, cumpla con acciones de marketing o adquiera, a un precio justo, bases de datos que se ajusten al perfil del candidato a comprar su producto o servicio.

  El primer error de los vendedores, y el que más tiempo les hace perder a ellos y a la empresa, es la pérdida del tiempo que emplean intentando venderle a las personas incorrectas. Una forma de minimizar este error es darles los prospectos servidos en bandeja, mediante una base de datos preparada para recibirlos.

- Analice la fórmula de ventas de sus vendedores.

  Si se fija en cómo un candidato llega a ser cliente de su vendedor, desde que toma contacto con la empresa hasta que firma la orden, obtendrá información que puede ayudarlos, a su vendedor y a usted, a mantener la fórmula efectiva de ventas y a seguir un criterio que lleve a aumentarlas en el corto plazo.

Esta experiencia me permitirá ser más claro:

Cuando estaba vendiendo en un call center, *ya acostumbrado a lograr los objetivos normales de ventas, solo con el objetivo de mantener el esfuerzo de cantidad de llamadas y llegar a los ingresos que necesitaba para pagar mis cuentas, sucedió algo inesperado en mi área: asignaron un nuevo jefe a nuestro departamento, de origen francés. Sinceramente, aunque no era algo que se espe-*

raba, el cambio de jefe no significaba nada para mí, ya que yo me limitaba a sentarme en mi puesto, hacer las llamadas correspondientes, ver las ventas que había logrado y dejar mi lugar para que lo tome el del otro turno. El jefe era, desde mi punto de vista, una persona que estaba para controlar a los que no tenían ganas de trabajar, que no era mi caso; como cuando uno ve a un bañero o guardavidas cuidando a los que no saben nadar.

Una mañana, en cuanto llego a mi puesto, aparece el nuevo jefe (el "franchute", le decíamos), y me da una lista de personas a las que tenía que llamar. Cuando revisé la lista, reconocí varios nombres de personas que ya me habían dicho que no querían comprar y, muy molesto, le dije:

—Señor, valoro mucho su colaboración, pero yo sé hacer mi trabajo y a la gente que figura en esta lista la reconozco, y es una pérdida de tiempo, porque ya intenté venderles.

Sin dejar de mostrar molestia y adoptando un tono sugerente, para subestimar su capacidad como jefe, agregué:

—Soy de los que trabajan y venden. ¿Por qué no se ocupa de los que están bajos en ventas o los que no hacen las llamadas correspondientes? Ellos lo necesitan más que yo.

El "franchute" me miró con ojos de misil y, con su tono afrancesado, me dijo:

—Va a llamar a esta lista, lo estaré escuchando y grabando. Si no lo hace, considere buscar otro trabajo.

Como usted no me conoce, no se imagina cómo puedo ponerme yo ante una persona que me habla de esa manera, pero para que tenga una idea de lo que siento en esos casos, le cuento que antes de iniciar las llamadas escribí su nombre en una hoja y al lado, entre paréntesis, anoté, porque suelo anotar mis objetivos: "Dura tres meses".

Después, sin muchos ánimos, inicié cada uno de las llamadas, para demostrarle que no le vendería nada a su horrorosa selección de candidatos de la base.

Lo que sucedió me dio una importante lección para mis gestiones como gerente de ventas. Y espero que también le sirva a usted.

No quiero exagerar diciendo que cada llamada resultaba en
una venta, pero le puedo asegurar que ese fue el mejor día de aquel
mes, y tal vez del año.

A medida que iba cerrando ventas, mi entusiasmo crecía y cada
vez que cortaba pensaba: "¿Cómo descubrió el "franchute" que esta
gente estaba dispuesta a decirme que sí?".

Al finalizar el día, sin terminar la lista (le garantizo que ya
quería que empezara el día siguiente para finalizarla), fui a la oficina del "franchute", le pedí disculpas por mi forma de tratarlo, y
le rogué que me dijera cómo había hecho para identificar esas oportunidades de ventas.

Él, con una postura ganadora (estaba disfrutando su triunfo
ante mi subestimación), me contestó:

—Analicé tus ventas y descubrí tu fórmula o patrón de ventas.

Acerqué mi silla, para no perderme lo que seguía, y ante mi
mirada, que era como la de un niño escuchando un cuento maravilloso, siguió explicándome:

—El sesenta y cinco por ciento de las ventas que cierras tienen
el siguiente patrón: 1. provienen de la publicidad en el periódico;
2. les has realizado tres llamadas. Lo único que hice es buscar en
la base los candidatos que provienen de ese medio publicitario a los
que les habías hecho dos llamadas, para que finalices con tu patrón
haciéndoles la tercera llamada.

Después escuchamos conversaciones de las que formaban parte
del patrón o fórmula de ventas y descubrimos que:

Me resultaba más fácil venderle a la gente que provenía del
periódico porque podía hacer referencia al aviso y leerlo junto al
candidato, mientras que los que provenían de la radio no estaban
muy al tanto de lo que habían escuchado y a mí, por ser una persona visual, me costaba traducir palabras en imágenes, para que
el prospecto, del otro lado del teléfono, pudiera visualizarlas como
en el aviso. Por ejemplo, a los del periódico les decía: "¿Vio allí
donde dice tal o cual cosa, debajo del producto? Eso es lo mejor que
puede hacer por usted, porque…". Mientras que a los de la radio
les decía: "¿Recuerda la parte en que el locutor dice tal o cual cosa?".

Y el cliente me respondía que no se acordaba mucho del aviso y me complicaba la venta.

Mis tres llamadas significaban un proceso de crecimiento en la comunicación que nos llevaba al candidato y a mí a cerrar la venta. En la primera llamada me dedicaba a informar sobre el producto y trataba de no presionar mucho, lo dejaba pensar o analizar con otra persona. En la segunda llamada aplicaba algo de presión y, ante las objeciones, respondía con efectividad, pero no aplicaba un cierre fuerte, sino uno sugerente. En cambio, en la tercera llamada, sabiendo que ya había hecho todo para la venta, que le había respondido a las objeciones y le había dado tiempo para pensarlo, simplemente aplicaba un cierre fuerte e impaciente y lograba concretar el acuerdo.

Este proceso culminó con acciones que recomiendo en el punto en que me explayo sobre una de las tareas principales del gerente de ventas: "Desarrollo y capacitación de su fuerza de ventas", donde trabajamos en mejorar el patrón.

Lo que deseo transmitirle con esta experiencia es que el análisis de mi patrón o fórmula de ventas llevó a mi jefe a descubrir oportunidades iguales a las que encontré para mis vendedores con la misma práctica durante toda mi carrera.

- Analice el comportamiento de compra de sus clientes, para saber cuándo estarán listos para adquirir nuevamente su producto o servicio, o para realizar un *upgrade* o aumento de compra. Se trata del estudio de indicadores que permitan descubrir cuándo un cliente está dispuesto a ser visitado, para entregárselo en bandeja al vendedor.

No puedo explayarme en este libro sobre todos los indicadores que conozco al respecto, ya que pretendo que sea práctico y ameno, y no un manual insoportable, pero le voy a contar una experiencia con uno de los indicadores: el estudio de la frecuencia de compra de los clientes.

En uno de mis asesoramientos a una empresa con sucursales en shoppings *que ofrecían al público productos informáticos para el hogar y la oficina, denominados* home-office, *realizamos un estudio de frecuencia de compra de los clientes, para detectar oportunidades de ventas para el* call center *que se había implementado por mi sugerencia. Descubrimos muchas frecuencias. La que le voy a presentar es la de una persona que compraba una gran cantidad de cartuchos de tinta para impresora cada dos meses. No iba a la tienda o sucursal para otra cosa más que para esto. Por la cantidad que compraba era obvio que realizaba un gran volumen de impresiones. Esto nos llevó a comunicarnos con el cliente, para averiguar por qué nunca había comprado impresoras en la empresa, ni resmas de papel para sus impresiones. De la llamada y la reunión posterior con un vendedor externo surgió una nueva e interesante oportunidad de venta.*

Este estudio de frecuencia no solo permite detectar oportunidades de venta, sino también, debidamente informatizado, actuar en forma inmediata cuando un cliente rompe el ciclo frecuente de compra.

¿Cree que si no hubiéramos implementado este sistema alguien se hubiera dado cuenta rápidamente de la deserción del cliente entre todas las operaciones diarias y mensuales? Quizás sí, quizás no; pero un gerente de ventas exitoso no puede darse ese lujo, y a través de esta clase de investigación debe salvar pérdidas de ventas y detectar oportunidades nuevas para sus vendedores.

5. Involucrarse en las decisiones de marketing

En mis charlas con vendedores de las empresas que capacito, suelo escuchar quejas sobre las decisiones de marketing. El marketing debe servir a las ventas y muchas veces es solamente un estorbo. Las empresas que no trabajan con una coordinación entre los departamentos de marketing y de ventas, siempre cometen errores importantes que llevan a los vendedores a pronunciar frases como estas: "A este folleto no lo uso, porque me complica la venta", "A esa promoción ni la nombro, porque hace que la gente me pida lo mismo con otros productos", "Esa publicidad me genera llamadas de gente que nunca va a comprar. Es muy linda, pero si dejan de publicarla, para mí, sería un alivio". Todos estos comentarios son reales y los escuché en empresas chicas, medianas y grandes.

Muchas veces el marketing es pésimo y el esfuerzo de los vendedores hace que las ventas se cierren porque ellos necesitan los ingresos. Otras, el marketing es tan bueno que los vendedores se transforman en "tomapedidos", y la empresa incurre en un gasto innecesario de comisiones sin sentido.

El gerente de ventas debe involucrarse en el marketing, para poder influir en los diseños, las campañas y las estrategias de precio, el producto, la distribución y otros aspectos.

La mejor decisión es que un folleto sea filtrado por los mismos vendedores que lo van a usar (para que puedan aportar sus puntos de vista), y que una campaña sea aprobada por el gerente de ventas, en lugar de que le llegue sorpresivamente y deba adaptarse a ella, a pesar de que pueda complicarle el trabajo.

A lo largo de mi carrera tuve que pelearme con varios estilistas de la comunicación que buscaban que la pieza fuera linda, y no vendedora. Es preciso dividir las aguas. Está la comunicación de marketing dedicada a mejorar o mantener la imagen de marca y está la que debe generar llamadas y visitas para los vendedores. A ambas las valoro, pero si no existe la de ventas, dejará de existir la de imagen de marca... ¡Por falta de ingresos!

6. Monitoreo, evaluación y control

Lo que se mide,
se logra

No existiría un tablero lleno de relojes que miden la velocidad, la temperatura, las revoluciones por minuto y el resto de los parámetros en los automóviles, si no fuera necesario para lograr un viaje seguro y poder tomar decisiones de acuerdo con lo que indiquen. De la misma manera, usted debe crear, para su gerencia, el tablero que indique el estado de su éxito.

En el último capítulo de este libro profundizaré sobre los indicadores y los factores de medición que le servirán para llevar adelante un creativo sistema de remuneración, pero le anticipo algunos de los relojes que se pueden colocar en su tablero de gerencia:

- Efectividad de ventas
  Cantidad de contactos vs. ventas

- Efectividad de cobranza
  Cantidad de ventas firmadas vs. ventas cobradas

- Tiempo dedicado por venta
  Desde el primer contacto hasta el cierre

- Marketing de mayor convocatoria
  Qué medios atraen más llamadas, visitas o mails.

- Marketing de mayor efectividad
  Qué medios tienen mayores resultados de ventas

- Crecimiento de vendedores
  Medir la carrera que corren contra sí mismos

- Tiempo y forma del tiempo dedicado a la venta
  Cómo administra el tiempo y cuáles son las actividades del mejor vendedor, para transferir un formato exitoso al resto

Y otras mediciones que ayudan a responder ante emergencias, a mantener los aciertos y a no depender de la suerte.

El monitoreo y control de los vendedores es importantísimo. Aunque los vendedores vivan quejándose de su constante vigilancia, entienda que ellos necesitan un guía, que es usted. Y como supondrá, ningún guía puede conducir sin estar atento. Los gerentes deben acompañar de vez en cuando a sus vendedores en un recorrido o en una venta, y aparecer sorpresivamente en el terreno o en las sucursales, para hacer un control de la gestión.

7. Mantener un buen clima organizacional. Manejo de conflictos

En el capítulo llamado "Cómo obtener lo mejor de su equipo de ventas" trataré a fondo las formas que conozco para motivar a sus vendedores. Allí encontrará la manera de generar un buen clima organizacional. Estoy convencido de que el trabajo aburrido genera un empleado dormido, el trabajo obligado genera un empleado enojado, el trabajo confortable genera un empleado desechable y el trabajo divertido genera un empleado entretenido.

El entretenimiento hace que pase el tiempo y que el esfuerzo no se sienta. Cuando fui a Disney World, me levantaba muy temprano, caminaba durante horas, hacía largas colas y el tiempo parecía pasar muy rápido. El entusiasmo era tal que solo sentía dolor en las piernas al llegar a mi habitación del hotel. Uno está dispuesto a darle duro y a poner todo de sí cuando está entretenido. Muchos trabajos me resultaron tan entretenidos que di más horas de las que me imaginaba y logré más éxitos de los que esperaba. Escribir este libro me entretiene, y haber escrito Locos por las ventas *me entretuvo, por eso tiene el éxito que tiene. En mi casa existe una sola regla:*

Haz aquello que amas y que te entretiene,
si no, déjalo, porque seguro que lo harás mal.

Haga de su departamento de ventas un lugar entretenido. Logre que batir las metas sea divertido para sus vendedores, y verá que conseguirá cada vez metas más ambiciosas sin que se sienta un gran esfuerzo.

Manejo de conflictos

Un buen líder es un buen mediador. Usted debe mantener a su equipo unido y eso no es fácil en el ambiente de las ventas. Los mejores vendedores son conflictivos. Si usted tiene vendedores que no se quejan ni se pelean con sus pares, ni entran en conflicto con el área administrativa, créame, no cuenta con buenos vendedores.

Lo malo no es el conflicto, sino su mala gestión. Aunque usted sea un gran gerente de ventas y haya llevado a cabo con eficacia todas las tareas que estoy describiendo, su equipo lo evaluará exigentemente cuando deba aplicar su condición de líder para resolver situaciones complejas en relaciones interpersonales e interdepartamentales.

La comunicación es vital en el manejo de situaciones conflictivas, por eso le dedico todo un capítulo: "La comunicación efectiva con vendedores".

Siempre que tome una decisión que afecte al equipo o a un miembro del equipo va a tener detractores; no es posible agradar a todos, pero la forma y el momento en el que comunique el porqué de la decisión cambiarán sus consecuencias.

En una oportunidad me tocó asesorar a una gran fábrica y distribuidora de alimentos. Su planta estaba tan retirada que habían implementado un transporte privado para acercar al personal a zonas por donde pasaban los medios de transporte público. Su gerente de ventas me pidió que evaluáramos juntos cada una de las tareas principales, para identificar fortalezas y debilidades. Nos pusimos a trabajar y mostró una gran preocupación cuando me contó que cada vez que tomaba una decisión drástica recibía como respuesta la desaprobación del resto del equipo. Le pedí que recordara un caso reciente. Me contó que había un miembro del equipo al que debió despedir por razones que él suponía que serían entendidas por todos y que incluso había pensado que algunos integrantes del grupo no solo lo comprenderían, sino que le agradecerían que hubiera prescindido de esa persona. Sin embargo, cuando lo hizo, todo el equipo pareció estar en su contra, incluso sintió que el personal de otras áreas de la empresa estuvo disconforme, aunque reconocía que esta última parte podía ser fruto de su imaginación, porque nunca se lo habían dicho abiertamente.

Analizando finamente cómo había concretado el despido, notamos que lo había hecho en los últimos minutos de un día laboral, y que el despedido había viajado en el transporte de la empresa, junto al resto del personal, llorando y despotricando.

A pesar de que su manejo del conflicto había sido correcto (nadie que estuviera en su lugar hubiera debido tomar una decisión diferente), equivocó el tiempo. Aunque la mayoría del personal estaba de acuerdo con la medida, ver a un compañero llorando en el transporte y escuchar información tergiversada, privada o totalmente inventada (producto normal del despecho del despedido), llevó a los integrantes de la empresa a hablar sobre el tema y sacar conclusiones sobre la decisión tomada.

Así descubrimos que este gerente debería haber hecho quedar al empleado más allá de su horario laboral y, después de que el transporte de la empresa se hubiera ido con el resto del personal, comunicarle el despido y pedirle un taxi. Otra cosa que debió haber hecho es convocar a una reunión, a la mañana siguiente, para comunicar al resto de su equipo de ventas los motivos del despido de uno de sus integrantes. De esta manera, hubiera evitado las dudas, y que la mentira ocupara el lugar de la verdad.

Manejar las emociones de otros exige dos habilidades emocionales: autogobierno y empatía. La ausencia de estas habilidades puede hacer que aun los más brillantes fracasen en sus relaciones, porque pueden aparecer como arrogantes, desagradables o insensibles. Además, aunque estas dos habilidades estén presentes, es fundamental aplicarlas en el momento y el lugar exactos. Espero poder brindarle con lo que sigue en este libro alguna ayuda para lograrlo. De todos modos, le recomiendo leer libros sobre inteligencia emocional, porque lo guiarán en el manejo de las emociones de sus liderados.

8. Administrar la gestión de ventas

Esta es quizás la tarea que menos explicación necesite, ya que es la más común en los departamentos de ventas. En mi opinión particular, se vende más cuando el gerente de ventas está involucrado en procesos estratégicos y puede, gracias a la ayuda de otros departamentos, poner piloto automático en su trabajo administrativo. Creo que es preciso entender que el gerente de ventas debe dedicarle mucho tiempo a la administración del plan anual. También debe involucrarse en labores de estrategia (como la planificación y dirección de ventas) junto al directorio o a sus jefes directos, así como en el análisis de los resultados y la toma de medidas correctoras que conduzcan a mejorar, por ejemplo, la detección de oportunidades potenciales.

La administración de ventas tiene la capacidad de identificar aquellas zonas que resultan problemáticas y además sugiere acciones a mediano y corto plazo.

Si no planificas tu éxito,
estarás planificando tu fracaso.

Pero ¿por qué planificar?

Muchas veces se actúa sin planificar porque existe impaciencia, porque pensar parece una actividad improductiva, o porque lo urgente desplaza a lo importante.

Planificar ayuda a definir hacia dónde se quiere ir, cuál es la meta. Señala un camino lógico a seguir para alcanzarla. Lo mantiene a usted y a todo el equipo informado sobre cómo se progresa respecto del plan trazado. Y lo más importante: permite ver los errores en el papel antes de que aparezcan en la realidad. Durante el año, la planificación le permite realizar rápidos ajustes si se presentan dificultades en el curso del trabajo.

¿Por qué muchos gerentes de ventas se niegan a planificar?

- Ignorancia
  No conocen con exactitud lo que es un plan, ni para qué sirve.

- Falta de información
  No están registrados los resultados anteriores o nunca planificaron, y les cuesta trabajar sobre un supuesto sin base sólida.

- Se necesita tiempo
  Es cierto, pero es un tiempo bien compensado, por la eficacia de las ventas que se obtienen, y porque mediante la planificación se pueden pedir los recursos necesarios para lograr la meta propuesta.

- No parece útil
  A muchos gerentes de ventas les va bien sin planificar, pero esto no significa que no podrían mejorar sus resultados si planificaran.

- Imposibilidad de suponer, o de ver a futuro
  Es difícil hacer previsiones en tiempos cambiantes, en mercados en constante mutación, sobre todo en un entorno de crisis. Además, los latinoamericanos ni siquiera tenemos el hábito de planificar nuestras vidas.

- Rapidez

  Es verdad que un plan cuadricula y burocratiza un poco las ventas, pero permítame sembrar en usted la duda que tuve cuando un gerente me obligó a planificar:

  Yo provenía de pymes, que son negocios en los que el dueño está presente y, por lo tanto, las decisiones son rápidas. Nada se planifica y cada uno está con el matafuego en una mano y la espada en la otra. La adrenalina de trabajar así me encantaba, cada día era una incógnita, un desafío parecido a entrar en una cueva y encontrarse con lo que nos deparara la suerte.

  Al pasar a una multinacional y encontrarme con planes, métodos y procesos, me sumergí en quejas y críticas constantes, con el argumento de que, si pudiéramos quitar esos contrapesos, nuestro globo volaría alto.

  Harto de mis quejas, un día mi jefe me llamó y me preguntó:

  —¿Por qué te parece que esas empresas sin procesos, sin planificación, sin métodos, sin manuales, son justamente las empresas pequeñas, familiares, y, en cambio, todas las multinacionales tienen esas costumbres que bautizaste "contrapesos"? ¿Por qué te parece que los globos inician el viaje con contrapesos? Tu inteligencia te permitirá encontrar la respuesta sin ayuda.

  Entendí con esas preguntas la importancia de esos "contrapesos" para dirigirse al destino fijado en los tiempos establecidos y no correr el peligro de arruinarlo todo asumiendo riesgos innecesarios. La aventura está muy bien para Indiana Jones, pero para la empresa de la que depende mi familia y la de mis vendedores prefiero, desde ese día, un viaje planificado.

- Temor a los controles

  El plan pone de manifiesto los errores y los retrasos, y exige un compromiso mayor. Los gerentes de ventas cobardes prefieren mantener ciegos a sus superiores. Yo elegí el desafío de perder esa tranquilidad, para poder festejar con derecho cuando logro lo planificado y para que nadie suponga que fue producto de la suerte.

Para planificar las ventas

Es preciso entender que planificar no es predecir, ni prepararse para el futuro como si uno fuera un adivino. Es, en cambio, ordenar los recursos para que el futuro sea favorable. Para esto, se deben controlar los acontecimientos que sean manejables y adaptar los que no lo sean.

La planificación de ventas comprende cinco pasos:

- Recopilación de información
- Fijación de objetivos
- Desarrollo de estrategias
- Desarrollo de programas
- Presupuesto.

9. Compensación, motivación y dirección de la fuerza de ventas

A esta tarea le dedico los dos últimos capítulos del libro y, junto a las dos siguientes, la considero una de las más destacadas para un gerente de ventas exitoso.

No existe la fuerza de ventas que pueda lograr un solo objetivo sin la motivación suficiente; y mucho menos si no tiene un plan de compensación y remuneración que les permita a sus vendedores mantener la mente despejada y preparada para salir a conquistar metas más ambiciosas.

En el Capítulo 6 le contaré lo que me enseñó mi experiencia sobre cómo mantener un equipo motivado constantemente y en el Capítulo 7 le brindaré la información para aplicar un sistema de comisiones y remuneraciones que haga que sus vendedores se pongan a barrer metas y cumplir objetivos sin que a usted le demande un gran esfuerzo.

10. Desarrollo y capacitación de su fuerza de ventas

Cuanto más profesionales sean los vendedores,
más profesional será la gerencia.

Benson P. Shapiro
Administración del programa de ventas

En el desarrollo de los vendedores son importantes las capacitaciones periódicas a cargo de profesionales externos, porque impulsan cambios de hábitos. Pero, para ser realmente efectivas, las enseñanzas de estos especialistas deben ir acompañadas de capacitaciones permanentes, de mantenimiento.

A lo largo de mi carrera fui vendedor, supervisor, jefe de ventas, gerente de ventas, gerente general, propietario, capacitador, conferencista internacional; escribí sobre temas de ventas y organicé eventos internacionales. Puedo asegurarle que tengo vasta experiencia en el área de capacitación comercial y, después de haber participado de cientos de cursos, congresos y conferencias, en los que escuché a profesores de la talla del señor Alex Dey, llegué a esta conclusión:

Todas las actividades de capacitación son útiles,
pero ninguna es autosuficiente.

Su fuerza de ventas debe recibir formación de varias maneras y por distintos medios para ser realmente profesional. Las siguientes actividades (¡todas!) deben ser contempladas por su gerencia:

- Conferencias internacionales
- Cursos universitarios extracurriculares o diplomados
- Capacitaciones abiertas
- Capacitaciones cerradas y a medida para su empresa
- Cápsulas de capacitación

- Reuniones de crecimiento profesional
- Desarrollo del manual de ventas

Conferencias internacionales

Las conferencias internacionales, impartidas por autores de *best sellers* o por grandes referentes en el área de ventas que suelen ser convocados para congresos, no tienen el suficiente contenido, ya que lo que puede decirse en esas horas no es completo. Se asemejan más a un show que a un curso de técnicas de ventas. Sin embargo, quiero rescatar su importancia, ya que generan en los integrantes del equipo un gran entusiasmo por la profesión a la que se dedican. Asistir a un gran hotel, ver una multitud de vendedores como ellos, escuchar a un exvendedor al que todos aplauden y sentir una energía similar a la que se siente al asistir a un espectáculo, impulsa a los que trabajan en ventas a profesionalizarse. Me afirma en esta idea ver cómo en los eventos, después de las conferencias, muchos vendedores que no invierten en un solo libro técnico en todo el año salen corriendo hacia los stands de los expositores para comprar sus textos.

Recorro América y España dictando conferencias sobre ventas, y al finalizar firmo autógrafos no solo en mis libros, sino también en credenciales de acceso, corbatas y agendas de muchos vendedores. Ya en la habitación de mi hotel, cuando mi ego encuentra un descanso, llego a comprender que lo que genera tanta devoción no es mi persona, sino el gran entusiasmo que sienten los que me escucharon por haber sido honrados en lo que hacen, después de recibir tanta descalificación de la sociedad por ser simplemente "vendedores".

Cursos universitarios extracurriculares o diplomados

Algunas instituciones educativas tienen programas de tres, seis o doce meses dedicados a las ventas. Estas capacitaciones, si están impartidas por profesionales de buen nivel, ayudan a ver las ventas como una profesión, enseñan temas de materias complementarias a las ventas que los cursos tradicionales no abordan y brindan un enfoque diferente y más pragmático sobre la profesión.

Soy director y profesor de un diplomado de ventas y de un diplomado de gerencia de ventas y le garantizo que los temas tratados en esos espacios, los debates que se generan y las conclusiones grupales que se obtienen no se logran en capacitaciones de otro estilo. La mayoría de los anotados son vendedores que invierten su propio dinero para mejorar en la profesión, vendedores reconocidos por sus empresas que deciden invertir en ellos, propietarios de negocios y profesionales de otras carreras que desean perfeccionarse en el área de ventas para comercializar sus servicios. Esta mezcla interesantísima hace que los diplomados y los cursos extracurriculares sean realmente valiosos.

Capacitaciones abiertas

Las capacitaciones abiertas, realizadas en hoteles o instituciones educativas, de corta duración y enfocadas sobre un tema específico, son útiles en varios casos: a) cuando se necesita que determinados vendedores mejoren habilidades en un área específica y no se justifica la inversión que demanda realizar un curso cerrado en la empresa; b) cuando el tema es nuevo y necesita que su fuerza se actualice y resuelva dudas sobre el área (puedo dar como ejemplo un seminario que dicto sobre "Tecnoventas", donde enseño cómo utilizar las redes sociales informáticas para generar operaciones).

Si necesitara inscribir muchos vendedores en una capacitación abierta, le aconsejo siempre verificar si no es mejor realizar un seminario cerrado, en su empresa. En casos de muchas inscripciones, la inversión suele ser más económica o igual, pero siempre es mejor el resultado de un curso a medida.

Capacitaciones cerradas y a medida para su empresa

Son las que más recomiendo. Como vendedor, no había nada que me molestara más que escuchar, en capacitaciones abiertas, un ejemplo que no se aplicaba a mi actividad. Lo consideraba un tiempo perdido.

Claro que si usted tiene una fuerza de ventas muy pequeña no se justifica la inversión de contratar a un profesional para una capacitación cerrada, pero, si su fuerza de ventas supera las quince personas, no lo dude ni un segundo.

Para que estas capacitaciones sean realmente efectivas recomiendo aportarle mucha información previa al capacitador sobre el resultado que se busca y sobre cuáles son las características de la comercialización de su producto o servicio. Cuando contrataba estas capacitaciones, solía tener una reunión previa con el capacitador y, además de mostrarle la empresa y hablarle de nuestros objetivos, le daba una serie de archivos para que leyera, y hasta grabaciones en audio o video de vendedores comercializando el producto o servicio, para que tuviera una idea completa de lo que hacíamos, y a partir de allí pudiera hacer su desarrollo a medida. Los capacitadores siempre me decían que era importante que los gerentes se involucraran de esa manera, y que lo que yo hacía les generaba un mayor compromiso. Hoy, que me dedico a la capacitación, supongo que algunos gerentes me contratan solo para cumplir con un requisito y entiendo más que nunca la importancia de que se involucren en estos procesos.

Cápsulas de capacitación

La capacitación en ventas debe ser algo de todos los días. Esta profesión depende de los cambios en el entorno, de las modificaciones en los hábitos de las personas, de los estados de ánimo de las dos partes, de los ataques de la competencia y de otros factores; pero, fundamentalmente, de los asociados al comportamiento humano. Por eso me fascinan las ventas, y también es por esa razón que nunca dejé de capacitarme, ni de capacitar a mis vendedores.

¿Cómo capacitar diariamente?

Todos los autores del área solemos escribir, además de libros, notas en Internet, que son de acceso gratuito. En mi página web hay cientos de archivos que se pueden bajar. Muchos de los que investigamos sobre esta profesión grabamos audios para escuchar en el automóvil, en viajes de avión y en momentos de espera, o en otros, elegidos por cada uno para su propia capacitación. Reúna esa información, invierta en contenidos que mantengan a su fuerza alimentada de conocimientos y busque los momentos propicios del día para ir administrándola como si se tratara de cápsulas vitamínicas.

Durante mis años de gerencia de ventas recopilé muchísima información que, en forma de cápsulas, suministraba a mis vendedores. En algunos momentos elegía audios de grandes autores y se los daba a un vendedor que según mi criterio podía necesitar una enseñanza determinada, para que los escuchara en sus viajes o mientras esperaba a los clientes, siempre con la consigna de sentarnos después a discutir sobre el material en una minirreunión.

También usaba cuentos breves, de no más de una carilla, que contenían enseñanzas que se aplicaban al momento que vivía mi fuerza de ventas, y los leía al empezar o al finalizar la jornada. La lectura me tomaba entre tres y cinco minutos, no más. A veces seleccionaba a uno de los integrantes de la fuerza, para que leyera e hiciera un análisis personal del texto, con el objetivo de darle el protagonismo a uno de mis vendedores y apartarme del centro de la escena a la hora de deducir el mensaje. En mi página web están estos contenidos, para que usted los baje en forma gratuita.

A uno de los cuentos que forman parte de mi recopilación lo usé, con resultados muy favorables, en un momento en el que una crisis estaba afectando a mi fuerza de ventas. Fue después de un cambio en la empresa que generó reacciones negativas en algunos de los vendedores del grupo. A pesar de que las quejas eran comprensibles, por la situación y por las consecuencias de la modificación administrativa, asumí que no era positivo lamentarse y que lo mejor era reaccionar positivamente ante la adversidad.

El cuento es este:

¿Eres vendedor zanahoria, huevo o café?

Una vendedora se quejaba frente a su padre acerca de su vida y de lo difícil que le resultaba todo. No estaba vendiendo nada, estaba acumulando deudas por seguir intentándolo y además estaba a punto de perder su trabajo. No sabía cómo hacer para seguir adelante, y creía que se daría por vencida. Estaba cansada de luchar. Parecía que cuando solucionaba un problema, aparecía otro.

Su padre, que era chef de cocina, la llevó a su lugar de trabajo. Allí llenó tres ollas con agua y las colocó sobre fuego fuerte. Pronto el agua de las tres ollas estaba hirviendo. En una colocó zanahorias, en otra colocó huevos y en la última colocó granos de café. Las dejó hervir sin decir palabra.

La hija esperó impacientemente, preguntándose qué estaría haciendo su padre con esas ollas, y pensando que a su preocupación por la falta de ventas ahora debía sumar la de la posible locura del hombre.

A los veinte minutos, el chef apagó el fuego. Sacó las zanahorias y las colocó en un tazón. Sacó los huevos y los puso en un plato. Finalmente, coló el café y lo puso en un tercer recipiente. Mirando a su hija, le dijo:

—Querida, ¿qué ves?

—Zanahorias, huevos y café —fue la respuesta.

El hombre le pidió que se acercara y que tocara las zanahorias. Ella lo hizo, y notó que estaban blandas. En seguida le pidió que tomara un huevo y lo rompiera, y ella, después de sacarle la cáscara, observó que el huevo estaba duro. Luego le pidió que probara el café, y ella sonrió, mientras disfrutaba de su rico aroma.

—¿Qué significa esto, padre? —preguntó la vendedora con humildad.

Él le explicó que los tres elementos habían enfrentado la misma adversidad, el agua hirviendo, pero habían reaccionado en forma diferente. La zanahoria llegó al agua fuerte, dura, pero después de pasar por el agua hirviendo se había vuelto débil, fácil de deshacer. El huevo había llegado frágil al agua, su cáscara fina protegía su interior líquido, pero, después de estar en agua hirviendo, su interior se había endurecido. Los granos de café, sin embargo, eran únicos: habían cambiado al agua.

—¿Cual eres tú? —le preguntó a su hija—. Cuando la adversidad llama a tu puerta, cuando las ventas no se concretan, cuando cambian las condiciones en la empresa, ¿cómo respondes? ¿Eres una zanahoria que parece fuerte pero cuando la adversidad y el dolor te tocan, te vuelves débil y pierdes tu fortaleza? ¿Eres un huevo, que comienza con un corazón maleable? ¿Poseías un espíritu fluido, pero ante lo que sucede se ha vuelto duro y rígido? Por fuera te ves igual, pero ¿eres amargada y áspera, con un espíritu y un corazón endurecido? ¿O eres como un grano de café? El café cambia al agua hirviendo, que es el elemento que le causa dolor. Cuando el agua llega al punto de ebullición, el café alcanza su mejor sabor. Si eres como el grano de café, cuando las cosas se ponen peor tú reaccionas mejor y haces que las cosas a tu alrededor mejoren. ¿Cuál de los tres eres? ¿Cómo has reaccionado ante esta adversidad en las ventas?, ¿quejándote?, ¿abandonando?, ¿endureciéndote?, ¿o mejorando, para hacerle frente y encontrar respuestas que te conduzcan al éxito? ¿Eres una vendedora zanahoria, huevo o café?

Al terminar de leer este cuento se produjo en el grupo un silencio que entendí como un momento de reflexión, y que no necesitó que agregara nada. Simplemente, les dije que confiaba en ellos y que los sabía ganadores, aunque fueran perdiendo tres a cero, los salu-dé y fui a buscar mis propias respuestas. Al finalizar el día, una integrante de la fuerza de ventas me regaló un paquete de mi café preferido, que mostraba claramente cómo le había llegado el men-saje. En uno de los almuerzos con los vendedores, nos reímos cuan-do uno de ellos le dijo al mozo:

—En esta fuerza de ventas odiamos a las zanahorias.

Desde ese momento creo que un mensaje oportuno es más fuer-te que horas de charla y de reunión.

Reuniones de crecimiento profesional

Es común que los gerentes organicen reuniones para trans-mitir órdenes o para controlar a sus vendedores. La mayo-ría de ellas son inútiles y casi un concurso de mentiras donde todos pierden, no solo el concurso sino también el tiempo.

Para el buen control de los vendedores, hay que imple-mentar un sistema que no le quite tiempo ni a usted ni a ellos. Organizar una reunión para que le pasen un infor-me es, para mí, un autoengaño. Ellos prepararán el infor-me que más se adapte a lo que usted quiera escuchar y encontrarán las excusas más creativas (son vendedores) para explicar por qué no alcanzaron una meta, y usted se encargará de meter presión para que aumenten los resul-tados. Una pérdida de tiempo gigante. A los vendedores no nos pagan por horas consumidas sino por ventas cerradas. Hágase un favor, no organice estas reuniones y, si desea ayuda al respecto, en este libro encontrará algunos *tips* sobre cómo armar reuniones efectivas.

Creo firmemente en las reuniones para crecer, para encon-trar respuestas para vender más, para conocer sobre nuevas herramientas que permitan cerrar más ventas, para actuali-zarse y para informarse. No creo en las que se utilizan para que los vendedores informen sobre lo que el gerente sabría si implementara un método que le dé esa información en forma constante, y no una vez por semana, tergiversada.

Le sugiero organizar reuniones temáticas que ayuden a crecer profesionalmente. Para que sean productivas puede usar una cápsula que genere debate y conduzca a una conclusión grupal, o proponer un tema a desarrollar por alguno de sus vendedores o por usted mismo. También puede recurrir a escuchar grabaciones de otros vendedores exitosos. En el Capítulo 5 abordaré el tema "Cómo organizar reuniones productivas y motivadoras", y espero poder brindarle información útil para que sus encuentros con el equipo dejen de ser "concursos de mentiras" y pasen a ser "cumbres de desarrollo profesional".

Desarrollo del manual de ventas

Sigo sorprendiéndome negativamente al llegar a una empresa y notar que existen manuales de procedimientos para casi todas las actividades y no hay manuales de ventas. Me encontré con organizaciones que tienen hasta un manual que explica cómo utilizar el comedor pero no han elaborado una guía de cómo vender, cómo manejar las objeciones de los posibles clientes y cómo tratar con situaciones complejas durante las ventas.

En cambio, es común que me encuentre con manuales de procedimiento de ventas escritos por personal administrativo, que está más interesado en la logística que en los resultados. Atención: a estos últimos no los considero innecesarios, pero son insuficientes.

¿Cómo empezar a desarrollar un manual de ventas?

Las ventas se diferencian de otras actividades en que la mayoría del aprendizaje está basado en la experiencia, en las propias vivencias, y se obtiene en forma individual. En un taller mecánico, los aprendices solo tienen que observar a los que saben hacer, para ir adquiriendo conocimientos que se sumen a sus estudios. En ventas, ¿cómo hace un vendedor aprendiz para saber la forma en que cierra operaciones el mejor vendedor de la empresa, que hace su trabajo puertas afuera, en forma solitaria, donde solo su cliente puede escucharlo?

Una buena idea es armar una recopilación de grabaciones de buenos vendedores, para que quienes se están iniciando las escuchen. Solo se necesita un grabador digital, para prestárselo a los mejores, que deberán registrar algunos de sus éxitos, para colaborar con el crecimiento de sus compañeros de equipo. Después, con algún conocedor de edición de audio, hay que seleccionar las mejores partes y organizarlas por temas. Estos materiales son muy útiles, además, para las reuniones de desarrollo profesional.

Para determinar el contenido del manual de ventas desarrollé unos formularios que le permitirán recopilar información válida de cada uno de sus vendedores.

Formularios

- Argumentario
- Objeciones
- Respuestas a las objeciones
- Preguntas inteligentes.

Argumentario

Solicite a sus vendedores que, por cada producto, servicio o propuesta, confeccionen un listado de 10 argumentos (como mínimo), por los que el cliente debe firmar el compromiso con su empresa. Si sus vendedores manejan muchos productos o servicios, pídales que lo dividan por rubro o por área.

Los argumentos deben ser expresados de la misma manera en que se le transmitirán al cliente.

Objeciones

Solicíteles también que armen una lista de las objeciones que reciben ante la presentación de una propuesta, dividida por prospectos, candidatos, clientes, tipos de clientes; o sea, de la forma más segmentada que se pueda.

No les avise que deberán responderlas más adelante. No les entregue el formulario de respuesta a las objeciones hasta que hayan completado esta actividad. Incite a los miembros de su equipo a descargarse con todos los motivos por los que los clientes no compran. A los vendedores nos resulta muy fácil reproducir las formas creativas en que los clientes nos dicen "no". Y no nos resulta tan fácil deducir cómo contestarles con habilidad. Este será uno de los objetivos de la actividad que le estoy proponiendo.

Respuestas a las objeciones

Una vez que sus vendedores hayan completado el formulario anterior, debe pedirles que numeren las objeciones y que en otra hoja coloquen las respuestas que les dan habitualmente a los clientes. Se sorprenderá en esta parte, como yo me sorprendí alguna vez y me sigo sorprendiendo cuando evalúo a mis vendedores. Se preguntará por qué. Es simple, aunque usted no lo crea, muchos vendedores no tienen respuestas para las objeciones que reciben diariamente ante la presentación de una propuesta... ¡Y no se preocupan por encontrarlas! La mayoría responde de manera diferente, algunos con más acierto que otros.

Aquí abordamos el segundo objetivo de esta actividad: uniformar las respuestas mediante un debate que permita elegir las más acertadas.

Preguntas inteligentes

En mi libro *Locos por las ventas* digo que preguntar es una de las habilidades más importantes del "loco". Es más probable que venda mayores cantidades aquel que sabe preguntar que aquel que no sepa hablar del producto. Una vez, un vendedor me invitó a un curso de periodismo, en el que iban a enseñar habilidades para detectar preguntas en lo que expresaba el entrevistado. Fui con desgano y salí entusiasmadísimo, por la habilidad que había adquirido.

El vendedor que no tiene sus diez preguntas inteligentes de venta, tiene media venta perdida. El primer trabajo es desarrollar preguntas que lleven al prospecto a pensar en el producto, o directamente a comprar.

Algunos ejemplos de preguntas inteligentes: ¿alguna vez contrató un servicio como el nuestro?, ¿cuál fue su experiencia?; si comprara hoy nuestro producto, ¿qué es lo primero que haría con él?; ¿qué es lo que más le gustó de lo que le comenté de nuestro servicio?, y otras que inviten al candidato a contar sus deseos y opiniones.

Su trabajo como gerente es enseñar la importancia de esta actividad a los vendedores y solicitarles que desarrollen nuevas preguntas o transcriban las que ya hacían a los prospectos y a los clientes. Utilice la misma segmentación que empleo para el formulario denominado "Argumentario".

Con todos estos datos usted empezará a construir un manual de ventas rico en información y útil para sus actuales vendedores, a quienes les permitirá nivelarse con los mejores; pero mucho más ventajoso para los vendedores que se sumen al equipo, porque ganarán un tiempo valioso y reducirán las pérdidas por falta de experiencia en sus ventas.

Solo le faltará agregar contenidos técnicos sobre los productos y servicios, procesos y métodos logísticos o administrativos de ventas, testimonios de clientes que ayuden en los fundamentos probatorios y un trabajo que puede solicitar al departamento de atención al cliente, similar a este, donde figuren las quejas que reciben y las respuestas que mejor funcionaron. Esta última parte deberá ser filtrada por usted, ya que los vendedores no deben conocer todas las quejas. Recuerde que el liderazgo exige también filtrar la información que recibe su equipo, no con el objetivo de quitarles libertad, sino para que manejen solo la información que les permita vender más, y no aquella que los paralice o los atemorice.

Capacitando en forma efectiva

Siguiendo con la importancia de esta tarea de desarrollo y capacitación de su fuerza de ventas, en el Capítulo 2, cuando le describa cómo armar un sistema de reclutamiento, le hablaré sobre iniciar un legajo para cada nuevo vendedor. Este documento deberá indicar las fortalezas y las debilidades identificadas en el inicio de la relación, pero también debe ser alimentado con información constante, que ayude a elegir las habilidades a desarrollar en los vendedores.

Para que la capacitación en ventas sea efectiva, debe estar basada en un análisis realista de los requerimientos de desempeño. Es preciso que en el legajo conste el nivel actual del vendedor y adónde se requiere que llegue. La mejor forma de hacer esto es elegir factores a valorar de una manera simple e informal, o compleja y formal (como usted elija), y para lograrlo debe contar con la ayuda del departamento de Recursos Humanos o de una psicóloga laboral.

El análisis debería ayudarlo a conocer las necesidades de capacitación, los conocimientos y las habilidades existentes, la información sobre herramientas que faciliten el trabajo de ventas, y qué resultado se espera cuando finalice el entrenamiento.

Es de suma importancia asegurarse un adecuado seguimiento y apoyo posterior a la capacitación. No se puede asumir que los asistentes van a ser capaces de aplicar lo aprendido sin ser guiados.

Una de las anécdotas que solemos recordar junto con mi esposa, que es además mi socia en la consultora y muy responsable de mis éxitos en el área de capacitación, nos llevó a pensar en preocuparnos por que se aplique lo que enseño en mis seminarios.

En aquella oportunidad, una empresa muy importante me contrató para que dictara una capacitación que ya había dado en el lugar. Pidieron la misma capacitación, sobre el mismo tema, dirigido a la misma gente. Sí, leyó bien, dirigido a los mismos vendedores. Cuando les sugerimos amablemente a quienes contrataban que podrían estar en un error, nos dijeron que ya sabían que era el mismo temario dirigido a las mismas personas, pero que les había gustado tanto que querían repetirlo.

Después de curarme del asombro, me puse a pensar que esos vendedores estaban asistiendo a mi capacitación como quien va al cine para ver de nuevo una película que le gustó, pero en seguida me di cuenta de que no habían aplicado lo que les enseñé, porque, si así fuera, estarían solicitando avanzar sobre otros temas.

En la actualidad, sugiero a las empresas que contraten un plan de capacitación que incluya un seguimiento. Lo denomino "clínica de ventas". Estoy seguro de que quien le provee el servicio de capacitación podrá ofrecerle una solución similar, con evaluación del antes y el después. En caso contrario, puede asumir ese lugar usted mismo y elegir, de acuerdo con el contenido de la capacitación, qué habilidades evaluará en sus vendedores, grabándolos, acompañándolos o realizando un juego de roles para ver si asimilaron lo aprendido.

Consiga el apoyo necesario

Como le dije antes, la capacidad de mediación y la habilidad para obtener el apoyo que necesita la fuerza de ventas son destrezas que sumarán puntos a su liderazgo. Usted debe conseguir el compromiso tangible y visible del directorio, y lograr que toda la empresa apoye las capacitaciones de ventas. Sin ese apoyo, la efectividad será seguramente nula. La administración, Recursos Humanos y los encargados de logística de eventos (si los hubiera), deben colaborar con las capacitaciones y demostrar su apoyo a través de la coordinación y los recursos.

Fundamente la necesidad de las capacitaciones comprometiéndose con el resultado que aportará la inversión de tiempo y dinero para concretarla. Seguro que es más fácil no asumir compromisos, no arriesgar dinero en entrenamientos, y más cómodo no capacitar en forma constante a sus vendedores, pero, dígame, ¿cuán exitosa quiere que sea su gestión?

*Detener la capacitación para ahorrar dinero
es como detener el reloj para ahorrar tiempo.*

*Dejar de capacitar porque quita tiempo para la venta
es como dejar de ir a boxes porque quita tiempo de carrera.*

11. Capacitarse y mantenerse informado

Dejé para el final este ítem, porque creo que la falencia mayor de los gerentes de ventas es su falta de capacitación. Por cada treinta empresas que me contratan para que dicte cursos a sus vendedores, solo una me contrata para que colabore con la formación de sus gerentes y sus supervisores. Esta estadística coincide con las de la mayoría de mis colegas de varios países. Pareciera que a los gerentes de ventas y a sus superiores no les resulta importante la capacitación de los líderes.

Haciendo un paralelo con la guerra, se me ocurre la siguiente frase:

Capacitar a los soldados en tiro
sin capacitar a los generales en estrategia
hace del ejército un cuerpo de excelentes tiradores que,
sin dirección estratégica, pueden llegar a dispararse
entre ellos.

Si su empresa no lo apoya en lo que tiene que ver con la capacitación, y entiende que debe ser una inversión que parta de usted, cambie de empresa o no dude en invertir. No se ponga excusas como la falta de tiempo o de dinero para hacerlo, o le sucederá lo mismo que a un taxista que no invierte en su vehículo, porque, si lo hiciera, no llegaría cómodo a fin de mes: se quedará sin vehículo y sin trabajo. En ventas, nuestro taxi es nuestra mente, invierta en ella.

Nunca más oportuna la frase de Benjamin Franklin:

Vacía el bolsillo en tu mente,
que tu mente llenará tu bolsillo.

Y si el bolsillo que se vacía en su mente es el de su empresa, sea agradecido, ya que es una inversión que usted se llevará cuando se vaya.

Tablero de tareas principales de una gerencia exitosa de ventas

FACUNDO DE SALTERAIN
CONFERENCISTA INTERNACIONAL

TodoSobreVENTAS.com

Planificar y presupuestar
- Definición de objetivos.
- Definición de recursos.
- Compromiso con los resultados.

Seleccionar y reclutar
- Plan de reclutamiento.
- Selección.
- Inducción y capacitación inicial.
- Evaluación inicial. Confirmación.

Involucrarse en el marketing
- Influir en los diseños, campañas y estrategias de precio, producto, distribución y otros aspectos.
- Hacer participar a los vendedores.

Administrar la gestión de ventas
- Desarrollar la logística territorial y temporal.
- Administrar los recursos.
- Implementar y seguir procesos de mejora continua.

Capacitarse e informarse
- Asistir a seminarios y congresos.
- Inscribirse en cursos de posgrado o diplomado.
- Armar biblioteca personal de libros, audios y videos.

Vender ideas al equipo
- Reuniones individuales y grupales.
- Bajada de línea constante para influir en el apoyo a las ideas.

Generar oportunidades para los vendedores
- Realizar alianzas.
- Adquirir y formar bases de datos.
- Propiciar la fórmula de ventas efectiva.

Mantener un clima organizacional positivo
- Manejar los conflictos.
- Ayudar a la convivencia del equipo.
- Dar apoyo a temas personales del equipo.

Compensar, motivar y liderar la fuerza de ventas
- Acciones de motivación.
- Planes de remuneración atractivos.
- Premios y reconocimiento.

Desarrollar y capacitar
- Conferencias, cursos y diplomados.
- Capacitaciones abiertas y a medida.
- Reuniones de crecimiento.
- Manual de ventas.

Monitorear, evaluar y controlar

Evaluar y revisar indicadores y factores de medición de resultados - Seguimiento de la gestión de vendedores - Seguir el plan de ventas

CAPÍTULO 2

LA SELECCIÓN TRIUNFADORA

Como le expliqué en el capítulo anterior, el reclutamiento, la selección y el entrenamiento inicial de la fuerza de ventas es una tarea fundamental, que le corresponde al gerente.

Ahora quiero compartir con usted una lista de acciones que lo llevarán a tener a los mejores en su equipo.

Plan de reclutamiento

No espere a tener que despedir a un vendedor para iniciar la búsqueda del candidato a reemplazarlo. Este error lo llevará a tener un vendedor menos durante el tiempo que invierta en buscar y, a causa del apuro, puede también conducirlo a elegir a alguien que no tiene el nivel que sus objetivos requieren.

No confíe solamente en los vendedores que acuden en respuesta a un aviso del diario. Si el vendedor es bueno, seguramente está vendiendo. Insisto en la analogía con el fútbol o el deporte. Los directores técnicos y entrenadores pasan gran parte de su tiempo viendo jugadores de otros clubes, para tenerlos en cuenta. No es frecuente que contraten a los que están sin equipo.

Durante años estuve buscando la forma de armar un plan de reclutamiento que no significara una gran inversión, pero que diera resultado... Y llegué a la conclusión de que lo mejor es jugar a ser cliente de vendedores de empresas similares a la que gerenciaba. Lo que hacía era reservarme un horario por semana en el que recibía a vendedores de varias empresas que tenían en sus equipos personas con el perfil que yo necesitaba. Por ejemplo, cuando estaba en una empresa que comercializaba servicios de Internet para domicilios particulares, simulaba ser candidato a cliente de empresas que comercializaban servicios de televisión por cable para la zona que tenía como objetivo mi organización.

Mi plan de reclutamiento para crear una excelente fuerza de ventas

a) Seleccionar empresas con el mismo mercado y con vendedores de perfil similar al que necesita su organización.

b) Elegir un tiempo semanal, para simular ser candidato a cliente de esos vendedores: una mañana o una tarde por mes, completas.

c) Iniciar, durante la entrevista, un legajo del vendedor, en el que deben ser anotadas las observaciones positivas y negativas (si tuvo una buena actitud, si logró conocer las necesidades del cliente, si tiene capacidad de cierre, etc.), y cuáles son las acciones inmediatas anteriores y posteriores a la entrevista (si llegó tarde, si cambió el horario, si se llevó información que le permita vender, etc.).

d) Colocar en el legajo cuál fue el seguimiento que hizo el vendedor después de la entrevista.

e) Finalmente, poner el puntaje que resulte de la evaluación completa, como hace cuando selecciona vendedores (ver más adelante los formularios y preguntas que recomiendo).

Con este trabajo logrará obtener una base de datos rica en candidatos, a los que podrá ofrecerles trabajar en su empresa cuando sea necesario enriquecer su fuerza de ventas.

Además, el legajo iniciado en esta etapa puede ser mantenido cuando ya haya incorporado al vendedor, para ser engrosado con indicadores de desempeño, perfiles psíquicos y laborales, etcétera.

La selección de vendedores

Mi vida laboral me dio la oportunidad de seleccionar personal para una fuerza de mil integrantes. Durante ese proceso, los lunes tenía que elegir a setenta vendedores (entre cien), dividirlos en dos grupos de treinta y cinco, capacitar a un grupo los martes y los miércoles, al otro los jueves y los viernes, y, mientras capacitaba, seleccionar a cincuenta, para acompañarlos al territorio y enseñarles a vender con clientes reales.

Esa vivencia me obligó a agudizar mis criterios de evaluación en entrevistas y a interpretar los diferentes estilos de vendedores con los que me encontraba. Empecé teniendo en cuenta varios perfiles y con una batería de veinte preguntas. Con el tiempo, reduje la búsqueda a dos perfiles y elegí las preguntas que daban mejores resultados. Esto aprendí durante aquella experiencia:

Los perfiles

Me gustaría dejar claro que es importante que usted se reúna con un psicólogo para definir perfiles de vendedores, ya que lo que le voy a mostrar es producto de mi práctica y no de fundamentos aportados por grandes analistas de la mente humana. También recomiendo el libro *Vendedores perros*, de Blair Singer, que ofrece una visión muy interesante sobre las personalidades de los vendedores.

Sin embargo, muchas veces por falta de tiempo, me atrevo, sin ánimo de faltarle el respeto a nadie, a definir solo tres perfiles de vendedores, que varían según el producto o servicio y el tratamiento de ventas elegido: cazadores, sembradores y cuidadores.

Cazadores

- Son los que van en busca de clientes todos los días.
- Necesitan por lo menos una venta diaria para sentirse motivados.
- Tienen mucha capacidad de cierre inmediato, pero pierden paciencia durante un seguimiento.
- Son los ideales para ventas masivas, uno a uno.
- Son expertos en conseguir sus presas.
- No les resulta complicado obtener referencias.

Sembradores

- Tienen la capacidad de generar necesidades en los clientes.
- Construyen negocios y, aunque les cuesta bastante cerrar ventas en forma inmediata (incluso con clientes que estén dispuestos a hacerlo), suelen concretar grandes negocios.
- Son los ideales para ventas corporativas y de productos o servicios costosos.
- Son expertos en el seguimiento y en la detección de oportunidades de aumentar la venta inicial.

Cuidadores

- Tienen capacidad para manejar conflictos, solucionar problemas posventa y generar lazos duraderos con los clientes.
- Les cuesta cerrar una venta (de los tres perfiles, son los menos aptos para esto), pero son capaces de darlo todo a cambio de que el cliente se quede con la empresa.
- Son hábiles negociando en la adversidad.
- Debido a su capacidad de relación, saben detectar oportunidades de venta de productos o servicios adicionales.

Esta simple división de perfiles permite saber en poco tiempo si un vendedor está dotado para el trabajo de comercialización que el gerente le va a encomendar.

Las empresas de telecomunicaciones móviles suelen realizar esta división, aunque utilizando otra nomenclatura: "vendedores masivos" (cazadores), "vendedores corporativos" (sembradores) y "ejecutivos de cuenta" (cuidadores).

¿Qué sucede si se comete el error de colocar un vendedor de perfil sembrador en una venta de cazadores?

- Las metas diarias o de períodos cortos lo harán sentirse presionado. Vivirá quejándose de que no hay tiempo para hacer el trabajo de ventas con calidad y contagiará a los cazadores, que suelen no pensar en esto.
- No llegarán nunca a los objetivos. Perderán tiempo organizando lo que no es necesario organizar.

En síntesis: cuando usted lo suelte en la selva, él querrá que se construya un zoológico, para poder salir a cazar los leones que encerrarán.

Y... ¿qué puede suceder si se comete el error de colocar a un cazador en una venta para sembradores?

- No sabrá qué hacer (a medida que pasen los días) para que los resultados aparezcan.
- Esa falta de resultados diarios lo deprimirá, y abandonará el trabajo de ventas.
- Perderá tiempo con clientes que no son el *target* del producto o servicio que comercializa.
- Presionará, para que se decidan, a clientes de buen nivel, que necesitaban un trato más paciente.
- Se quejará siempre de los altos precios y de la cantidad de trabajo que hay que hacer para conseguir un cliente, y contagiará a los sembradores, que disfrutan de ese estilo de venta.

En síntesis: cuando coloque la primera semilla, el cazador querrá que ese mismo día crezca la planta.

Y... ¿si se comete el error de asignar un cazador a una venta de cuidadores?

- No los atenderá. Simplemente, abandonará a los clientes.
- Cuando se reúna con ellos, los presionará para obtener ventas y descuidará la relación.
- Odiará tener que ocuparse de conflictos o solucionar problemas por mal servicio, o cuestiones que no correspondan a ventas.
- Se quejará de la empresa hasta con los clientes.

En síntesis: cuando deba cuidar la planta del sembrador, se distraerá y permitirá que se la coman los pájaros; o la regará demasiado, para que dé frutos más rápido, y con esto solo logrará ahogarla y matarla.

Finalmente... ¿qué puede suceder si se comete el error de colocar un sembrador en una venta para cuidadores?

- Tendrá la capacidad necesaria para mantener la relación comercial y aumentar la venta en cada oportu-

nidad, pero siempre que todo se dé bien; porque no es buen negociador y, en situaciones conflictivas, no retendrá al cliente.
- Será lento para responder sobre temas que no tengan que ver con la venta.

En síntesis: se la pasará sembrando y descuidará los terrenos ya sembrados.

Me tocó asesorar a una agencia de venta de automotores de lujo. No quiero nombrar la marca, pero, para que usted tenga una idea de lo que comercializábamos, le cuento que el precio de ninguna unidad era inferior a los ochenta mil euros.

Un vendedor exitoso concretaba tres operaciones por año.

El gerente de la agencia estaba disconforme con su fuerza de ventas, por los resultados obtenidos en los últimos dos períodos.

Un día lo visitó un vendedor de telefonía celular (de marcado perfil cazador), que lo deslumbró por su capacidad de cierre, su calidad de comunicación y el poco tiempo que necesitó para venderle el equipo más caro con el servicio más completo. Ni bien se fue el vendedor, le pasó la tarjeta a su jefa de Recursos Humanos y le dijo que lo quería en la empresa.

En la primera entrevista con mi cliente, el vendedor negoció que le pagara un buen sueldo y un anticipo de comisiones, ya que sabía que podría tardar entre tres y cuatro meses en cerrar una venta y, sin esas condiciones, no le convenía el cambio de empresa.

Lo que obtuvo fue mucho más de lo que ganaba vendiendo celulares puerta a puerta, además de poder estar en una agradable agencia, vendiendo un producto top. *Todo era motivo de festejo: el gerente tenía a su vendedor y el vendedor había logrado una excelente negociación laboral.*

Como era de esperar, en tres meses no había cerrado una sola venta y de un día para el otro renunció.

Cuando tuve mi primera reunión de asesoramiento con el cliente, me contó esta historia y me pidió una explicación. Le expliqué mi trabajo sobre los perfiles de vendedores y le mostré que su error había sido colocar un cazador en una venta para sembradores. Este cazador había vendido muy bien el celular y había negociado muy bien sus condiciones laborales, porque eso es lo que le gusta hacer. Cuando debió construir una base de potenciales clientes vip, *e iniciar un trabajo de siembra y relacionamiento con esos contactos para venderles un auto (quizás en unos seis o doce meses), sintió el miedo más grande que siente un cazador, el miedo a no saber dónde habitan sus presas, a no entender cómo cazarlas.*

A pesar de que sus condiciones laborales eran mejores y de que nadie lo presionaba con los resultados, renunció y volvió a vender celulares, porque le faltó esa dosis de adrenalina que brindan los objetivos y los logros diarios; y tuvo que enfrentarse a la sensación de inseguridad que asalta a toda persona ante la incertidumbre del futuro. Un temor que a algunos los hace sentir vivos, y a otros, abandonar.

Las preguntas

Como le expliqué al iniciar este tema, no me atrevo a competir con un psicólogo laboral, pero urgido por los tiempos y asesorado por profesionales, armé una lista de preguntas que me ayudaron a identificar los perfiles mencionados y a conocer si son hábiles para actividades de ventas.

Son estas:

1. ¿Cuáles fueron sus razones para asistir a una entrevista por un trabajo de ventas?

   —No consigo trabajo en lo que quiero, y me animo a probar en ventas.

Esta respuesta no indica que no sea un buen vendedor, pero sí que no valora la profesión, que elige este trabajo como última opción y que es muy posible que su economía esté muy comprometida, y esto lo lleve a una venta desesperada y poco planificada. Si le agrada el resto de lo que evalúa de esta persona, deberá anticiparle dinero, capacitarlo bien y, principalmente, nunca encomendarle un trabajo de ventas para sembradores.

—*Porque siempre estuve en ventas.*

Si bien usted se encuentra ante una persona con experiencia en ventas, es preciso que averigüe por qué aún no ha crecido, que esté atento para detectar si el tono del candidato es de resignación o de orgullo sobre la profesión, para interpretar si está ante una persona que se abandonó o frente a alguien que quiere seguir creciendo.

—*Porque en ventas siempre se gana más y busco una empresa que me permita ganar más de lo que gano ahora.*

Esta respuesta es la de un vendedor con experiencia y que valora la profesión. Si usted leyó mi libro *Locos por las ventas*, acaso recuerde que así responde el protagonista.

2. ¿Qué es lo que más le gusta de la venta?, ¿por qué?

—*El trato con la gente. Estar con personas.*

¡Ojo! Esta respuesta bien puede ser de un excelente candidato a recepción de clientes, y no de un vendedor. Es posible que resulte doloroso lo que digo, pero el buen vendedor quiere al cliente por lo que representa para sus objetivos y no para una buena charla de amigos. Indague sobre la experiencia en ventas del candidato, porque es posible que sea una persona a la que le cueste mucho el cierre y pase muchas horas con los clientes sin concretar nada. Si le agrada el resto de su perfil, puede emplearlo como "cuidador" de clientes.

—*Que gano lo que quiero, de acuerdo con el esfuerzo que decido ponerle y a mi habilidad para vender.*

Este candidato empieza a ganarse un puesto en su fuerza de ventas exitosa. Esta es la respuesta del que yo llamo un "loco por las ventas", un vendedor que promete ser exitoso.

—*La libertad que me da. Odio estar encerrado en una oficina.*

Esta es la respuesta típica de un cazador, téngalo en cuenta para un trabajo de ventas de ese perfil.

—*El placer que siento después de trabajar mucho a un candidato y obtener el resultado que buscaba.*

Esta es la forma en que responde un sembrador. Le fascina el sabor de la tarea cumplida, después de haber trabajado mucho para completarla.

3. ¿Qué es lo que menos le gusta de la venta?

—*La inseguridad de no saber cuánto se gana.*
—*Que no haya un sueldo fijo.*
—*Que los sueldos fijos son muy bajos.*
—*Que no se vende mucho, porque la situación está difícil.*

Hágase un favor, no lo elija a menos que haya visto en él virtudes que valora demasiado. Así responden los que nunca llegan a ser vendedores exitosos.

—*Que no siempre pagan comisiones justas.*
—*Que no es un trabajo valorado por el resto de las áreas de la empresa.*
—*Que las metas no siempre son puestas con criterio.*
—*Que otros se llevan el mérito de lo que uno consigue con mucho esfuerzo.*

Mientras los vendedores fracasados buscan que les aumenten los sueldos fijos, porque piensan en la posibilidad de vender poco o nada, los exitosos buscan que les aumenten las comisiones, porque, como todo vendedor, tratan de ganar más dinero con el mismo esfuerzo.

Los buenos vendedores se quejan de las metas, de que su trabajo no es valorado, de que los administrativos se llevan el mérito cuando son ellos quienes venden el producto y traen el dinero a la empresa.

4. ¿Compraría nuestro producto (o servicio)? Véndamelo.

Ante esta pregunta, hay quienes argumentan por qué no lo harían, y quienes no lo hacen.

—El que argumenta que no conoce lo suficiente el producto o servicio como para hacer la práctica de venta.

Si usted insiste, y él vende bien, habrá encontrado a un cazador. Porque un sembrador, antes de la entrevista, averigua todo sobre su empresa y su producto mediante una investigación en la página web, folletos, preguntas a sus colegas o empleados, etcétera.

Si usted insiste, y él vende mal, es obvio que no deberá elegirlo, ya que no sOlo tenía miedo de enfrentarse a una situación comprometida, sino que demostró ser malo para este trabajo.

—El que argumenta que no esperaba eso en la entrevista, y se niega a hacerlo.

Si bien considero que un juego de roles no muestra a un vendedor en un ciento por ciento (porque vi vendedores que en esos juegos son pésimos y en la acción real son geniales), considero que esta práctica es buena para mostrar algunos defectos y virtudes. En especial, la capacidad para manejar un momento difícil, para enfrentar el miedo. Y esta virtud es, para mí, la más importante.

5. ¿Qué conoce de nuestra empresa?

Esta pregunta se hace simplemente para diferenciar entre sembradores y cazadores. Los sembradores son los que más se preparan para la entrevista, los que más investigan. Si su venta es ideal para un sembrador (de tipo corporativa o de resultados a mediano y largo plazo), tenga en cuenta la respuesta a esta pregunta.

6. ¿Por qué debería contratarlo a usted, y no a otro?

—*Si responde vendiéndose:*

Estará usted ante un vendedor exitoso. La venta más difícil del mundo es la de uno mismo. Vi personas buenas para vender productos, pero que daban lástima al venderse a sí mismos en una entrevista.

—*Si responde que no conoce a los otros vendedores, o que no sabría en qué puede serle útil porque no sabe bien lo que busca la empresa.*

Es posible que sea un sembrador o un pésimo vendedor. Desafíelo y lo comprobará. Cuéntele cómo son los otros vendedores que seleccionó y qué tienen de bueno. Cuéntele qué busca la empresa. Si sus argumentos sobre lo que puede brindarle a su empresa son malos o si no responde bien en cuanto a la comparación con su competencia, lo mismo hará con sus candidatos cuando le hablen de otras empresas. Es simple: no está usted frente a un buen vendedor.

7. ¿Qué cambiaría de usted mismo? ¿Con qué partes de su persona no está conforme, desde un punto de vista laboral?

Aunque en una entrevista uno trata de mostrarse perfecto, cuando le toca decir qué cree que debería cambiar en su persona, y no está permitido responder "no sé", suele decirse la verdad.

Cuando hacía esta pregunta, obtuve respuestas como, por ejemplo, "soy muy desordenado", y en ese caso decidí asignar al vendedor a supervisores que son muy ordenados, para que lo corrijan. A los que respondían "me cuesta relacionarme con compañeros" los tuve en cuenta cuando la venta era muy individualista y no dependía de un trabajo en equipo. Si decían "me olvido de los datos y los nombres" los elegía para ventas poco técnicas, más bien simples, con poca terminología o datos a tener en cuenta.

Pero los mejores, los "locos por las ventas", responden a esta pregunta con la frase: "soy muy exigente conmigo mismo". Obviamente, es una muy buena mentira, pero responde con inteligencia a la objeción presentada, ocultando la debilidad del vendedor. Quien responde así, seguro que sabrá cómo responder a un candidato a cliente que lo ponga en aprietos.

8. ¿Qué es lo que más le gusta de usted? ¿Con qué parte suya se siente a gusto cuando trabaja?

Si bien la respuesta puede ser una mentira total, o una exageración, a mí siempre me permitió conocer el nivel de autoestima del candidato. Un buen vendedor debe tener la autoestima alta. Si fuera verdad lo que responde el entrevistado, y eso se nota en el tono de voz y en la franqueza de sus palabras, usted estará en condiciones de conocer su mayor virtud.

Durante una entrevista, un candidato me respondió: "soy bueno para el manejo de conflictos entre personas, como mediador", y en el momento me di cuenta de que había encontrado un excelente supervisor para un equipo de ventas conflictivo.

83

9. ¿Dónde se imagina que estará dentro de cinco o diez años?
—*Si responde con un "no sé" o vagamente, como por ejemplo: "con más dinero", "feliz", etcétera.*

Muestra que no tiene planes a futuro, y por lo tanto no encontrará motivación suficiente para emprender un trabajo que depende de sí mismo, como es la venta.

Es una pauta de falta de ambición. Y la falta de ambición lleva al vendedor a un estado de confort y a la mediocridad.

—*Si responde claramente sobre sus objetivos a largo plazo, por ejemplo, "con un restaurante propio, que se va a llamar Mc Pepe", "con mi casa propia, para la que necesito dinero":*

Si usted leyó mi libro *Locos por las ventas*, en el capítulo que escribí sobre motivación del vendedor, habrá entendido enseguida la importancia de esta pregunta, y estoy seguro de que se le habrán ocurrido otras que ayuden a conocer el nivel de motivación del candidato.

Si no lo hizo, créame que tener deseos hace a la gente depender de la suerte, pero tener objetivos de vida claros hace que los vendedores dependan de su planificación, de su esfuerzo, de los resultados que obtengan. Estas personas con objetivos son los vendedores más exitosos.

Entrenamiento y adaptación inicial de los vendedores

No es nada nuevo que la inducción que se practique en una empresa u organización es de suma importancia para el resto de la estadía laboral de un integrante. Los sistemas preparados por Recursos Humanos para inducir a nuevos empleados contaron siempre con mi aprobación. No creo en la incorporación de una persona a un equipo, a una organización o a un sistema de trabajo sin un buen plan de información inicial, adaptación y entrenamiento que la ayude a insertarse efectivamente. Esto confirma el dicho: "lo que bien empieza, bien termina".

Lo subestimaría, estimado lector, si le dijera que debe informar a sus nuevos vendedores sobre el producto o servicio lo suficiente como para que respondan con conocimiento a las preguntas de los prospectos. Pero sí quiero mostrarle un proceso que armé para los vendedores que se inician en mis fuerzas de ventas.

Se trata de esta lista de pasos:

• Sistema de inducción a la compañía

Esta actividad es siempre responsabilidad de Recursos Humanos. Si su empresa no lo tiene implementado o no tiene un departamento de Recursos Humanos, infórmese al respecto y procure armarlo usted mismo, aunque su organización sea pequeña. El tiempo invertido no es nada comparado con el tiempo que puede perder el nuevo integrante para obtener la información que usted puede brindarle de manera organizada.

• Lectura del manual de ventas

Ya tocamos el tema de la importancia del manual de ventas. Creo que si no tiene uno, que sea una guía para cada vendedor nuevo, y que marque el mapa hacia el tesoro, pagará altos precios por el aprendizaje, en dinero y en tiempo.

• Una jornada junto a uno de los mejores vendedores

Esto no solo le permite al vendedor principiante empezar imitando al mejor vendedor, sino que también lo ayuda a perder el miedo a la venta, al ver cómo un integrante de la fuerza consigue cierres.

Debo aclarar que, cuando digo "mejores vendedores", no me refiero únicamente a los que cierran más ventas, sino a aquellos que lo hacen pero además van a motivar al principiante y van a poder transmitirle mensajes positivos sobre las posibilidades de vender. Recuerde que generalmente los mejores vendedores son egoístas y pueden llegar a asustar al principiante para que abandone. Sepa elegir a los que yo llamo "guías de largada".

- Juego de roles

En la reunión de desarrollo profesional que ya le sugerí, es conveniente que ponga al nuevo vendedor en la difícil situación de enfrentar una simulación de venta mediante juego de roles delante de todo el grupo y que, con la previa indicación de criticar constructivamente, sus compañeros puedan ayudarlo a mejorar su presentación.

- Grabación de primeras entrevistas

Sé que no está permitido grabar a las personas sin su consentimiento, pero también sé que los clientes no actúan en forma normal cuando saben que se los está grabando. La elección es suya, pero, sea como fuere, debe tener las grabaciones de las primeras entrevistas de su nuevo vendedor, para sentarse con él y marcarle los aciertos, los desaciertos y lo mejorable.

- Bienvenida

Estoy plenamente convencido de que una buena bienvenida fortalece la unión grupal. Cuando incorpore a un nuevo vendedor a un equipo que lleva algún tiempo trabajando, siempre organice un almuerzo de bienvenida (pago por la empresa). Para esa reunión deben existir algunas consignas y dinámicas de presentación. No deben faltar las bromas, como parte del ritual.

Cuando trabajaba como gerente en un instituto de enseñanza informática, en la zona norte del Gran Buenos Aires, organizábamos unas grandes bienvenidas. Incorporar una persona nueva significaba una fiesta, porque representaba crecimiento, reemplazo esperanzado de alguna persona negativa y, por supuesto, la posibilidad de ganar un amigo. Era el día en el que la pizza y las bebidas las pagaba la empresa. Esto predisponía a las personas de otra manera.

Habíamos elegido una dinámica en la que el nuevo integrante le contaba su vida a la persona con la que había estado toda la mañana, que era quien se encargaba de presentarlo. Durante la presentación, tenía la consigna de exagerar o mentir en algunas facetas, para que los demás intentaran descubrir qué no era cierto y así pudieran conocer a su nuevo compañero. En esa fuerza de ventas surgió algo que yo incorporé como institucional: la idea de realizar algún bautismo divertido. Apoyados por la maldad popular, generadora imbatible de creatividad, los vendedores que ingresaban soportaban bromas como las dos que le voy a contar ahora.

La primera es la que sufrió un integrante que llegó cuando habíamos incorporado, hacía poco tiempo, una hermosa promotora que entregaba folletos en la puerta de la institución. Mis vendedores, confabulados con la bella compañera de trabajo, le anunciaron al nuevo, joven y soltero, que envidiaban su suerte, ya que la promotora tenía por costumbre tener sexo con los nuevos en el depósito de materiales. Por supuesto que esto no era creíble, y que el nuevo vendedor solo respondía con una sonrisa. Pero su actitud cambió cuando la promotora empezó a guiñarle un ojo y a sonreírle muy sensualmente, y cuando pasó a su lado le susurró el horario en que se encontrarían en el depósito. A esto se sumó la aparición oportuna de vendedores que lo felicitaban, y hasta llegaron a ponerle en un bolsillo preservativos y la llave del depósito. Se imaginará cómo terminaba la broma. El nuevo, medio desvestido en el depósito, ya que la promotora le pedía esto con la luz apagada y, al encenderse la luz, todos sus compañeros riéndose y sacándole fotos en esas condiciones... ¡Y con una bolsa de hielo en la mano!

La otra broma que recuerdo es la que le tocó al que después sería uno de los más creativos en estos bautismos. Lo convencieron de que lo habían seleccionado porque yo era gay, y él me había gustado. Confabulado con ellos, yo debía hacer algunos gestos de conquista y hablarle de lo que imaginaba que él podía crecer en la empresa, si estaba de acuerdo con algo que le iba a pedir más adelante. Sus compañeros me pidieron que le mostrara folletos de cruceros y le preguntara si le gustaría hacer un viaje alguna vez, y otras cosas por el estilo. Mientras tanto, como usted se imaginará, los vendedores lo convencían de que aceptara, y le contaban que algunos de ellos habían obtenido grandes logros por aceptar ser pareja del jefe. Algunos vendedores, que gracias a sus comisiones habían logrado comprarse un auto, le atribuían la adquisición a un viajecito conmigo. Finalmente, cuando ya lo vieron con disposición a renunciar, le contaron la verdad y le sacaron una foto en la que se veía su cara amargada junto a un frasquito de vaselina y una flor.

Todos los bautismos terminaban con una foto alusiva, que se conservaba, y después de la "ceremonia", el nuevo integrante, al ver cada foto, preguntaba, durante charlas que recuerdo como muy divertidas, cómo había sido el bautismo de sus compañeros.

FACUNDO DE SALTERAIN
CONFERENCISTA INTERNACIONAL

TodoSobre VENTAS.com

Tablero de tareas de reclutamiento y selección de vendedores

Reclutamiento	Selección	Inducción	Capacitación inicial	Evaluación y confirmación
Selección de empresas con el mismo mercado y con vendedores del mismo perfil. Excepto competencia.	Según perfiles cazador, sembrador y cuidador.	Inducción general: Información general, procesos administrativos y políticas de la organización.	Entrenamiento técnico.	Asignar período de evaluación.
Elección de un tiempo semanal para simular ser candidato.	Realizar entrevistas creativas y con preguntas que permitan identificar la habilidad en ventas.	Inducción ambiental: Ambiente de trabajo, dinámicas de presentación y bienvenida de compañeros.	Entrenamiento de ventas.	Revisar factores e indicadores a evaluar.
Iniciar simulación y completar legajo.	Solicitar referencias no solo de empresas donde trabajó sino de los clientes a los que trató.	Inducción específica: Orientación al vendedor sobre aspectos específicos y relevantes del trabajo a desempeñar.	Manual de ventas.	Firma de contrato legal.
Colocar indicadores positivos y negativos pre y posentrevista.	Sumar o restar puntaje.		Jornada junto a uno de los mejores vendedores.	Reunión de establecimiento de compromisos mutuos o contrato personal.
Asignar un puntaje.			Juego de roles.	Bienvenida informal del grupo de ventas. Festejo por su incorporación.
			Grabación de primeras entrevistas.	

CAPÍTULO 3

CÓMO TRANSFORMAR VENDEDORES TRADICIONALES EN EXITOSOS PROFESIONALES DE LA VENTA

Cómo convencer a los integrantes de su equipo para que hagan un trabajo profesional, teniendo en cuenta su temperamento, su carácter y su perfil

Es común escuchar la frase "cada persona es un mundo"; imagínese a lo que se enfrenta como líder, si además, ese mundo... ¡es un vendedor! No solo se encontrará con personas totalmente diferentes en su equipo, sino que ellos, vendedores al fin (¡y al comienzo!), quizás intenten venderle una imagen de sí mismos que no es la real. Por eso es muy importante que usted desarrolle habilidades psicológicas para descubrir cómo actuar con cada uno de los que integran su fuerza de ventas y, de esta manera, obtener el mejor rendimiento individual.

No sirve, como supondrá, un equipo donde algunos sean estrellas y otros vivan estrellados. Volviendo al ejemplo del fútbol, no sirve tener un delantero que haga seis goles si se tiene un arquero al que le meten siete.

Como el psicólogo frustrado que soy, en mis gerencias me preocupé por capacitarme para poder definir perfiles de comportamiento en mis vendedores y, de según cómo fueran, armar sistemas de respuesta ideales para motivarlos y que trabajaran al ciento por ciento.

Además, como le comenté en la Introducción, tuve que sistematizarlo para mi colega, el informático que ayudé a triunfar como gerente de ventas.

A continuación, le brindo la información que reuní sobre esta materia, la manera de usarla en su gerencia y algunas experiencias:

Perfiles

Temperamento	Percepción	Comunicación	Carácter
Sanguíneo	Visual	Sentimental	Dominante
Colérico	Auditivo	Detallista	Influyente
Flemático	Kinestésico	Resultadista	Sólido
Melancólico		Catedrático	Condescendiente

Actitudes frente al trabajo

Perfeccionista, sabelotodo, "cumpletodo", leal, conformista, dependiente, inestable, inseguro, rebelde y quejoso

Un vendedor puede tener personalidad sanguínea, percibir el mundo en forma visual, comunicarse con sentimientos y hacerlo todo con cierta lentitud, y tener, además, cualquiera de las siguientes actitudes: ser perfeccionista, sabelotodo, "cumpletodo", leal, conformista, necesitado de aprobación, inestable, inseguro, rebelde y quejoso.

Usted deberá identificar el perfil y la actitud de cada uno de sus vendedores para poder liderarlo hacia el éxito. En las próximas líneas, le explicaré cómo identificar esos perfiles y cómo conducirse según la actitud que tengan frente al trabajo, para que logre obtener lo mejor de cada uno.

Recuerdo el día en que escuché un calificativo dirigido hacia los vendedores que me llevó a pensar acerca de la opinión que tienen muchos líderes sobre nuestra profesión. En esa oportunidad estábamos reunidos todos los gerentes de sucursales, discutiendo sobre el nuevo plan de comisiones para los vendedores y, como la mayoría de los que llegan a líderes suelen tener un temperamento colérico, que tiene como gran defecto la insensibilidad, estaba obteniendo quórum una moción que, de triunfar, haría que los vendedores tuvieran que ser magos para llevarse algún ingreso a sus hogares. Después de que expresé mi disconformidad para con el nuevo plan y di un pequeño rocío de realidad, uno de los gerentes dijo:

—Tiene razón, los vendedores también son personas.

No solo me cayó muy mal que un gerente tuviera que decir esa frase, con la que parecía intentar convencerse de que los vendedores somos personas, sino que también me costó digerir que algunos se rieran y otros, con sus expresiones, dieran a entender que esto no era así.

En fin, estamos locos, eso lo acepto, pero locos por las ventas, y somos más "persona" que muchos de los que estaban en esa reunión.

¿Por qué le cuento esto? Porque ahora voy a describirle cómo es el temperamento de las personas que se dedican a las ventas. Porque, como diría mi excolega, los vendedores... ¡también somos personas!

Teniendo en cuenta su temperamento

El temperamento es la combinación de comportamientos con la que nacemos; el carácter es nuestro temperamento civilizado y adaptado a nuestro entorno y nuestras vivencias; y la personalidad es el rostro o la imagen con la que nos mostramos a los demás.

Según el diccionario, el temperamento es la peculiaridad y la intensidad individuales de los aspectos psíquicos y de la estructura dominante de humor y motivación. El término proviene del latín *temperamentum* (medida).

El mejor estudio sobre los temperamentos humanos (que utilicé para encontrar respuestas acerca de cómo interpretar a mis vendedores), pertenece al médico griego Hipócrates. En su clasificación existen cuatro tipos de temperamentos, según la predominancia de uno de los cuatro humores que presenta la psicología humana: sanguíneo, colérico, flemático y melancólico.

Aunque muchos psicólogos dicen que es simplista agrupar el temperamento de las personas en cuatro categorías, esta división fue de gran utilidad para el mundo, cuando se propuso entender el porqué de ciertos comportamientos.

Los sanguíneos

Sus virtudes

Son el alma de una fiesta, el centro de atención. Son alegres, extrovertidos, espontáneos, impulsivos y egocéntricos. No les cuesta mucho expresarse. Por lo general, les gusta mucho hablar.

Siempre están de buen humor y a todo le encuentran un motivo para hacer chistes, aunque se trate de algo que debería tratarse seriamente. Una fiesta puede ser un fracaso si ellos no van, porque son las personas que cuentan historias, bromean y empujan a los demás a divertirse.

El mundo le debe mucho a los sanguíneos, por su aporte de entusiasmo y su carisma natural. Por lo general, son excelentes vendedores. Son convincentes y muy buenos actores, presentadores, maestros de ceremonias y triunfan en toda tarea que necesite de su pasión por entusiasmar a otros.

Logran levantar el ánimo de los demás vendedores. Siempre están contando chistes y anécdotas que mantienen a los demás atrapados, aprendiendo y sintiendo que el tiempo vuela. No les cuesta mucho relacionarse con las personas y obtener candidatos para la venta.

Sus defectos

Son inconstantes. No suelen terminar lo que inician. Son inquietos y desorganizados. No guardan secretos, porque no les parece necesario hacerlo, ya que ellos viven la vida de manera despreocupada. No son conscientes de las consecuencias que pueden generar en los sentimientos de los demás. Son presumidos y les gusta hablar de ellos mismos. Son generalmente inseguros, aunque aparenten lo contrario. Tienen tendencia a exagerar o torcer la verdad.

Los vendedores sanguíneos no son muy detallistas. El desorden en el papeleo es la mayor limitación de las personas con este temperamento. Además, suelen faltarle el respeto a sus jefes y desatender sus responsabilidades.

¿Cómo debe comportarse el gerente con los vendedores sanguíneos?

El gerente exitoso comprende que debe focalizarse en las debilidades que mencionamos y trabajar sobre ellas. En estos casos, para que el vendedor sanguíneo, que es un gran aliado para crecer, no se frustre, es aconsejable contratar informáticos que desarrollen sistemas, para quitarle trabajo y facilitarle la tarea administrativa.

Una de las mayores frustraciones es provocada por el gerente que les exige a estas personas que completen formularios y elaboren estrategias y estadísticas.

Estos vendedores necesitan mucha supervisión, porque no solo son desordenados, sino que no miden las consecuencias de su falta de ingresos y, por ejemplo, pueden pasarse horas vendiendo por puro placer, aunque el resultado no sea significativo para él ni para la empresa.

El trato con los sanguíneos es relativamente fácil: deben ser manejados bajo estrecha vigilancia, para que no abandonen las ventas iniciadas. No se debe dar demasiado crédito a sus palabras, propósitos y promesas.

Hay que tener presente que el sanguíneo no se guarda algo que se le dice o que observa, sino que cuenta todo, sin reservas.

No hay que combatir su sentido del humor, porque motiva al resto de sus compañeros, pero es imprescindible marcarle los límites.

Tuve esta experiencia con un vendedor sanguíneo:

Si usted leyó Locos *por las ventas, acaso recuerde que en ese libro escribí sobre Ricardito, un vendedor sanguíneo. Se tomaba todo en broma. Era capaz de reírse en un velorio. Nos bastaba estar unos minutos por día con él para salir de muy buen humor a enfrentar las tareas de ventas. No había manera de hablar en serio con él. Una vez le dije que estaban bajas las ventas y le mostré un gráfico que teníamos colgado en la pared.*

—Están bajas, muy bajas —dijo. Después se paró, colocó el gráfico más arriba en la cartelera y me preguntó: —¿Y ahora?

Ricardito había batido el récord de ventas en un mes, pero su inconstancia era importante. Pasaba de un primer puesto a un décimo como si nada. Y, por su temperamento, no había planificación que respetara.

Yo necesitaba optimizar su habilidad, para que sus resultados fueran más estables. Fue entonces cuando decidí implementar algo para que se ordenara. Como todo lo que él hacía era como un juego divertido, sin asumir demasiada responsabilidad ni con su familia ni con la empresa, decidí jugar yo también. Armé un juego en el que cada venta que él hacía durante cada día era como un gol en un partido de fútbol, y cada vez que yo lo descubría en algún error administrativo o falta de organización en su trabajo, era un gol para mí. Así jugamos unos cuantos partidos. A veces ganaba él, y otras yo. Al finalizar la semana, el que perdía invitaba al otro a almorzar en un lugar caro. Estuve persiguiéndolo varios días para conseguir mis goles. Revisaba sus planillas, lo llamaba para ver si estaba en la zona de recorrido, y, aunque le parezca increíble, llegué a esconder sus llaves, para que no saliera a vender y perdiera, con el único objetivo de ponerle pimienta a la competencia.

Mediante el juego, Ricardito aprendió a organizarse. Nunca lo motivó llevar más dinero a su hogar, ni la responsabilidad con su familia, ni el compromiso con los objetivos de la empresa. Ganarme a mí fue su motivación para cambiar de hábitos.

Desde ese momento, siempre recurrí al "juego desafío" con los vendedores sanguíneos.

Los coléricos

Sus virtudes

Son catalogados como líderes de nacimiento. Son rápidos para tomar decisiones y resolver situaciones. Son emprendedores, positivos, creativos, ingeniosos, tercos y nunca aceptan un "no se puede". Siempre van tras una meta e impulsan a los demás a hacerlo.

Por lo general, son personas inquietas, hacen muchas cosas a la vez, siempre están haciendo algo, innovando, creando, trabajando en algún proyecto. Tienen ideas hasta cuando duermen. Son los que no aguantan hasta que salga el sol para ir a trabajar.

Los líderes más grandes de la historia, que empujaron a multitudes a lograr metas, tuvieron este temperamento. En las empresas, la mayoría de los grandes jefes tienen esta forma temperamental de comportarse.

No andan con vueltas, van directo hacia las metas. Son excelentes. Aunque el mejor vendedor siempre fue el sanguíneo, los coléricos son eficientes y logran siempre las metas establecidas, mientras tengan que ver con sus objetivos personales. A veces prescinden de cualquier escrúpulo, y de esta manera barren los obstáculos que los separan de una venta.

No es necesario supervisarlos, ya que se exigen y se controlan a sí mismos. Son los candidatos ideales para ser formados como supervisores o gerentes.

Sus defectos

El colérico es extremadamente hostil. Demasiado estricto. Algunos aprenden a controlar su ira, pero la erupción violenta es siempre una posibilidad. No les lleva mucho tiempo comprobar que los demás suelen asustarse de sus estallidos de enojo y que, por lo tanto, pueden usar la ira como arma, para conseguir lo que quieren, que generalmente es salirse con la suya.

El colérico da portazos, golpea la mesa con el puño, usa la bocina del automóvil sin discreción. Cualquier persona o cosa que se cruce en su camino, que retarde su progreso o que deje de funcionar en la medida de sus expectativas será víctima de su cólera.

Frío y sin afecto, insensible y desconsiderado, porfiado y terco, es además astuto y dominador.

No son propensos a ayudar a sus compañeros, a menos que le encuentren a esta actitud alguna utilidad para cumplir sus propios objetivos. Se incorporan a un equipo solo si los demás están dispuestos a recibir sus órdenes.

Tratarán de lograr que se vaya de la empresa cualquier vendedor o cualquier gerente que se cruce en su camino.

¿Cómo debe comportarse el gerente con los vendedores coléricos?

Es importante que el gerente entienda que no debe poner a este vendedor en su contra. Debe convencerlo de lo que quiere que haga. El colérico toma las órdenes como un ataque, y responde defendiéndose. No hay que olvidar que él se siente jefe, aunque no lo sea.

La mejor forma para motivarlo es colocando las metas de la gerencia junto a las de él, para encontrar objetivos comunes, ya sea en el proyecto de vida o en el laboral. Cuando él sienta que tienen metas en común, verá al gerente como un aliado, lo respetará y lo ayudará.

Como muchas veces el colérico querrá manejar al resto de sus vendedores, es necesario que le ponga límites, pero que a la vez lo deje ejercer algún control, dándole ese lugar de liderazgo que necesita imperiosamente. Puede pedirle que lo ayude en el control de vendedores nuevos o que asuma la jefatura cuando usted esté de vacaciones. En definitiva, debe ir formándolo para que ocupe su lugar cuando usted crezca.

Las reuniones de ventas y la planificación a largo plazo lo aburren extremadamente, porque es un hombre de acción. Sea concreto con él, no le hable durante horas, resúmale y aclárele las metas. Él encontrara la información necesaria para cumplirlas.

A veces, será preferible que usted mantenga una reunión con los sanguíneos y el resto de los vendedores, motivacional, aclaratoria y contenedora. Y otras solo con los coléricos, en la que vaya "al grano" y hable de recursos y metas.

Es común que, cuando un nuevo producto ya está en su ciclo normal de venta, el colérico se aburra. Necesita objetivos y desafíos en crecimiento.

Un ejemplo de mi experiencia con un vendedor colérico:

Yo soy sanguíneo y suelo tener conflicto con los coléricos, pero me interesa tener en mis equipos vendedores con ese temperamento, para formarlos como supervisores y gerentes.

Mario era uno de los que había elegido para formar como líder cuando yo asumiera el puesto al que aspiraba. Tenía todas las virtudes y todos los defectos de los coléricos.

En una oportunidad, después de que hablé con él sobre los proyectos que tenía para su desarrollo en la empresa, en una reunión en la que me comprometí a ayudarlo a crecer y en la que supuse que él recibiría mi compromiso con agrado, escuché, por casualidad y al pasar por la puerta del baño, que decía:

—A mí me importa poco lo que el gerente quiera hacer conmigo. Esta empresa es para perdedores. Yo sé el negocio que quiero abrir y estoy acá mientras no tenga otra cosa.

Llegué a mi oficina, tiré una carpeta contra un sofá y me senté, enojado. Tenía ganas de despedirlo, pero, por suerte, mi inteligencia emocional empezó a responder y a darme mejores opciones. Pensé: "Es colérico. Nada de lo que yo pueda decirle lo motiva. Los planes no son su fuerte. Se aburre cuando no encuentra desafíos, y esto lo lleva a criticar y desprestigiar lo que le impide estar en estado constante de reto". En ese momento decidí armar un plan para recuperarlo. Primero, desempolvé un proyecto de venta de un nuevo producto y se lo encomendé como exclusivo y a su cargo, haciéndole saber que su intervención aseguraba el éxito. De esta manera, le di una posibilidad de liderazgo y un reto importante. Segundo, lo llamé a una reunión y, en forma clara y concisa, le demostré la importancia que tenía para él seguir en la empresa. Le dije:

—Sé que tiene como objetivo tener una empresa de desarrollo de software. ¿Pensó que en esta empresa tiene contacto con los gerentes de sistemas de compañías grandes y medianas del país? (vendíamos fibra óptica para transmisión de datos e Internet). Fíjese que ve al menos a unos tres gerentes por día, quince por semana, sesenta por mes, casi trescientos por año, calculando que a algunos los ve más de una vez. En este trabajo está construyendo las relaciones que le asegurarán el éxito de su empresa. Un año más como vendedor y quizás otros dos como gerente, cuando yo ascienda, y tendrá los clientes suficientes para triunfar como empresario.

Noté que su cara cambiaba a medida que iba entendiendo que trabajar en la empresa era beneficioso para él más que para mí o para el directorio. En seguida propuso que lo ayudara a armar un plan para asumir como gerente cuando yo me fuese y que colaborara con él en darle beneficios para lograr una buena y duradera relación con sus clientes. Tenía delante de mí a otro Mario. Un Mario dispuesto a batir metas de nuevo, con la cabeza puesta en mejorar la relación con los clientes y en ayudarme a lograr mi ascenso.

Los flemáticos

Sus virtudes

Son sumamente pacíficos, cautelosos. Piensan mucho antes de tomar una decisión, y son lentos a la hora de actuar. Son muy analíticos. La mayoría de las personas que hicieron estudios científicos y análisis que cambiaron el mundo tienen este temperamento.

Nunca pierden la compostura y casi nunca se enojan. Tratan de no involucrarse demasiado en las actividades de los demás. Por lo general, suelen ser personas apáticas. Generalmente, ese temperamento da personas muy capaces y equilibradas. Prefieren vivir una existencia feliz, placentera y sin estridencias hasta el punto de llegar a involucrarse en la vida lo menos posible.

La mayor parte de los maestros de escuela primaria son flemáticos. Solo esta clase de temperamentos puede tener la paciencia necesaria para enseñar a leer a niños de primer grado. Resultan muy buenos ingenieros de estructuras, expertos sanitarios, ingenieros químicos, dibujantes técnicos, etcétera.

Pareciera no ser el temperamento apto para ventas, sin embargo, suelen ser buenos para comercializaciones consultivas y de relacionamiento con clientes que rechazan las presiones (gente de campo, personas de bajas condiciones sociales).

No son proactivos, pero con un buen sistema que los empuje a cumplir con sus tareas de ventas, pueden lograr las metas.

Cuando se trata de venderles a clientes disconformes o solucionar conflictos con clientes históricos, son los que mejor resuelven. Los coléricos pierden la paciencia fácilmente, y los sanguíneos corren el riesgo de no darle importancia a los reclamos.

Sus defectos

La debilidad más evidente de los flemáticos es su aparente falta de empuje o de ambición. Si bien pareciera que siempre hacen lo que se les pide, raras veces hacen más de lo necesario. No sienten necesidad de aportar algo más. Raramente propician alguna actividad y, en cambio, buscan excusas para evitar tener que comprometerse en las actividades de los demás. Generalmente se levantan temprano, van a su trabajo de buen humor y, después de cumplir el horario, regresan "completamente agotados".

Son mezquinos y avaros, además de extremadamente tercos, indecisos y temerosos. Su falta de ambición destruye cualquier estrategia motivacional de ventas. Solo venden lo que se les pide y a quien se les pide que vendan.

Un ejemplo de mi experiencia con un vendedor flemático:

Haciendo un análisis de los resultados de un miembro de mi equipo, encontré que sus ventas no solo estaban bajas, sino que además no había logrado cumplir las mínimas metas de gestión solicitadas. Recordé que ya había intentado ayudarlo y orientarlo para que mejorara su desempeño y aun así no se observaban cambios. Justo en el momento en que estaba dispuesto a prescindir de él, llegó una carta de felicitación de un cliente importante, que ya considerábamos perdido a causa de un error inadmisible que habíamos tenido en el servicio que le prestábamos. Me pregunté cómo podía ser que alguien que no era capaz de convencer a una persona de "noviar" con nuestra empresa, sí era hábil para convencerlo de volver al matrimonio. Estoy seguro de que es muy fácil venderle a alguien que nos conoce y nos aprecia, pero muy difícil venderle a alguien que tuvo una mala experiencia en la primera relación con nosotros. Este vendedor flemático lo había logrado. Así, revisando sus ventas, encontré varios clientes que habían regresado gracias a él. Ese día comprendí que en mi estrategia de venta a clientes antiguos, recuperación de clientes infieles y reactivación de bases debía contar con un vendedor flemático. Pero, atención: solo para estos casos los mantuve dentro de mis equipos.

Los melancólicos

Sus virtudes

Son muy sensibles. Propensos a ser introvertidos, pueden, sin embargo, actuar de forma extrovertida. Sus tendencias perfeccionistas y su conciencia hacen que sean muy fiables, ya que no se permiten abandonar a alguien que cuenta con ellos. Tienen un carácter que los ayuda a terminar lo que comienzan, pero es difícil convencerlos de iniciar algún proyecto, debido a que siempre están considerando todos los pros y los contras. El melancólico es el más rico y complejo de todos los temperamentos. Es el que consigue más disfrute de las artes. Los románticos y poetas del mundo son de temperamento melancólico.

Definitivamente, no es el temperamento ideal para ventas. Sobre todo si se tiene en cuenta la facilidad con que cambian de ánimo y lo que esto afecta a un trabajo que depende de uno mismo. Sin embargo, estos vendedores fueron los más fieles que tuve y los mejores para ayudarme a controlar al equipo. Son perfectos aliados en las tareas de oficina.

Los melancólicos son buenos para trabajar en las labores administrativas, desarrollan muy bien la ingeniería y todas aquellas áreas donde se requiera hacer cálculos. Son lo que yo llamo "los secretarios de ventas": ideales para zonificar, realizar planificaciones y estadísticas, y resolver la logística de eventos.

También son los mejores en el análisis de riesgo. Tienen bastante temor de que las cosas salgan mal, y esto ayuda a que sean precavidos y armen un plan de contingencias los que tienden a pensar que todo va a salir bien.

Vendiendo productos que necesiten involucrar el afecto por el cliente y la prevención futura, como la educación escolar privada, son muy buenos. Hablan con palabras afectuosas y reveladoras, que terminan cautivando a clientes de este tipo de productos o servicios. Eso sí, no espere de ellos resultados grandiosos, su venta es siempre media.

Sus defectos

Son negativos, pesimistas y críticos. Las admirables cualidades del perfeccionismo y la escrupulosidad conllevan con frecuencia la seria desventaja del negativismo, el pesimismo y el constante espíritu de crítica. Normalmente, la primera reacción de un melancólico ante cualquier cosa va a ser negativa o pesimista. Apenas se le presenta una nueva idea o un proyecto nuevo, su habilidad analítica se enciende y comienza a imaginar toda clase de problemas y dificultades que, en su opinión, podrían surgir al poner el proyecto en práctica. El melancólico es capaz de experimentar el "arrepentimiento del comprador" antes de comprar la mercancía, no como los demás, que la experimentan después.

Susceptible y quisquilloso, es vengativo y propenso a sentirse perseguido. Aunque es romántico en su proceder, suele ser celoso y resentido porque siente que nunca es correspondido como se merece.

Como ya dije, no es el temperamento ideal para ventas; son los que más apoyo y control del gerente necesitan. Si usted es de los que no puede dedicarle tiempo al seguimiento extremo para motivar a las personas, abandone la posibilidad de tomar vendedores melancólicos.

Igualmente, con su soporte, tampoco logrará resultados exitosos en estas personas, que hasta pueden complicar las ventas del resto del equipo, ya que son muy pesimistas a la hora de analizar las metas, y con algunos mensajes en almuerzos y charlas de pasillo pueden hacer que sus compañeros ni lo intenten. Si un gerente de ventas cuenta con personas de este temperamento, para tener éxito debe neutralizarlas y vacunar al resto contra sus ideas desmoralizadoras.

Un ejemplo de mi experiencia con un vendedor melancólico:

En una oportunidad me tocó tomar un cuerpo de ventas que no podía modificar. La orden concreta había sido que no podía despedir a ninguno de los vendedores (ya que tenían contratos que lo impedían), a menos que fuera por una razón extrema. Además de aprender que, al igual que un entrenador deportivo, no debe aceptar un desafío de liderazgo en el que no se puedan cambiar parte de los liderados en beneficio del equipo; aprendí también que debo definir primero los perfiles temperamentales de los integrantes del equipo y reasignar tareas de acuerdo con esto.

Durante una de las mañanas de esa gestión gerencial, estaba tratando con el mejor vendedor mis ideas de zonificación y la estrategia de cobertura de ventas. Había recurrido a él para que me ayudara y no estaba obteniendo una sola idea válida. No podía creer que alguien tan brillante en ventas no pudiera ayudarme, ni con una sola observación, a mejorar lo que yo le planteaba. Sencillamente, no se le caía una sola idea al más creativo de mis vendedores.

Fue entonces cuando entró Claudio, el peor en ventas, el candidato al despido si hubiera podido hacerlo, y empezó a perder el tiempo como de costumbre y a mirarnos con esa cara melancólica que parecía decir "nadie me quiere comprar, por más que yo quiera", y que yo traducía en "nadie te puede comprar, por más que quiera". De repente se levantó de su silla como si alguien le hubiera cambiado la pila, acercó el mapa de la zona hacia él y empezó a sugerir ideas grandiosas, que utilicé durante el resto de mi carrera, para zonificar y abordar una región para la venta.

—¡Al abordaje, mi capitán! —grité entusiasmado, mientras lo miraba fijamente a los ojos, como tratando de ver si estaba ante Claudio o frente a otra persona.

No me había dado cuenta de mi gran error hasta que me sumergí en este conocimiento de los perfiles temperamentales. Le estaba pidiendo a un excelente vendedor, de temperamento colérico, activo y creativo para cerrar ventas, que se pusiera a analizar cómo administrar una zona.

Los coléricos buscan que otros resuelvan esto y van a la acción. No perderían nunca el tiempo planificando.

Seguro que mi vendedor estaba pensando en cuándo iba a terminar con semejante pérdida de tiempo para su venta y, cuando estaba a punto de decírmelo, porque los coléricos tienen la paciencia mínima, entró Claudio en escena y lo salvó. Recuerdo que, mientras Claudio seguía explicándome sus fantásticas ideas, este vendedor excelente se había retirado, casi sin saludar, para buscar clientes.

Claudio es del perfil temperamental melancólico y demostró que se sentía más a gusto en las tareas administrativas que soportando los "no" de los clientes, que destruían su autoestima como si fueran tanques transitando por un campo de flores. Inmediatamente le encomendé tareas de ese estilo, y se transformó en uno de los mejores secretarios de ventas que tuve en mi carrera.

Teniendo en cuenta cómo perciben el mundo

Formas de percibir el mundo según la Programación Neurolingüística (PNL)

Ya en *Locos por las ventas* me referí a este tema, pero ahora quiero enfocarme en el vendedor y no en el cliente, entendiendo que el vendedor es el cliente del gerente a la hora de venderle ideas al equipo para que trabaje con éxito.

La PNL estudia la experiencia humana subjetiva, y analiza cómo organizamos lo que percibimos y filtramos del mundo exterior a través de los sentidos. A continuación, explicaré cómo interpreto lo que aprendí, y veremos cómo lo aplican los "locos por las ventas".

Todos percibimos a través de los sentidos, pero la teoría de la PNL nos muestra que hay personas que utilizan unos sentidos con más frecuencia que otros. Algunos perciben el exterior preferentemente por la vista, otros por el oído y otros por el olfato, el gusto o el tacto, lo que permite clasificarlos en visuales, auditivos y kinestésicos, respectivamente.

Los visuales

Necesitan ser mirados cuando se les habla o cuando lo hacen ellos; es decir, tienen que percibir que se les está prestando atención. En su lenguaje usan expresiones relacionadas como: "...mire, necesito...", "...desde mi punto de vista...", o "...yo lo veo así...". Hablan rápido y en volumen alto. Piensan en imágenes y en muchas cosas al mismo tiempo. Son los que habitualmente empiezan una frase y, antes de terminarla, pasan a otra. Y suelen perderse en su propio discurso ("¿qué le estaba diciendo?").

Los auditivos

No son tan rápidos como los visuales, ni tan lentos como los kinestésicos. Necesitan que su interlocutor diga algo cada tanto, aunque sea "...ahá…" o "...mmm...", para comprobar que está con ellos, que les presta atención. Usan vocabulario auditivo, como "...me hizo clic…", "...escúcheme…", "...me suena…", "...en algún lado lo oí…". Piensan de manera secuencial, una cosa por vez, y hasta que no terminan una idea no pasan a otra. Por eso, más de una vez ponen nerviosos a los visuales.

Los kinestésicos

Buscan contacto físico. Son los que nos dan una palmadita en la espalda al saludar y recurren a expresiones táctiles o motrices, como "...me puso la piel de gallina...", "...me heló la sangre...", "...casi me desmayo...", "...salté de alegría...".

Todos utilizamos los tres sistemas de representación y, a lo largo de la vida, se va desarrollando uno más que los otros, según la experiencia familiar y laboral.

Cuando vi lo efectivo que es saber esto para relacionarme con las personas y liderar (atención que dije *"cuando vi"*, identificándome como un visual absoluto) le dediqué bastante tiempo a detectar esas formas de percepción en la gente que me rodeaba, para practicar y después aplicarlo, primero, con mis prospectos o posibles clientes, y después con mis vendedores.

Al ir a bailar, noté que los visuales miran las luces y aprecian los colores de la discoteca, dicen "qué lindo es este lugar". En cambio, los auditivos hablan de la música. Dicen "qué buenos temas pasaron". Y los kinestésicos dicen "vamos para allá, que hay más gente" y se mueven tomando del brazo a su acompañante.

En los automóviles, me di cuenta de que el que lo "tunea" todo es visual y, si no tiene plata para "tunearlo", le coloca al menos algo que lo identifique visualmente, algo colgado del espejo, una gran calcomanía, etc. El kinestésico no quiere que le toquen el auto y cuanto más original esté, mejor.

Finalmente, en el sexo, y para ponerle una dosis de alegría a esta teoría, las visuales disfrutan de un disfraz y tal vez dirán: "disfrázate de policía", las kinestésicas prefieren la luz apagada para concentrarse mejor en las sensaciones táctiles, y las auditivas prefieren que haya música de fondo, que les reciten un poema, les hablen en francés o... los gritos.

Los vendedores visuales, auditivos y kinestésicos

Que en el vendedor prevalezca una forma de percibir el mundo exterior, ya sea visual, auditiva o kinestésica, no indica que no pueda vender cualquier producto o servicio con eficacia. El trabajo del vendedor es adaptarse al cliente y no hacer que el cliente se adapte a él, pero es importante que tenga en cuenta que es más difícil una venta en la que hay que adecuarse al cliente que una en la que ambos tienen las mismas características. Hay que tener en cuenta, también, que los productos o servicios visuales atraen a clientes visuales; los auditivos, a clientes auditivos, y los kinestésicos son preferidos por clientes kinestésicos.

Además, para liderar a cada uno de los vendedores usted deberá adaptarse a sus formas de percepción del mundo exterior, para lograr sintonizar en la comunicación.

El vendedor visual

Ideal para:

Vender productos o servicios que tengan virtudes visuales. Por ejemplo, un automóvil en el que el fabricante haga hincapié en el diseño, o un viaje en crucero, donde las imágenes tienen un papel importante, o una producción de video, que requiere exhibir muestras de trabajos anteriores.

Si desea potenciar sus ventas:

Proporciónele materiales visuales de apoyo. Estos vendedores necesitan basar sus palabras en imágenes. Si puede ayudarlo con un video, sería genial, o con un buen folleto, con muchas imágenes.

Para comunicarse con él:

No le hable mucho, se distrae fácilmente. Déle las órdenes y los consejos escritos en un papel, después mándele un e-mail, o hasta un mensaje a su celular con lo más relevante.

Para motivarlo y capacitarlo:

Muéstrele videos motivacionales, envíele mensajes a su celular en los momentos correctos, arme un buen PowerPoint, regálele un libro sobre ventas. Compre cursos de ventas en DVD. Trabaje la parte visual con él. Coloque carteles motivacionales en su oficina y cámbielos periódicamente.

Le encantan los premios visuales. Aprecian un buen reloj con el logo de la compañía, una remera y hasta un certificado.

Para supervisarlo:

No lo llame para preguntarle cómo le fue en la venta. No suele ser explicativo, no se expresa en palabras fácilmente, sin apoyo visual. Si se trata de una tienda, es ideal que haya una cámara de video de control; si se trata de una oficina, es conveniente que esté a la vista, en un ámbito vidriado o al alcance de su visión. No es bueno que esté al alcance de su escucha, solo de su visión. Si desea escucharlo, hágalo con un medio a distancia o grabando sus llamadas.

El vendedor auditivo

Ideal para:

Vender productos que necesiten de una amplia explicación. Generalmente los intangibles tienen esta característica. Desde un seguro hasta un curso de capacitación. Por supuesto que son los mejores para vender a través del teléfono.

Si desea potenciar sus ventas:

Proporciónele un ámbito sin sonidos que lo distraigan. Propicie reuniones con técnicos, con otros vendedores, con clientes. Cuanto más información auditiva y palabras sume, mayor seguridad tendrá al hablar y venderá más.

Para comunicarse con él:

Háblele mucho. Llámelo, aunque sea una vez al iniciar el día y otra al finalizar. Si puede grabar las reuniones que tiene con él, ya sea con un grabador digital o con un celular, esta es una excelente opción. Después, envíele el material por e-mail o déselo, para recuerde lo hablado.

Tenga reuniones con él en lugares sin ruidos.

Para motivarlo y capacitarlo:

Cómprele grabaciones de audio motivacionales. No solo para que las escuche, sino para que las comparta durante sus viajes en auto.

Le encanta ser anunciado como premiado en una reunión o fiesta de fin de año. Si va a darle un premio físico, tenga en cuenta que no es tan importante el premio como las palabras que diga al entregárselo, y hágalo frente a la mayor cantidad de personas posible.

Para supervisarlo:

Es bueno que usted esté al alcance de su escucha. Llámelo, para que le dé un informe por teléfono de las acciones del día. Manténgase comunicado con él, porque la falta de comunicación causa dos posibles efectos: se deprime o aprovecha para no hacer nada, al no sentirse controlado.

El vendedor kinestésico

Ideal para:

Vender productos tangibles, donde el aspecto quizás no sea interesante, pero se valore la calidad de su confección. Por ejemplo: repuestos para automóviles, maquinarias, materiales de construcción, etcétera.

Si desea potenciar sus ventas:

Proporciónele muestras. Si no puede llevar el producto consigo, ayúdelo con demostraciones, o poniéndolo en ferias y exposiciones. Hasta una maqueta o miniatura del producto puede llegar a incrementar sus ventas en forma inmediata.

Para comunicarse con él:

Tenga reuniones con él, pero cortas. No hable mucho y sea concreto. Es preferible que tenga tres reuniones en el día, que una larga por la mañana. Como con el visual, también escriba en un papel lo que habla con el kinestésico, pero luego haga unas fotocopias para ambos y, cada vez que deba recordarle lo que acordaron, muéstrele el papel de esa reunión y hágale una nueva copia.

Para motivarlo y capacitarlo:

Es importante que asista a un curso, que esté con las personas que lograron lo que él aún no consiguió. Trate de que estos cursos tengan un componente práctico e incluyan dinámicas de aprendizaje.

Le encantan los premios tangibles. Desde una buena medalla hasta un gran trofeo.

Para supervisarlo:

Esté presente. Aparezca en forma sorpresiva. Es bueno que él esté en la misma oficina que usted.

Teniendo en cuenta su carácter

El vendedor dominante

Sus virtudes

Es un fanático de los retos que lo exigen a fondo. Sobre todo, se caracteriza por ser persistente. Detesta la inactividad y la pérdida de tiempo. Tiene iniciativa y es capaz de concentrar toda su energía para vender los productos o servicios que se le encomiendan.

Cómo potenciarlo:
Manténgalo ocupado, con metas. Déle libertad de acción, sin descuidar la supervisión, pero sin acosarlo, porque se pondrá en su contra. Le gusta tener el control, así que bríndele responsabilidades y el manejo de situaciones o clientes.

Sus defectos

Como su prioridad es tener el control, es posible que domine a sus compañeros y hasta los haga trabajar en su beneficio, y no en el de la empresa o el equipo. Puede ser que no respete sus órdenes, si ellas lo hacen sentirse por debajo de usted.

Suele ser inflexible y arriesgado, y esto significa que pasa por alto detalles importantes. Por lo tanto, es necesario que reciba ayuda en temas que exijan su atención.

Piensa que lo puede hacer todo y lo intenta, descuidando a veces su vida privada.

Cómo actuar con él:
Al darle órdenes, consensúe, trate de que él las acepte como si fueran socios.

Detesta la inactividad y la pérdida de tiempo, así que no arme reuniones sin sentido o que no resulten concretas, porque se ganará un enemigo.

Vigile la relación que tiene con sus compañeros, ya que si los otros son dominados no se lo contarán a usted fácilmente. Ayúdelo en su vida privada, regálele momentos con su familia o su pareja para que no tenga otra opción que compartir tiempo con ellos. Recuerde que, si su vida privada se va a pique, no podrá sostener su éxito como vendedor.

El dominante puede ser un excelente vendedor, que cumpla y supere las metas más difíciles. Es como un tren, guíelo haciendo cambios de vías, pero no se pare frente a él.

El vendedor influyente

Sus virtudes

Entiende que no puede llegar a las metas sin contar con el apoyo de su jefe o de sus compañeros. Es un buen integrante de equipos de trabajo.

Es amable, sociable, amigable y se muestra como una persona muy interesante. Le gusta relacionarse con los clientes y a menudo construye relaciones duraderas. Es entusiasta y optimista, tanto que contagia su positivismo al equipo, a sus jefes y a sus clientes.

Toma decisiones rápidas y se enfoca en el éxito.

Cómo potenciarlo:

Propicie el contacto con los demás vendedores. Organice visitas a clientes en pareja o grupales con él como líder de la venta.

Hágale conocer al directorio, a los gerentes o propietarios de la empresa. Valora todo tipo de relación y aprovecha muchísimo lo aprendido de personas que admira, o que cree influyentes sobre otros, como él desea serlo.

Encárguele que capacite a otros vendedores menos hábiles. Otórguele responsabilidades de inducción.

Sus defectos

Son desordenados y desconcentrados. Participan en tantas actividades para relacionarse con otros que pueden ser incumplidores. Tienen un grave problema de administración del tiempo. Confunden lo que es importante con lo que es urgente y vital.

Cómo actuar con ellos:
Debido a que se motivan cuando se los acepta y se los reconoce en sociedad, trabaje para que esto suceda.

Si sabe que alguno de sus jefes, o alguna de las personas que él admira o aprecia lo rechazan por alguna cuestión, jamás se lo diga. Un desaire o un rechazo pueden ser motivos para que el influyente reaccione negativamente, ya que es muy sensible al aislamiento.

Ayúdelo a ordenar el tiempo asignado a las tareas. Puede ser un excelente vendedor si usted le quita responsabilidades administrativas y colabora con él para que se enfoque y no pierda horas de trabajo en reuniones o charlas de larga duración. Por ejemplo, prémielo si mejora el tiempo que le dedica a una venta, porque el influyente puede pasarse un día con cada cliente, sin darse cuenta de que en dos horas la operación podía ser concretada.

El vendedor sólido

Sus virtudes

Es reconocido por su estabilidad emocional. Siempre está dispuesto a cooperar con su gerente. Su concepto de amistad es muy profundo. Es leal y complaciente.

Aunque prefiere trabajar solo, es buen mediador e integrador de nuevos miembros.

Sigue bien las instrucciones, sabe comunicarse y tiene talento para escuchar.

Cómo potenciarlo:
Pídale ayuda. Le agrada sentirse útil.
Déle protagonismo en la solución de conflictos de grupo. Pídale su opinión. Valore sus ideas.

Asígnele tareas de control cuando usted no esté. Hágale sentir que valora su lealtad, o la perderá.

Sus defectos

Se lo reconoce por su postura callada, tranquila y pacífica. No se adapta fácilmente a los cambios. Teme salir de la rutina.

Es muy productivo cuando trabaja sin presiones. Si lo presiona, lo perderá. Prefiere la tranquilidad en su vida y la defenderá a cualquier costo; sin embargo, sus decisiones están influenciadas por terceros.

Cómo actuar:

Su principal motivación es el afecto y el aprecio que se le demuestre.

Pídale su opinión en reuniones, ya que suele quedarse callado.

Como es muy influenciable, es importante que cuando discuta con él, usted advierta que quizás no está defendiendo sus propias ideas, sino las de algún vendedor dominante del equipo.

El vendedor sólido no es el que más ventas cierra, pero puede ayudarlo en tareas de control. Generalmente es de carácter melancólico, y por lo tanto, ideal para secretario de ventas.

El vendedor condescendiente

Sus virtudes

Lo motiva hacer las cosas correctamente. La calidad de su trabajo es su motor. Es ordenado, analítico y metódico. Lo apasionan los detalles, y esto lo transforma en un excelente analista de información.

Se alimenta de la experiencia y suele trabajar buscando la perfección.

Su comunicación es aceptable.

Cómo potenciarlo:

Déle trabajos de venta estratégica. Déjelo a cargo de negociaciones difíciles.

También es el vendedor ideal para una venta consultiva, en la que haya que analizar el negocio del cliente exhaustivamente y lograr una solución que signifique venta para la empresa y negocio para el cliente.

Sus defectos

La forma en que hace su trabajo, buscando el perfeccionismo y el detallismo, le dificulta el cumplimiento de cronogramas. Las metas con tiempo limitante suelen ser sus enemigas.

Cómo actuar:

Necesita que se le dé tiempo para obtener resultados geniales. Siéntese con él, para consensuar si es beneficioso el tiempo que emplea para cumplir un objetivo. Enfóquese, en esa reunión, en la relación tiempo/resultado. Hágale ver que estos parámetros también forman parte de la perfección.

Teniendo en cuenta su forma de comunicarse

Cada persona se comunica según su estilo y sus necesidades. Es verdad que el ánimo influye en la comunicación, pero todos tenemos un modelo de base, y es interesante, para los gerentes de ventas, interpretar el de sus vendedores, para sintonizar con ellos y no generar, sin quererlo, estados de ánimo contraproducentes.

El vendedor que se comunica sentimentalmente

Expresa todo basándose en sentimientos propios y en los de los que lo rodean. Le agrada la gente. Le encanta relacionarse con otros y se esfuerza por ser correspondido. Siente que todo el mundo está conectado por medio del sentir.

Ejemplo de cómo se comunica

"Señor, disculpe que lo moleste en su trabajo, sé que es importante lo que está haciendo, pero también es importante para mí…"

Busca demostrar que lo que siente y hace es importante. Demanda atención.

"Quiero hablarle de algo que me pasa, y que creo que le pasa, también a mis compañeros…"

Empieza siempre una comunicación hablando de lo que le pasa y se apoya en lo que también sienten otros, para justificar lo que siente.

"Siento que las metas nuevas pueden ser injustas, y que pueden llevarnos a perder el tiempo que necesitamos para estar con nuestras familias..."

Emplea argumentos de familia, de hijos, de lazos sentimentales, para dar fuerza a sus razones. En definitiva solo está en desacuerdo con las metas, pero lo mezcla con lo familiar y con su calidad de vida. Siente que las cosas ya no son como antes.

Cómo comunicarse con él:

Tenga la precaución de no "monopolizar" la conversación. Demuestre el mismo entusiasmo o la preocupación que manifieste él, aun cuando no esté de acuerdo en el punto de la conversación. Deje que exprese todas sus emociones y jamás lo interrumpa, porque considerará que a usted no le interesa lo que él siente, aunque usted esté aportándole con la interrupción la solución a su problema... ¡Conténgase!

Ejemplo de cómo comunicarse con él:

"Respeto mucho cómo se preocupa por su familia y por cómo sostener la calidad de vida que desea. Y mucho más que se juegue hablando por sus compañeros."

Empiece interesándose por sus sentimientos, pero sepárelos de la cuestión para que ya no los use como chantaje emocional, para obtener lo que quiere. Conténgalo y déle soporte emocional con sus palabras.

"Sin embargo, permítame decirle que yo creo que, justamente, estas nuevas metas nos van a permitir a todos mejorar nuestra calidad de vida y le proporcionarán a nuestras familias también aquello que puedan estar necesitando para cumplir sus sueños."

Utilice un bumerán de sentimientos, mostrándole que eso que cree que le quitará calidad de vida es, contrariamente, lo que más calidad le va a permitir obtener.

"Nunca hubiera puesto esas metas si no tuviera claro que son alcanzables. Me interesa el bienestar de cada uno de los integrantes del equipo, y estoy seguro de que lo conseguirán si obtenemos el éxito al que nos comprometimos cuando comenzó el año."

Hable de compromisos. Él considerará muy importante un compromiso asumido en grupo y el sentimiento que implica respetarlo.

"Además, no creo que esas metas sean un problema para usted. Son totalmente alcanzables. Y si necesita ayuda sabe que cuenta conmigo. Y juntos podremos también ayudar a alguien del equipo a quien estas metas puedan costarle un poco más."

Finalmente, establezca un lazo emocional entre él y usted, y una meta sentimental para con el grupo. Recuerde: para sintonizar con el otro hay que ser como el otro. A una comunicación plagada de sentimientos, responda con sentimientos. Jamás vaya a ignorar o discutir lo que el otro siente. Si a usted se le ocurriera hablar de procesos y detalles, resultará distante.

El vendedor que se comunica con detalles

Está siempre interesado en los hechos y en los datos concretos. Si bien le agrada la gente, exige que los sentimientos se dejen de lado y las cosas se expresen con detalles y compromisos que no dependan ni de estados de ánimo ni de estilos personales. Le gustan las cosas justas, aunque alguna persona deba sufrir por respetarlas. No entiende de sueños, se basa en estadísticas y pronósticos. Suele decir que hay que ser realista.

Ejemplo de cómo se comunica:
"Señor, hoy, a las ocho de la mañana. No, perdón, a las ocho y cinco de la mañana, porque a las ocho llegué y primero tomé un café de la nueva máquina, la que está en el pasillo del primer piso. Bueno, hoy a las ocho y cinco llegué a nuestra sala de reuniones y me encontré con la cartelera que usted puso para indicar las metas de cada mes. De eso quería hablarle, no me va a llevar más de diez minutos, en la cartelera encontré que se aumentaron los objetivos a alcanzar desde un veinte por ciento hasta un treinta y uno por ciento. No creo que en los diecinueve días hábiles que tiene este mes podamos lograrlo."

Es súper detallista. No habla de generalidades. Nunca va a decir que aumentaron los objetivos sin expresar el porcentaje exacto en el que aumentaron. Antes de hablar con usted tendrá todos los datos sobre el tema.

"Deseo saber en qué se basó para ese aumento de metas y cómo cree que podemos lograr conseguirlas en los días hábiles que tiene este mes."

Exige conocer el proceso que lo llevó a usted a tomar esta decisión. Exige detalles.

Cómo comunicarse con él:

Exprese detalles y procesos. Básese en estadísticas, pronósticos y hechos concretos. No admitirá ni sensaciones, ni presunciones, ni generalidades. Utilice un bumerán, exigiéndole más detalles sobre lo que dice.

Ejemplo de cómo comunicarse con él:

"Entiendo que, sin conocer todos los detalles de cómo llegué a la conclusión de que podemos lograr esas metas, te sientas inseguro de lograrlas."

Empiece diciéndole que, según su opinión, le faltan detalles. Que es muy entendible que haya arribado a la conclusión que llegó sin conocerlos. No discuta sus conclusiones, sino los detalles en los que se basó.

"Estuve revisando las estadísticas del mercado, según un estudio muy concreto y profesional de la consultora Mercados & Tendencias, que está a tu disposición en Internet. Estos datos indican que nuestro segmento experimentó un crecimiento del sesenta por ciento. Si nuestras metas, como mínimo, no se ajustan a ese crecimiento, estaremos perdiendo una porción de mercado y perderemos paulatinamente nuestro liderazgo."

Fundamente su decisión en informes detallados. Si lo hace con la participación de terceros, mejor.

"Estuve evaluando si en veintinueve días hábiles podríamos llegar a la meta de adecuarnos al mercado, y consideré la estadística de años pasados, en similares situaciones, que muestra que solo hemos logrado un cincuenta por ciento. Es por esto que nuestras metas crecieron desde un veinte a solo un treinta por ciento. Intuyo que, logrado este esfuerzo factible, podremos analizar en cuánto tiempo más alcanzaríamos números normales y en cuánto podríamos crecer."

Póngase en su lugar. Dígale que piensa como él y que por eso se puso a analizar en detalle la decisión. Sintonizará así con su opinión de cómo llegar a una conclusión tan importante.

"Justamente, como valoro su capacidad de análisis y proyección en base a datos y detalles de nuestro trabajo que tan bien sabe manejar, estaba por pedirle ayuda para que establezca cuál sería el tiempo ideal para, después de este esfuerzo de crecimiento de estos veintinueve días, realizar un plan de equis días, para adecuarnos al crecimiento del mercado, y hasta para superarlo. ¿Por qué no? Hay datos estadísticos de la empresa que muestran que llegamos otras veces a superar las metas, separándonos de la crisis y hasta de la realidad del mercado y su tendencia de compra. ¿Qué le parece si conversamos dentro de una semana, exactamente el miércoles a las diez, en la sala de reuniones? Así le doy tiempo para juntar datos que nos permitan tomar juntos esta importante decisión."

Recuerde expresarse con detalles. No incluya sentimientos, porque él lo considerará parte de un engaño para lograr convencerlo de algo que no es real. Este tipo de vendedores, el "Día del Amigo" saluda solo a sus amigos. Cree que el que lo saluda y no es su amigo está desinformado respecto a lo que él siente por la relación, o que busca algún beneficio por decírselo.

El vendedor que se comunica orientado a los resultados

Siempre está interesado en los resultados, no en los procesos implicados, y mucho menos en los detalles. Odia los detalles. Su esfuerzo está localizado en llegar al punto principal.

Ejemplo de cómo se comunica:

"Señor, no voy a andar con vueltas, esas metas que usted impone son imposibles."

A diferencia de los otros vendedores que analizamos, este no habla de detalles ni de sentimientos, va al punto y no le importa si eso puede generar alguna incomodidad en la charla. Exige una solución inmediata. No soporta esperar ni hablar mucho del asunto.

Cómo comunicarse con él:

Vaya al punto. Jamás hable de los procesos que lo llevaron a tomar esta decisión. No alargue la charla, porque él sentirá que usted se va por las ramas para no ir al tronco del tema. Pensará que lo subestima. Sea firme y muéstrele rigor en su decisión. Háblele de la justicia de su decisión, pero sin darle fundamentos. Utilice frases como: "Ahora mismo", "De inmediato".

Ejemplo de cómo comunicarse con él:

"Esas metas son realistas. Se pueden conseguir. Ya lo logramos en otras oportunidades. Le propongo lo siguiente: veamos al final del mes quién lo logró y quién no. Quizás lleguemos a la conclusión de que es usted quien no podía lograrlas, o de lo que yo creo en realidad: que es muy capaz de superarlas. De otro modo, yo no las hubiera fijado. Entiendo su temor, pero no hay vuelta atrás. Dígame, ahora mismo, concretamente, en qué puedo ayudarlo para que pueda lograrlas. Lo escucho."

Es importante que sea concreto, por lo menos hasta que él pida detalles. Este tipo de vendedor a veces afloja cuando ve que ya fue al grano y no obtuvo lo que deseaba. Y en ese momento sí se puede hablar como se le habla al detallista, argumentando el porqué de la decisión. Pero nunca cede, como para que se le puedan expresar las cosas como al sentimental. Eso lo considera blando de parte suya.

Déjele claro que no hay vuelta atrás en la decisión y que ahora el objetivo que debe perseguir es lograr las metas y descubrir cómo hacerlo. En esta parte es en la que debe hacerle sentir que cuenta con usted en un ciento por ciento.

El vendedor que se comunica como si fuera un catedrático

Suele ponerse en posición de catedrático o profesor especializado en el tema. Habla enseñando. Pretende convencer mediante la educación. Se mantiene informado. Analiza los comportamientos, los sentimientos y los detalles, y se expresa informando sus conclusiones al respecto.

Ejemplo de cómo se comunica:
"Señor, vine a verlo para atreverme a darle algunos consejos. Hace años que estoy en ventas y, aunque no quise ser gerente, sé perfectamente lo que debería hacer en su puesto y, aunque valoro muchas de las decisiones que tomó, cuando creo que puede estar errando me aventuro a decírselo. Sé que quizás no le guste lo que le voy a decir y el riesgo que significa, pero no podría continuar mi trabajo sin ofrecer mi ayuda al respecto…"

Se pone en posición de consejero y salvador. Siempre está por arriba de usted, no es gerente porque no le interesa, ya que su interés está en la formación de los clientes, el asesoramiento y la investigación comercial, no en la venta, aunque lo que hace, en definitiva, es vender. Dice que asume los riesgos que toma por ayudarlo, pero en realidad asume el riesgo de esa charla porque no quiere asumir el compromiso de buscar alcanzar las metas.

"Estoy convencido de que con estas metas nuevas perderemos vendedores que la empresa necesita, y que esto dañará su imagen ante el equipo, le hará perder su liderazgo. Permítame que le muestre un estudio publicado por la Harvard Business que dice que de cien empresas exitosas evaluadas, solo el cinco por ciento tenían metas altas y el ochenta y dos por ciento tenían metas realistas."

Le hablará de las consecuencias de no aceptar lo que él dice, como lo haría un asesor. Siempre va a encontrar fundamentos en libros o en los dichos de grandes gurúes del área que apoyen su pensar. Inclusive en algunos que usted nunca podrá determinar a ciencia cierta si existen, o si existen y fueron modificados a conveniencia por él. De todos modos, le aconsejo emplear un poco de tiempo en investigar la veracidad de los datos.

Cómo comunicarse con él:
Valore sus consejos. Jamás le discuta, sobre todo en público, porque sería lo mismo que decirle a un profesor, en plena aula, que está equivocado. Sea respetuoso de los conocimientos que tiene, pero úselos para favorecer la obtención de las metas comunes. Él necesita un aplauso primero y después, en todo caso, acepta que se le indiquen otras formas de pensar.

Ejemplo de cómo comunicarse con él:
"Le agradezco su ayuda. Conozco su capacidad y considero valioso que me diga esto. Muchas gracias por mostrarme este trabajo publicado por la Harvard Business. Es justamente lo que nos va a ayudar a enseñarles a los demás que es posible lograr nuestras metas. Fíjese, cuando esté investigando en Internet, que el estudio dice además que solo un trece por ciento lo logró con metas fáciles de alcanzar. Y justamente las metas anteriores eran fáciles de alcanzar: llevábamos un año y medio alcanzándolas entre el diez y el quince de cada mes…"

Ubíquese usted también en una charla de catedrático a catedrático, como si estuvieran en una sala de profesores de la universidad. Hable con tanta propiedad como él.

"Le propongo un estudio sobre el tema. Nos servirá para investigar y aprender más sobre nuestras metas. Evaluemos juntos, al finalizar cada semana, cuáles fueron los motivos por los que alcanzó, o no, los objetivos semanales. Comparémoslo con los resultados de otros vendedores y analicemos la situación para ajustar las metas según las conclusiones. Lo que le pido es que sea profesional en esto. Que lo intente con todas sus ganas, y que registre todo, para poder evaluar bien lo sucedido. Empecemos ahora mismo a elegir qué es lo que vamos a evaluar, cómo vamos a medir su trabajo. Propongo grabaciones de algunas entrevistas para empezar. ¿Qué le parece?"

"Si es catedrático, venderá como un catedrático", siempre le decía yo a un compañero gerente de ventas en la multinacional donde trabajábamos.

Teniendo en cuenta su actitud frente al trabajo

El vendedor perfeccionista

No quiere empezar a vender hasta no asegurarse de que lo puede hacer perfectamente. Es el que excusa su mal resultado argumentando que no tuvo la suficiente preparación de parte de la empresa, ni el tiempo para mejorar su *performance* sobre la oferta de un producto. Puede echarle la culpa al folleto y hasta, si carece de uno, decir que es imposible salir a vender de esa forma.

Dice: "Sin carpetas no puedo salir a vender", o "Sin un folleto como la gente es imposible obtener un buen resultado."

Cómo actuar con él:
Déle permiso para fallar, y muéstrele que sin perfección al ciento por ciento también se logran resultados. Al per-

feccionismo que pide de la empresa, devuélvaselo con una exigencia de más trabajo.

Ejemplo de cómo comunicarse con él:
"Visitemos juntos, aunque aún no tengamos el folleto, a estos clientes. Creo que podremos venderles. Igualmente, trabajaremos para que los folletos estén cuanto antes, y para que sean de calidad, el lunes quiero que venga a primera hora a mi oficina, para ayudarme a diagramarlos. Así, después de tenerlos, estoy seguro de que duplicará sus ventas actuales".

El vendedor sabelotodo

Cree que lo sabe todo, y esto se evidencia cuando dice: "Ya lo sé" o "Yo lo sabía". Cuando usted le indique que haga algo de otro modo, siempre defenderá la forma en que habitualmente hizo las cosas. Su falta de flexibilidad y resistencia al cambio son su peor defecto.

A veces saben mucho, porque llevan años en la empresa, porque tienen buena relación con el directorio o porque simplemente tienen mucho tiempo en el rubro, pero nunca van a utilizar esa información para ayudarlo a usted, sino para hacerle perder autoridad o para perjudicarlo. Generalmente son resentidos, por no ser ellos los gerentes. "Eso que el gerente dijo no es así", pueden decir, para desautorizarlo, al salir de una reunión con el equipo; o "Pobre, no sabe lo que yo sé", buscando aparecer como los que conocen los secretos, para chantajearlo.

Cómo actuar con él:
Debe sancionarlo. Si no lo pone en falta ante el grupo, puede llegar a destruir su autoridad. El problema es que el equipo le cree más a él (por su historia en la empresa o como vendedor del rubro), que a usted. Para evitar esto,

debe minimizarlo, mostrar sus debilidades en público. Hay que decirle que es necesario que cumpla, pero también hay que decirle que tal vez no pueda hacerlo. Decirle que va a tener que conseguir a alguien para que lo ayude.

Busque algo en lo que él esté equivocado y desnude su equivocación con pruebas, delante del resto del equipo. Los demás integrantes lo devaluarán al ver que alguien con menos tiempo en la empresa o en el rubro puede descubrir un error en el que tiene más experiencia.

Ejemplo de cómo comunicárselo:

Después de esa situación en la que devaluó su imagen ante el equipo, llámelo a una reunión privada y dígale lo siguiente: "Le confieso que no me agrada lo que pasó hoy, como tampoco me agrada que desvalorice lo que yo digo. Podemos ser aliados en este trabajo. A mí me toca ser gerente y a usted le toca tener una amplia experiencia. No estemos enfrentados, porque a mí me perjudica ser novato, pero a usted lo perjudica ser prehistórico. Juntemos los dos potenciales y crezcamos unidos. Yo veré que tenga el crecimiento que le fue negado, pero solo si estamos juntos en esto."

El vendedor "cumpletodo"

Siempre está ocupado tratando de romper su marca, sobrepasando su último pago, imponiendo el nuevo récord de la empresa, hasta en nimiedades como las millas recorridas por día. Es el vendedor que todo gerente desea en su equipo. El Messi, el Maradona de las ventas.

Cómo actuar con él:

La mayoría de los gerentes de ventas estropea al vendedor que tiene esta actitud. Lo dejan actuar solo, con el pretexto de que hace su trabajo bien sin supervisión. Claro que esto es verdad, pero no por mucho tiempo, si el gerente decidió ignorarlo y dejarlo librado a su voluntad.

No hay que supervisarlo con mano dura, porque sería injusto, y, por su capacidad, tiene varias ofertas de otras empresas, pero jamás hay que dejarlo que elija qué trabajo hacer.

Sobrecárguelo de trabajo. Disfruta cuando tiene mucho que hacer y cuando cada meta es un desafío. Es el típico vendedor que se queja por quedarse fuera de hora para terminar una licitación, llega a su casa y dice: "Este gerente me está saturando de trabajo. Todo recae sobre mis espaldas", y cuando la esposa le pregunta por qué no renuncia, no sabe qué responder, o explica, con placer inigualable: "Porque me necesitan".

Ejemplo de cómo comunicarse con él:

"Tengo que felicitarlo por las metas que consiguió. Ahora quiero encomendarle la responsabilidad de esta nueva licitación, por supuesto, con los beneficios de comisiones y premios, si ganamos."

Estaba explicando esto en un curso VIP, en Tijuana, México, y un alumno, con cara de desconfianza, me preguntó si sobrecargarlo no haría que se estresara y buscara otro trabajo. Le respondí que, como líder, debe siempre conocer cuál fue la relación del vendedor con su padre, que es su primer líder en la vida. Los psicólogos me enseñaron que uno busca repetir con los jefes el modelo de liderazgo que tuvo el padre.

Según esta teoría, que yo comprobé en la práctica, este tipo de vendedor tuvo un padre que lo saturó de actividades, metas y trabajos. Por ejemplo, de la escuela fue a la academia de artes marciales, la de idiomas, la de música, etc. Y hasta durante los fines de semana tenía tareas que iban desde ayudar al padre en su negocio hasta actividades en el hogar, programadas y con metas claras. Si se encuentra con un líder que no lo sobrecarga y le deja tiempo libre, le aseguro, estimado lector, que se deprimirá y, aunque sea exitoso, se irá de la empresa o cambiará a otra área, porque serán varios los que lo tentarán para que lo haga.

El vendedor leal

Es como un cachorrito. Siempre está siguiendo a su gerente, aprendiendo de él, y hasta idolatrándolo. De hecho, le encantaría hacer su trabajo, si usted consigue uno mejor. Jamás pensará en jugarle por la espalda.

Cómo actuar con él:

Asígnele responsabilidades de control. Es la persona indicada para informar sobre la temperatura del equipo y colaborar con la comunicación al grupo. No marque diferencias con el resto de los integrantes, para que no lo rechacen. El reconocimiento debe ser abierto y otorgado en el mismo momento en que se asignan las misiones a los demás vendedores.

Ejemplo de cómo comunicárselo al equipo:

"Les informo que elegí a .... (y aquí nombrar al vendedor), para que sea el que responda a las consultas cuando yo no esté y no se pueda tener contacto conmigo. Sus ojos serán mis ojos cuando yo esté ausente. ¿Por qué lo elijo? Simplemente, porque él demostró..."

Repito: no lo haga en privado. Es sumamente importante que lo haga en público. Por dos razones: la primera, porque si lo hace en privado corre el riesgo de que este vendedor salga a comunicarle al resto una idea equivocada, por ejemplo: "Me dijeron que los controle. Seguro que seré el próximo gerente". La segunda, porque es muy importante que los demás conozcan el modelo a seguir cuando usted les muestre en quién confía.

Esto generó un revuelo una vez que lo dije en un curso *on line* donde tenía a cientos de conectados. Todas las preguntas eran similares y se referían a si está bien tener preferidos. La mayoría sostenía que un buen líder no debe tenerlos. Permítame, mi querido lector, decirle que, si usted piensa lo mismo, se equivoca. Estará mal, en todo caso, tener de preferido a alguien porque es el hijo de un miembro del directorio, o el novio de su hermana, o su mejor amigo de la escuela; pero está muy bien tener un preferido por su trabajo, por su comportamiento, por su lealtad, por su potencial, por su actitud. Todos los grandes maestros de la historia han elegido un preferido. Como ejemplo podemos citar dos históricas elecciones: Jesús eligió a Pedro, y Sócrates, a Platón.

El vendedor conformista

Sabe cómo vender, pero no es tan agresivo como antes. Sus ventas son estables y sus llamadas para conseguir nuevos clientes son menos cada año. Tiene una buena cartera de clientes existentes y les da buen servicio pero usted necesita que... ¡crezca!

Cómo actuar con él:

Tiene que mostrarle el descontento, aunque logre los objetivos. Debe decirle exactamente lo que espera de su gestión y enfrentarlo con desafíos de crecimiento a corto plazo. Como él está en un estado de confort, le costará dar el primer paso del gran viaje. Por esto es conveniente que le proponga pequeños viajes, que integren una travesía mayor.

Para sacarlo de su estado de confort puede probar con una orden imprevista que lo incomode. Desde cambiarlo de sucursal hasta asignarle un producto que nunca vendió, o quitándole todo lo que maneja; siempre por un tiempo y con mucho cuidado de no perderlo, ya que seguramente será un vendedor capaz y con historia en la empresa. La idea es que conozca otra realidad, y valore lo que tiene.

Ejemplo de cómo comunicárselo:

"Lo convoqué a esta reunión porque quiero encomendarle una tarea que solo usted, por la experiencia y la tranquilidad con la que trabaja, puede cumplir. Quiero que se vaya a la sucursal del Sur a enseñar lo que sabe, para que podamos levantar las ventas. Por ahora, no se mude. Veremos qué sucede en un lapso breve."

Estoy seguro de que el vendedor se quejará, y de que usted estará pensando en el riesgo de perderlo. Permítame decirle que el estado de confort de este tipo de vendedor siempre es tal, que no solo no busca otra empresa, sino que no sabe cómo encarar un cambio de esa magnitud. Igualmente, usted no lo dejará llegar a esa conclusión. Justo antes de que esté a punto de perderlo, se juntará con él y le ofrecerá volver a su puesto, pero con otras reglas, en otras condiciones. En fin, será un reinicio laboral, comparable al de una pareja que se separó porque las cosas no funcionaban y vuelve a juntarse. Imagine por un momento a esa pareja. El que desea volver a la relación está dispuesto a cambiar, para que el otro acepte que estén juntos de nuevo. Eso es lo que va a suceder con su vendedor, estará dispuesto a aceptar cambios que antes ni siquiera hubiera evaluado.

El vendedor dependiente, que precisa aprobación constante

Necesita caerle bien a usted. Está constantemente buscando su asentimiento. Hace muy bien su trabajo de ventas, cumple con las metas, pero está todo el día buscándolo para mostrarle sus avances y esperando que usted lo aplauda.

Si usted lo visita en su sucursal, será el primero en ir a verlo y mostrarle lo bien que ordenó la vidriera o lo impecable que está el depósito. Si lo llama por teléfono, le contará los logros del día. Y si no establece contacto con él, seguro que él se encargará de enviarle e-mails diarios, para contarle todo lo que hizo, que será maravilloso.

En fin, es un excelente vendedor, pero necesita que usted le diga lo bien que hace las cosas.

Cómo actuar con él:

Lea y memorice esta parte: nunca, pero nunca, cometa el error de darle constantemente su aprobación. Si hace eso, simplemente, lo perderá, él dejará de trabajar como lo hace, y usted habrá arruinado a un excelente vendedor.

Muéstrele su descontento. Dígale que está muy bien lo que ha hecho, pero que usted sabe que él puede más. Que hizo las cosas gracias a su capacidad indiscutible como vendedor, pero sin esfuerzo. Reclámele más voluntad, mayor compromiso.

Como sucede con los casos que le mencioné antes, cuando digo esto en cursos, seminarios y clases en la universidad, también suelo recibir comentarios que expresan desacuerdo. Claro, es sencillo pensar que, con esta respuesta, un líder puede estar deprimiendo al liderado. Que la falta de aprobación puede llevarlo a no intentarlo más. Pero no es así, y para demostrárselo vuelvo a contarle lo que le dije cuando escribí sobre el vendedor "cumpletodo": conozca cómo fue la relación que tuvo con su padre, cuál es el modelo de liderazgo que lo condujo durante su crecimiento, y practique eso mismo para obtener lo mejor en su gestión.

Sucede que el vendedor dependiente tuvo padres que no le brindaron su aprobación nunca y se acostumbró a buscarla siempre en sus líderes. Si esta persona, cuando era un niño, se sacaba las más altas notas en todas las materias de la escuela, cuando le llevaba a su padre el boletín de calificaciones, seguro que, en vez de felicitarlo, le decía: "Igual que tu padre. Yo también tenía las más altas notas".

Entonces pensaba que debía conseguir otro gran logro para obtener la aprobación de su padre, y así se transformó en el mejor egresado de la escuela y, a sabiendas de que su padre no lo había sido, le mostraba el trofeo que lo acreditaba como tal, y otra vez, su padre, en vez de reconocer semejante resultado, le contestaba: "No esperaba menos de un hijo mío", atribuyéndose el mérito y sin mostrarle su alegría, reprimiendo su orgullo de padre, porque eso aprendió de su padre, y porque siente que eso lo llevó a lograr cosas en su vida.

Si usted no actúa de esta manera, el vendedor se irá contento con su aprobación, bajará los brazos, dejará de vender hasta que la situación esté tan mal que reciba un reto de parte suya, y eso lo motivará a encontrar un nuevo resultado, que amerite su aprobación. Así vivirán juntos una especie de montaña rusa de fracasos y logros. Siga el consejo de los psicólogos y mi experiencia al respecto. Manténgalo en lo alto de la montaña rusa todo el año.

El vendedor inestable

Nada es constante en su trabajo. Es probable que se haya criado en una familia disfuncional, entre gritos, y parece que solo cumple con una orden cuando la recibe de la peor forma.

Cómo actuar con él:

Con rigor. Si usted le ordena algo con buenas maneras, puede estar seguro de que lo va a echar a perder. Necesita un gerente estricto.

Si a usted no le gusta gerenciar a los gritos, ni es de los fanáticos del control y la supervisión, no incluya uno de estos vendedores en su equipo. Recuerde: al seleccionar personal debe ser hábil para conseguir información acerca de la familia de origen, preguntando, por ejemplo, si los padres eran estrictos. Si de la conversación surge que un vendedor fue criado a los gritos, puede que se encuentre frente a un inestable.

Estos vendedores suelen ser los más baratos del mercado, ideales para trabajos que no requieran gran calidad de gestión. Son muchas las empresas que los emplean, porque necesitan fuerzas numerosas y de bajo costo. Si este es su caso, recurra a mecanismos de control sumamente estrictos y dedique gran parte de su tiempo a brindar "cafecitos" (reuniones para llamar la atención) a los integrantes del grupo comercial.

El vendedor rebelde

Se guía por sus propias reglas. Es difícil de manejar, ya que no acepta órdenes. Generalmente, es muy bueno en ventas. Muchas veces, se trata de un histórico de la empresa, que ya pasó por varios gerentes, y no está dispuesto a respetarlo a usted ni a sus decisiones.

Cómo actuar con él:

Dígale que usted respeta su deseo de independencia y de hacer las cosas a su manera, y su trayectoria en la empresa (si fuera este el caso), y que, debido a su capacidad y su experiencia, no necesita participar en las reuniones de departamento, ni aceptar consejos de la gerencia, ni que lo ayude otro integrante del equipo.

Hágale saber que usted desea que se mantenga afuera de la oficina y lejos de los demás vendedores. Es importante excluirlo de las reuniones, para que no contamine a sus compañeros.

Con ciertas condiciones, permítale continuar actuando según sus propias reglas.

Aunque es prácticamente imposible que sus ventas decaigan, el rebelde debe tener claro que si su producción baja, deberá seguir las mismas normas que los demás, y que esta no será la única consecuencia.

Sobre esta forma de actuar con los rebeldes, algunos alumnos me han dicho que implica darles un privilegio. Es preciso que aclare que no es así, salvo que trabajar en su grupo y aceptar sus reglas sea lo contrario de un privilegio. En este caso, usted deberá replantear su gestión como líder.

Con respecto al rebelde, usted debe encargarse (con el apoyo de sus superiores) de que no disfrute de ningún beneficio de los que tiene el grupo. Si la empresa decide premiar al mejor vendedor con un viaje, él no estará entre los que compitan. Si usted decide darles un día libre a los vendedores, él no lo tendrá. Si todos se inscriben en alguna capacitación importante de ventas, en su país o en el exterior, él no podrá hacerlo. Si elige no respetar las reglas ni las órdenes, quedará excluido de los beneficios.

El día en que los vendedores reciban el anuncio de que participarán, por ejemplo, de un congreso de ventas de todo el día con expositores internacionales, si la actividad es muy enriquecedora, seguramente aparecerá el rebelde para pedir que se lo incluya. Ese será el momento en el que usted podrá tomar las riendas y sugerirle que vuelva al grupo y adhiera a las normas.

El vendedor inseguro

Confía poco en sí mismo. Su problema se evidencia cuando debe exponerse. Por ejemplo, tiene temor a hablar en público (en una venta a grupos), trata de no expresarse en una reunión, por miedo a mostrar sus debilidades, y teme al rechazo.

Esta actitud frena su creatividad, y hace que prefiera vender solo aquello que está seguro de que se vende y a clientes que sabe que le van a comprar, o como mínimo, que no lo van a rechazar. Suele transformarse en lo que yo llamo un "toma pedidos".

Piensa más de dos veces antes de levantar el teléfono para hacer una llamada.

Como tiene un marcado sentido del ridículo, no pide ayuda, ni a sus compañeros, ni a su gerente, ni a un capacitador en un curso, por lo que suele costarle crecer en la profesión.

A pesar de lo que acabo de escribir, estos suelen ser los mejores vendedores, después de transformarse gracias a la acción de un líder eficiente.

Cómo actuar con él:

Durante mi carrera descubrí que estos vendedores, después de superar los obstáculos que les presenta una nueva tarea, recuperan la confianza. Si no se animan a vender por teléfono, cuando el líder los ayuda a vencer el miedo y los empuja a realizar el trabajo, demostrándoles que los temores no tienen razón de ser, se transforman en los mejores vendedores telefónicos, y se sienten inseguros para hacer una venta por otro medio.

Su trabajo como gerente será, entonces, ayudarlo a alejar el miedo. Con esto no solo ganará a un agradecido para su equipo, sino además a un trabajador muy rendidor.

El inseguro necesita recibir su dosis de confianza cada día, como si se tratara de un medicamento. No abandone la costumbre de levantar su estima, porque, si lo hace, él enseguida volverá a su ostra. Convenza al resto del equipo para que también lo alienten. Es imprescindible sobreactuar los aplausos frente a lo que diga o lo que haga.

Puedo asegurarle que si trabaja sobre los inseguros, esos vendedores que todos los gerentes de ventas suelen despedir o ni siquiera seleccionar, obtendrá especialistas en el ámbito que ellos logren dominar, ya sea el teléfono, una tienda o la calle.

Además, su trabajo gerencial de apoyo corre poco riesgo de no alcanzar resultados tangibles y sostenidos en el tiempo, ya que es muy difícil que los inseguros abandonen la empresa.

El vendedor quejoso

Siempre está quejándose, y tiene excusas. Su desempeño está siempre bajo los niveles aceptables, pero todos piensan que tiene mucho potencial y no lo aprovecha.

Lo peor de los quejosos es que suelen tener fundamentos, ya que son muy analíticos y observadores. Usted puede estar sentado en su sillón, muy cómodo, y él le dirá que la posición que tiene el respaldo no es la aconsejada según el último estudio ergonómico sobre sillas que se hizo en Estocolmo, y que, seguramente, deberá soportar un terrible dolor de espaldas que lo acompañará durante días. Usted no solo quedará con la boca abierta frente a la información que recibió, sino que desde ese preciso momento se sentirá insoportablemente incómodo.

La consultora Accenture publicó hace poco tiempo un estudio que indica que sobre cien empresas y negocios que habían fracasado, en más de veinte las causas no residían en el negocio ni en el contexto, sino en el virus de la queja, que se había instalado en sus empleados. Lo peor es que en varios casos pudo establecerse que el agente patógeno había sido introducido por una o dos personas y se había propagado a la totalidad, que a veces superaba las cien.

Cómo actuar con él:

Solo puedo darle un consejo: despídalo inmediatamente. Pero hágalo siempre con un plan que permita que se vaya sin generar conflictos, porque suele tener una gran influencia sobre el resto del grupo y puede irse dejando una semilla que genere un clima organizacional negativo, y hasta seguir complicando el ánimo de sus vendedores por medio de las redes sociales.

Me tocó asumir una gerencia de ventas con un equipo de vendedores desmotivados. La queja estaba instalada como tema diario en los almuerzos y en cada uno de los tiempos libres. Para empezar a vender, yo debía aplicar cambios en forma inmediata y les pedí a los propietarios de la empresa que me apoyaran con un aumento en las comisiones de venta, que estaban bastante bajas.

La empresa anunció que aumentaba las comisiones, después de años, y de esta manera respondía a una de las principales quejas. Todo el personal sabía que había sido una conquista mía. Cuando los vendedores se enteraron, yo estaba en una capacitación.

Imaginé mi siguiente reunión con el equipo. Supuse que mi entrada sería similar a la de un héroe que es agasajado en las calles de su ciudad. Sin embargo, me encontré con caras largas, peores que las que veía antes del aumento. ¿Qué sucedió? Que entre mis vendedores había un quejoso, que se había encargado de arruinarlo todo diciendo:

—Seguro que aumentan las comisiones porque piensan despedir a alguno, para dejar contento al resto. ¿Un nuevo gerente, y no hay despidos? Imposible.

También había dicho:

—No van a poder pagar lo que prometen y este gerente va a durar poco, así que no se acostumbren mucho a este aumento, si es que lo pagan. En caso de que se cobre, ni bien echen al gerente nuevo, lo perderemos.

¡Fue increíble! Me encontraba ante la primera experiencia de aumento en la que no había sido recibido con alegría; y todo por la epidemia del virus de la queja, el que mató a más empresas, proyectos y equipos de ventas. Enseguida me dediqué a ver dónde estaba el foco de la enfermedad y quién la traía pegada. Cuando encontré al responsable, al vendedor quejoso, tomé la decisión de desvincularlo en forma inmediata. Perdóneme, mi querido lector, pero creo que es la única actitud posible, para que el equipo no quede destruido. Si usted tiene una respuesta mejor a este dilema, no dude en escribirme, porque siento que el despido es un fracaso, es producto de no saber qué hacer, y con este tipo de vendedor, le aseguro que no sé qué hacer, solo puedo quitarlo de mi camino hacia el éxito.

CAPÍTULO 4

LA COMUNICACIÓN EFECTIVA CON LOS VENDEDORES

Cómo responden los gerentes de ventas para lograr que sus vendedores estén alineados con los objetivos

Siempre digo en mis capacitaciones para gerentes que el éxito de una gerencia de ventas se pone en juego en cada respuesta que les dan a sus vendedores.

Después de varios años como vendedor y de algunos como gerente, me di cuenta de que la mayoría de los vendedores somos ciclotímicos (y digo "somos" porque nunca dejé de ser vendedor). Hay días en los que solemos estar eufóricos, con ganas de convertir cada una de nuestras visitas en una venta, y otros días, nos sentimos con muchas ganas de cambiar de trabajo, porque no somos buenos para vender, o porque la empresa no es la ideal, o porque el producto ya no es el de antes.

Además, hay otra característica que se repite en nosotros: la falta de voluntad. Quizá alguno de mis lectores no esté de acuerdo sobre este punto, principalmente si es vendedor, pero permítanme explicarles por qué creo que la mayoría de los vendedores todavía no forjaron su actitud proactiva, su voluntad de hacer las cosas por sí mismos sin necesidad de la respuesta del gerente, del incentivo de su líder. Es muy simple: si el vendedor sabe vender, sabe convencer a otra persona para que compre un producto o un servicio. ¿Por qué no vende, entonces, su propio producto o servicio?, ¿por qué no es independiente, si hasta puede convencer a un inversor para que invierta en su idea de negocio y a sus clientes de que compren lo que su emprendimiento ofrezca? A esto respondo que no lo hace, simplemente, porque no tiene la voluntad necesaria, porque no le gusta enfrentar ese desafío solo y porque es más cómodo que todo el reto esté en manos del gerente y de la empresa que lo contrata.

Para concluir con esta introducción al tema, si estamos de acuerdo en que el vendedor es ciclotímico y necesita del incentivo constante para llevar adelante su gestión, es sencillo comprender la importancia que tiene cada respuesta de su gerente, supervisor o líder.

No creo en los gerentes que dicen que el vendedor "debe" hacer su trabajo, "debe" visitar, "debe" ser proactivo, "debe" tener la voluntad necesaria para iniciar el día viendo clientes y terminarlo cerrando ventas. Dejar en manos de la voluntad de los vendedores la tarea de ventas es un suicidio. Muy pocos son lo que yo llamo "locos por las ventas", y describo en mi libro anterior. Y aunque tenga muchos "locos por las ventas" en su equipo, ellos tampoco podrán, solos, hacer que usted cumpla con su objetivo global.

Si usted es gerente, supervisor o líder de vendedores, lo que necesita es un método, un sistema, una estrategia y, sobre todo, necesita BRINDAR UNA RESPUESTA INTELIGENTE A CADA PREGUNTA DE SUS VENDEDORES. Remarco, en mayúsculas, porque creo que es una actividad mayúscula en la gestión gerencial de ventas.

Los gerentes de ventas nunca deben decir "sí" a sus vendedores

No responda con un "sí", aunque sea la respuesta que merezca la pregunta que le hace el vendedor. Siempre repregunte. Repreguntar permite conocer cómo actuar, cómo responder, saber cuál es la verdadera intención del vendedor y, lo que es más importante, provocar con su respuesta una reacción de su interlocutor que lo ayudará a aumentar ventas.

Algunos ejemplos de por qué el "sí" u otra respuesta habitual no son convenientes para un gerente de ventas:
Vendedor: "¿Qué descuento podemos hacerle a este cliente?"
Respuesta "habitual": "Ofrézcale un 10%." (Este es el "sí" tácito.)
Respuesta inteligente: "¿Con qué descuento lo cierra ya?", o "¿Qué haría para cerrar la venta si no le doy el descuento esta vez?"

Esta repregunta le permitirá a usted conocer cuál es la expectativa del vendedor y lo invitará a él a pensar otra forma de solución, a crear.
Vendedor: "Tengo un cliente que promete comprar tres unidades. Está esperando. ¿Qué descuento puedo hacerle?"
Respuesta "habitual": "Por esa cantidad, podemos dejárselo a diez mil por cada unidad." (El "sí" tácito.)
Respuesta inteligente: "Dígame, ¿le va a dar el cheque del pago inicial ahora? ¿La operación se cierra hoy?"

Esta repregunta provoca la acción de cierre, le da valor al descuento otorgado al vendedor. Más adelante, el vendedor no volverá a pedir un descuento por cantidad si no está seguro de que eso lo lleva a cerrar la venta, porque usted le enseñó que lo condicionará para que así sea.

Vendedor: "¿Puedo irme más temprano hoy?"

Respuesta "habitual": "Sí."

Respuesta inteligente: "¿Puede terminar en esta semana ese informe tan difícil?"

Esta repregunta le da valor al permiso que usted otorga y le permite exigir algo a cambio.

Varias veces escuché que la repregunta es de mala educación, que no es correcto utilizarla. Durante un seminario que dicté en Bolivia, uno de los asistentes me dijo: "¿Por qué siempre responde con una pregunta? ¿No es de mala educación hacerlo?". Le respondí: "¿Por qué pregunta?".

Permítame decirle que varios años de gerencia en ventas, con excelentes resultados, me habilitan para aconsejarle que no se descuide. Al contrario, cuide cada una de sus respuestas, porque esos son sus momentos de verdad, sus momentos de liderazgo, momentos que sumarán para llevarlo al éxito.

Leyendo estos ejemplos, usted habrá encontrado similitudes con muchas situaciones que se dan a menudo en su gestión. Durante mis clases en la universidad muestro más de cuarenta similares, donde los gerentes se juegan la imagen y el liderazgo. Los más importantes siempre son los que condicionan a una respuesta por "sí" o por "no", porque en esos momentos se puede provocar una reacción en el liderado que lo lleve a mejorar su gestión como vendedor.

El gerente de ventas debe leer entre líneas

Para lograr esto, tiene que estar atento a las deformaciones de la comunicación, a los metamensajes y a las estrategias de los vendedores para hacer que se equivoque y otorgue beneficios inmerecidos.

Los metamensajes

¿Qué son? La mayoría de las frases tienen dos niveles de significado. El primer nivel es la información básica, que se comunica con palabras, con oraciones. El segundo, llamado metamensaje, comprende las actitudes y los sentimientos de la persona que comunica. Los metamensajes son los responsables de la mayor parte de los conflictos entre las personas. En el primer nivel, una frase puede ser lógica y razonable, pero en lo profundo del segundo nivel puede indicar agresión, culpa o viveza para obtener algo. Un ejemplo muy claro de metamensaje es, por ejemplo, cuando alguien dice: "no te vayas a preocupar por lo que te voy a decir". Evidentemente, en el primer nivel se escucha que uno no debe preocuparse, pero en el segundo uno entiende que lo que sigue es para preocuparse.

Lo más importante en una comunicación con un empleado
es oír lo que no está diciendo.

Peter Drucker

Algunos ejemplos de cómo su respuesta a los metamensajes de los vendedores pueden hacer que su liderazgo se complique:

Gerente: "Juan no me avisó que hoy llegaría tarde por un problema familiar."

Vendedor: "Yo nunca haría eso."

Metamensaje: lo haría o no, según lo que usted responda.

En este ejemplo, se muestra que el vendedor hace una afirmación solo para conocer su respuesta y utilizarla como información, para modificar o no su comportamiento futuro. Si el gerente responde "Eso es lo que espero de usted", el vendedor nunca lo hará. Si, en cambio, le dice "A veces hay problemas entendibles", el vendedor habrá encontrado la respuesta que necesitaba para poder usar la misma excusa.

Gerente: "Me gustaría saber su opinión sobre qué hacer con este problema."

Vendedor: "No sabría decirle, señor. Yo sé que usted va a encontrar una mejor solución. Dígame qué decide, y lo haré."

Metamensaje: no quiero ser responsable de la decisión. Tómela usted, así podré criticarla si no me gusta.

En este ejemplo, se ve claramente cómo el vendedor no quiere hacerse responsable de una decisión. Si el gerente responde "Gracias por su confianza en mí. Después le comunicaré lo que resuelva", el vendedor encontrará la respuesta que buscaba para poder actuar según le parezca, criticando lo resuelto o diciendo ante sus compañeros que él lo hubiera hecho mejor. En cambio, si contesta "Igual quiero conocer su opinión. Dígamela. Quiero resolver esto con usted", el vendedor se verá obligado a ser parte de la decisión, y no podrá criticarla después.

Estos son solo algunos ejemplos de cómo los gerentes pueden llevar adelante un buen liderazgo, si aprenden a entender los metamensajes de sus vendedores y a responder según lo que interpretan y no solo según lo que escuchan.

Para tomar decisiones, necesita que sus vendedores le brinden información concreta, no generalizada

El lenguaje de la precisión

Alfred Korzybski, oficial de inteligencia del ejército ruso radicado en los Estados Unidos y padre de la PNL (1879-1950) mostró que el lenguaje se desvía de la experiencia según los tres procesos siguientes: la supresión (que llamaremos "omisión"), la generalización y la distorsión.

Él no podía darse el lujo de tomar decisiones erróneas basado en información generalizada de sus subalternos en el ejército, y esto lo llevó a un estudio mundialmente famoso sobre la semántica general.

De la misma manera, un gerente no puede guiarse por lo que escucha de sus vendedores y, de buenas a primeras, tomar una decisión o una postura frente a su equipo.

A continuación, algunos ejemplos basados en este estudio de Korzybski, aplicados a la gerencia de ventas.

Ejemplo 1:
Gerente: "Debemos vender más del producto B."
Vendedor: "No estoy de acuerdo."

Respuestas habituales:
Gerente A: "Yo sé que es un producto que vamos a discontinuar, pero debemos venderlo de todos modos."
Gerente B: "Yo mando, debe venderlo aunque no esté de acuerdo."
Gerente C: "No se cierre, inténtelo. Confío en usted."

El gerente "A" da información que no debería dar acerca del producto, y genera un miedo nuevo en el vendedor.

El gerente "B" impone su autoridad, y el vendedor puede llegar a vender el producto, pero lo hará presionado, sin pasión y, por supuesto, sin grandes resultados.

El gerente "C" se queda en la sugerencia. Seguramente, el vendedor lo venderá si le queda tiempo libre y si quiere complacerlo.

Respuesta inteligente:
Gerente: "Debemos vender más del producto B."
Vendedor: "No estoy de acuerdo."
Gerente: "¿Con qué?"
Vendedor: "Con lo que se paga de comisiones por ese producto."

Este tipo de respuestas permite encontrar lo que falta para completar el concepto y basarse en esto para tomar una decisión de liderazgo. Ya sea elevar las comisiones o explicar por qué no se aumentarán. Le permitirán a usted tener el control de su gestión gerencial, porque obtendrá información que le brinda la posibilidad de actuar.

Ejemplo 2:
Gerente: "¿Qué le parece la idea de encargarse de la venta de este segmento de mercado?"
Vendedor: "Lo estoy pensando."

Respuestas habituales:
Gerente A: "Yo sé que no es nada fácil este segmento, y que el precio no está muy acorde a ese tipo de cliente, pero…"
Gerente B: "Ya tuvo tiempo para pensarlo. Empiece ahora mismo."
Gerente C: "Al menos dedíquele un tiempo a ver cómo le va. Quizás se sorprenda."

El gerente "A" traslada sus propios miedos al vendedor.

El gerente "B" impone su autoridad, y el vendedor hará su trabajo bajo presión.

El gerente "C" vuelve a ser sugerente y no líder. Además, emite un metamensaje, al decir "Quizás se sorprenda", dando a entender que él también se sorprendería si se vendiera bien ese segmento.

Respuesta inteligente:
Gerente: "¿Qué le parece la idea de encargarse de la venta de este segmento mercado?"
Vendedor: "Lo estoy pensando."
Respuesta inteligente: "¿Cuánto lo pensó?, ¿cuáles son los pros y los contra que analizó hasta ahora?"

Vendedor A: "Estuve pensando que deberíamos poner un precio promocional para adaptarnos a ese segmento y que…"

Vendedor B: "En realidad, todavía no lo pensé."

Esta respuesta le permite sentarse, como líder, a pensarlo junto a su equipo y guiar a su vendedor en la toma de la mejor decisión, y descubrir si el vendedor solo está ganando tiempo con su respuesta, porque no pensó ni quiere pensar en el tema. Además, le brinda a usted la oportunidad de tomar una decisión, ayudado por la creatividad del vendedor.

Ejemplo 3:

Vendedor: "Todos los clientes se quejan porque no entregamos a domicilio."

Respuestas habituales:

Gerente A: "Sí, yo sé que muchas ventas se caen por esto, pero, por ahora, no podemos hacerlo."

Gerente B: "No quiero escuchar malas noticias. Además, es mentira, los clientes están súper satisfechos con nosotros."

Gerente C: "Voy a tratar de convencer al directorio de que implementen la entrega a domicilio. No puedo asegurarle nada, pero lo intentaré."

El gerente "A" brinda un argumento nuevo para que el vendedor lo utilice como justificación de la disminución en las ventas.

El gerente "B" impone su autoridad, niega la realidad y entra en una discusión con el vendedor. A partir de esta respuesta de su gerente, él se encargará de demostrarle que está equivocado, y hasta puede llegar a disfrutar cuando una venta se le caiga por ese motivo. Será su momento de revancha.

El gerente "C" se queda en promesas, muestra debilidad de autoridad ante su vendedor y le otorga la posibilidad de esperar a que eso se resuelva para dedicarse a aumentar sus ventas. Lo peor es que si este gerente transmite después que la respuesta del directorio es negativa, el vendedor aumentará o iniciará su sentimiento de rechazo hacia el directorio y hacia su liderazgo.

Respuesta inteligente:
Vendedor: "Todos los clientes se quejan de que no entregamos a domicilio."
Gerente: "¿Todos? ¿Absolutamente todos?"
Vendedor: "Bueno, todos no. Algunos."
Gerente: "¿Cuántos, exactamente? Muéstreme los datos de esta semana, cliente por cliente. Quiero saber cuáles se quejaron, y cuáles no."
Vendedor: "Bueno, esta semana se quejó solo este cliente, de los doce que visité."

Responder de esta manera le permitirá minimizar el problema (o, como suelo decir, eliminar los fantasmas) y desbaratar la generalización.

Ejemplo 4:
Vendedor: "Todo lo que deciden en el directorio sobre el departamento de ventas es malo."

Respuestas habituales:
Gerente A: "Es posible, cada vez estoy más en desacuerdo con el directorio, pero tenemos que adaptarnos."
Gerente B: "No le permito que hable así de nuestro directorio. Ellos tienen sus razones para decidir de la manera en que lo hacen. Si no le gusta, la puerta está abierta."
Gerente C: "Lamento que piense así. Ya no sé qué hacer para que esté conforme con la empresa. Me gustaría verlo contento."

El gerente "A" muestra una disconformidad con el directorio que después el vendedor puede utilizar en su contra, ya sea para transmitir al directorio ese sentir o para no respetar algo que el directorio decida, argumentando que si el gerente no estaba de acuerdo antes, no debe estar de acuerdo en otro momento. Además, denota impotencia y provoca en el vendedor un sentimiento depresivo.

El gerente "B" impone su autoridad. Utiliza la amenaza de despido por incapacidad de manejar la situación. De este modo, se aleja de su posición de líder.

El gerente "C" se autopostula como rehén del vendedor, que, seguramente, se aprovechará del malestar que siente el líder por su propia incapacidad para mantenerlo contento. Es muy posible que el vendedor manipule estos sentimientos y, cuando esté bajo en ventas, argumente que es porque la empresa no logró que él estuviera contento con su trabajo.

Respuesta inteligente:

Vendedor: "Todo lo que deciden en el directorio sobre el departamento de ventas es malo."

Gerente: "¿Todo lo que deciden es malo para el departamento de ventas? ¿Todo? Piénselo bien…"

Vendedor: "Bueno, casi todo. El aumento en la comisión de ventas de este año no estuvo nada mal."

Gerente: "Y ese aumento, ¿no justifica que aceptemos algunas cosas con las que no estamos de acuerdo? Yo creo que sí. Estamos ganando más que lo que gana cualquier vendedor de la competencia o que un vendedor de nuestra empresa hace un año atrás."

Responder de esta manera le permite al gerente equilibrar la situación, poniendo en la balanza las decisiones del directorio que se aprecian. Es una posición ganadora: la negociación de un bienestar económico a cambio de un esfuerzo. Ayuda a quitarle al directorio la imagen de enemigo y da un ejemplo de la unión que hay entre la gerencia y la plana mayor, y otorga autoridad en forma tácita.

Ejemplo 5:
Vendedor: "Acá nadie hace nada."

Respuestas habituales:
Gerente A: "Sé que tenemos mucho trabajo, pero no podemos hacer nada. No podemos echarlos, así que haremos lo que esté a nuestro alcance, soportando que ellos no hagan todo su trabajo."
Gerente B: "El que me parece que no hace nada es usted. ¿Cómo están sus ventas? ¿Qué hizo hoy?"
Gerente C: "Deje que lo ayude, si siente que está con mucho trabajo porque hace el trabajo de otro. Por favor, no descuide la venta. Entre mi secretaria y yo veremos cómo colaborar con usted."

El gerente "A" desnuda su impotencia. Hace causa común con la queja y, si se tratara de un vendedor quejoso, empezará a quejarse junto a él, y esto puede transformarse en una bola de nieve que lo expulse de la empresa; sobre todo si el directorio leyó este libro y acepta mi consejo de despedir a los quejosos.

El gerente "B" transforma la queja en una pelea. Maltratando al vendedor solo logrará que se desmotive.

El gerente "C" también se autopostula como rehén del vendedor, que aprovechará para transferirle todo el trabajo que pueda. Se sobrecargará de actividades que le quitarán tiempo de liderazgo, y empezará a recibir quejas de su secretaria, que dudará de su capacidad de liderazgo.

Respuesta inteligente:
Vendedor: "Acá nadie hace nada."

Gerente: "¿Nadie hace nada?"

Vendedor: "Bueno, nadie no."

Gerente: "Entonces, ¿a quién se refiere?"

Vendedor: "A Julio, el jefe de depósito. Parece que no le importó que el cliente necesitaba hoy el producto y me hizo faltar a una promesa."

Gerente: "¿Por qué no analizamos el tema y pensamos alguna reforma en el proceso, para que esto no vuelva a repetirse? ¿Qué me aconseja?"

Esta opción de respuesta le permite al gerente identificar quién es la persona que está fallando, lo ayuda a saber con quién está disconforme el vendedor y le da una base para trabajar en la mejoría del proceso y la oportunidad de liderar. Incluso, si se llegara a la conclusión de que el proceso no es mejorable, el vendedor será comprensivo si el inconveniente vuelve a suceder, o se cuidará de prometer algo con lo que tal vez no pueda cumplir.

Ejemplo 6:

Vendedor: "Ya sé lo que pasa: los clientes no van a recibir los productos en fecha, por eso están bajando los precios."

Respuestas habituales:

Gerente A: "Tal vez sea eso... No sé... Hace tiempo que el directorio no me da cabida para una reunión."

Gerente B: "¿Qué dice? ¡Está equivocadísimo! Los productos van a estar. Nada va a faltar."

Gerente C: "Tratemos de que los tiempos de entrega ni se nombren en la venta. No le demos mucha importancia a la entrega y que sea lo que Dios quiera."

El gerente "A" le da crédito a la duda. Además, pone al descubierto que el directorio ya no lo apoya tanto o que no está en contacto con él, y pierde autoridad.

El gerente "B" inicia una discusión, un conflicto. Si en realidad los productos llegaran fuera de fecha, el vendedor utilizará esa batalla ganada para mostrar al resto del equipo que él tenía razón, y para negociar con el gerente en ventaja.

El gerente "C" intenta, solo intenta. No logrará que los vendedores ignoren ese problema y estará tan instalado en la mente de su equipo que será un obstáculo gigante a la hora de cerrar ventas.

Respuesta inteligente:

Vendedor: "Ya sé lo que pasa: no van a recibir los productos en fecha, por eso están bajando los precios."

Gerente: "¿Ese es solo su punto de vista o lo comparte alguien más?"

Vendedor: "Sí, es lo que pienso. Pero además, el vendedor José me dijo que el de importaciones le comentó que no están depositándole los pagos al proveedor, y que eso hace peligrar que los productos estén en fecha."

Si fuera verdad que los productos no llegarán en fecha, mediante esta forma de responder el gerente puede descubrir por dónde se filtra la información que perjudica la moral de su equipo. Si, en cambio, se tratara de un malentendido, ya sea porque la promoción es una decisión de marketing o porque el proveedor del que hablan no es el del producto en cuestión o por otro motivo, el gerente podrá actuar y hablar con todos los involucrados: el responsable de importaciones, José y el otro vendedor, para desnudar la mentira o aclarar el malentendido, dejando en claro que su departamento se maneja con verdades, pruebas y fundamentos, y no con chismes o informaciones obtenidas por medios poco serios.

Otras formas de lograr información exacta

• Cambie el lenguaje general por el lenguaje preciso.

Es de suma importancia que usted establezca esta regla en la comunicación de su departamento de ventas:

Está prohibida la comunicación generalizada.

Y, si es posible, no la difunda de manera verbal. Téngala escrita en la sala de reuniones, en su escritorio, donde sea. En mi última gerencia coloqué varios carteles que decían:

Cambien generalidades por precisiones
y estaremos cambiando riesgo por seguridad.

Recuerde que cuando usted pida información precisa, podrá tomar decisiones precisas. No permita que, en la comunicación de su equipo, existan palabras y frases como: "raramente", "casi siempre", "casi nunca", "tal vez", "con frecuencia" y todos los términos similares que denotan falta de precisión.

Para tener una idea de la imprecisión de estas palabras o frases, haga el siguiente ejercicio. Colóquelas en una hoja en la que incluya la afirmación: "De cien veces que camino, [complete con la frase o palabra en cuestión] me caigo", fotocópiela y désela a sus vendedores, para que anoten un número exacto que indique cuántas veces creen que se cayeron. Usted también haga el ejercicio.

La hoja debe quedar así:
De cien veces que camino, "raramente" me caigo. (_)
De cien veces que camino, "casi siempre" me caigo. (_)
De cien veces que camino, "casi nunca" me caigo. (_)
De cien veces que camino, "quizás alguna vez" me caiga. (_)
De cien veces que camino, "frecuentemente" me caigo. (_)

Verá qué diferentes opiniones tienen sus vendedores entre ellos y con usted acerca de estos términos. Así será el desacuerdo cada vez que se use una palabra o frase generalizada en el trabajo.

Durante algunos de mis cursos, cuando utilicé este ejercicio con equipos que llevaban años juntos, los participantes anotaron, por ejemplo, para la frase con "raramente", números tan dispares como 2 (dos) y 40 (cuarenta), o 0 (cero) y 50 (cincuenta).

• Cambie supuestos por preguntas.

La mayoría de los errores en una gestión gerencial no se cometen por falta de lógica, sino por lo que los gerentes dan por supuesto. No suponga nada, ¡compruébelo! Cualquier afirmación de un vendedor debe pasar por el filtro de pruebas de lo que dice. De esta manera, usted podrá manejar información correcta para tomar decisiones correctas.

En la comunicación de equipos de trabajo circulan, siempre, cientos de afirmaciones que a veces no tienen fundamento ni base concreta, pero que son creídas como si se tratara de escritos bíblicos. Anotaré algunas que afectaron a mis equipos antes de que yo aplicara la regla que menciono más arriba:

"Hace años que es así."
"Nada va a cambiar."
"En la empresa donde yo estaba las cosas se hacían de otra manera."
"Si no hubiéramos aumentado el precio, venderíamos mucho mas."
"Todo es relativo."
"Ya lo intentamos muchas veces y no funcionó."
"Me gustaría hacerlo, lo juro, pero no está en mis manos."

Aparte de estas, hay cientos de frases que usted escuchará habitualmente de los integrantes de su empresa.

Un verdadero líder no puede aceptar este tipo de expresiones y, para eliminarlas del lenguaje de su equipo, le aconsejo:

Cambie supuestos y afirmaciones
por preguntas.

Ejemplos de preguntas para las frases que mencioné anteriormente:

Vendedor: "Hace años que es así."
Gerente: "¿Cuántos? ¿Desde cuándo? ¿Nunca cambió? ¿Hace cuánto que trabaja aquí? ¿Cómo sabe que era así antes de que trabajara usted aquí?"

Vendedor: "Nada va a cambiar."
Gerente: "¿En qué se basa? ¿Cuántas veces intentó cambiarlo y no pudo? Analicemos lo que hizo en esa oportunidad. ¿Cree que lo hizo todo para que cambiara o le faltó hacer algo? ¿Cree que alguien puede cambiarlo?"

Vendedor: "En la empresa donde yo estaba, las cosas se hacían de otra manera."
Gerente: "¿Sí? Me gustaría hablar con algún gerente que haya salido de esa empresa, para que me ayude. ¿Podría darme el teléfono? ¿Cómo lo hacían? Cuénteme con lujo de detalles."

Vendedor: "Si no hubiéramos aumentado el precio, venderíamos mucho más."
Gerente: "¿Cuánto más? ¿Ya hizo los cálculos? ¿Cuánto más cree que vendería si bajara el precio ahora mismo?, ¿el doble, un veinte por ciento? Dígame un número exacto, y comprométase a alcanzarlo".

Vendedor: "Todo es relativo."

Gerente: "¿Todo es relativo? La mentira, la honestidad, la lealtad, ¿son relativas?"

Vendedor: "Ya lo intentamos muchas veces, y no funcionó."

Gerente: "¿Cuántas veces exactamente? Cuénteme cómo lo intentaron, con lujo de detalles. ¿Qué cree que falló en cada oportunidad? ¿Hay otra manera de hacerlo que nos asegure el éxito?"

Vendedor: "Me gustaría hacerlo, lo juro, pero no está en mis manos."

Gerente: "¿Cuánto le gustaría hacerlo? ¿Cuántas veces lo intentó? Si encontráramos la forma de que esté en sus manos, ¿lo hará? ¿Qué necesita para que esté en sus manos?

Frente a las afirmaciones, preguntas.
Frente a equipos de ventas estancados,
equipos de ventas dinámicos.

Recurra a todo tipo de preguntas para generar el dinamismo que lo catapulte a la innovación y a la creatividad:

"¿Hay otra forma?"
"¿Se puede eliminar?"
"¿Se puede mejorar?"
"¿Se puede acelerar?"
"¿Por qué?"
"¿Por qué no?"
"¿Qué hay que aprender?"
"¿Cómo se puede lograr?"
"¿Qué propone?"
"¿Es necesario?"

Cómo negociar con su fuerza de ventas

Nadie recibe lo que merece, sino lo que negocia. Muchos gerentes pasan su gestión diciendo que merecen que la empresa les reconozca su labor, que los vendedores los respeten, que su equipo venda, fundamentándose en esfuerzo, en capacitaciones y en voluntad; pero la realidad es que nada de aquello que merezcan va a sucederles mientras no salgan en su búsqueda y negocien con quienes se les interpongan o tengan diferentes ideas. Es por esto que le dedico espacio a una de las negociaciones más complicadas: la que ocurre con el vendedor. Muchos creen que negociar con jefes es difícil o que aún más difícil es negociar con clientes, pero mi opinión es que la negociación más complicada es con los vendedores, porque de ellos depende todo el ingreso de la empresa, y son muy hábiles para negociar. Viven negociando, viven de convencer y, cuando lo hacen con su gerente, ponen toda su artillería y la experiencia de miles de negociaciones con clientes para apoyar sus ideas o su posición.

Los siguientes son solo algunos consejos que puedo darle para negociar en forma efectiva con vendedores; aunque, le soy sincero, es donde más dificultades tuve para aplicar lo que aconsejo, debido a que mi inteligencia emocional me traicionó varias veces.

Conocer aspectos personales del vendedor

Abraham Lincoln aseguraba que usaba el treinta por ciento de su tiempo para pensar acerca de lo que quería, y el setenta por ciento restante lo dedicaba a conjeturar qué quería su oponente.

Preocuparse por conocer, por lo menos, tres aspectos personales de la vida de la otra persona (hobbies/deportes; familia/hijos; educación) constituye la base fundamental para alcanzar un acuerdo exitoso.

Cuando en las clínicas de gerencia de ventas les pido a los gerentes que en una hoja anoten en una columna los nombres de sus vendedores y en otras tres columnas aspectos personales que conozcan de ellos, me sorprende ver que muchos no saben lo imprescindible para entablar una conversación intensa con sus referidos.

Las redes sociales, como Facebook, ayudan a tener contacto con los vendedores y conocer sus aspectos personales, estados de ánimo y opiniones sobre diversos temas de la vida. Permiten también ir dejando mensajes indirectos, para ir convirtiendo al vendedor en una persona de éxito. No pierda la oportunidad de mantenerse conectado mediante esta opción.

Controlar el ámbito

En una negociación con su vendedor es primordial que tenga en cuenta el lugar donde va a desarrollarla.

• Si se trata de una negociación positiva...
Por ejemplo, si usted está negociando el ingreso de un buen vendedor a la empresa, o algún nuevo desafío en el que necesita que el vendedor confíe en la fortaleza de la compañía o de su gestión, es importante que el lugar tenga una buena iluminación y que haya información que lo deje bien parado ante el vendedor.

• Si se trata de una negociación negativa...
En cambio, si usted está negociando la salida de un vendedor, discutiendo un acuerdo económico o cualquier situación en la que quiera perder la menor cantidad de dinero, hágalo con una iluminación baja, y coloque en su oficina información que indique que la situación no es de festejo.

• Si se trata de una negociación para pedir concesiones...

En caso de que la negociación sea porque debe hacerle un gran pedido o concesión, tenga en cuenta que debe buscar un lugar neutro, que no marque diferencias entre usted y él y, en lo posible, atiéndalo en sus necesidades básicas.

• Si se trata de una negociación de conflicto...

En el supuesto de que usted necesite sentarse con su vendedor a negociar ciertos cambios de condiciones o algún conflicto de relación con él, busque un ámbito diferente, alejado de la empresa, y si es posible, al aire libre. Muchas personas negocian conflictos en lugares cerrados y llenos de presión e interrupciones, cuando está demostrado que nuestra mente, acostumbrada a disfrutar de largos asados, deportes y vacaciones al aire libre, responde positivamente cuando se encuentra en ese tipo de ambiente, favoreciendo de esa manera el acuerdo. Es por ello que muchos empresarios negocian situaciones de conflicto jugando al golf. Estar en un ambiente cerrado y hasta oscuro para tratar un conflicto entre pares lleva a una de las partes a desconfiar de la otra, porque es natural pensar que, si se realiza en un ámbito oscuro, es porque el otro no quiere dar a conocer que se está comprometiendo en algo con usted, o simplemente oculta algo.

Cuando aprendí estas variables para lograr una buena negociación, me dispuse a modificar el ambiente donde solía llevarlas a cabo. Primero instalé un regulador de la intensidad de luz y luego me dediqué a prestar especial atención a la escena de negociación. Cuando se trataba de una negociación en la que debía mostrar fortaleza, ante una entrevista con un gran vendedor que deseaba sumar a la empresa, aumentaba la intensidad de la iluminación (en una revista de decoración aprendí que los ambientes con más luz resultan más modernos, de mayor calidad y que dan la idea de riqueza). El fulgor de la luz, y sobre todo cuando está dirigida a

*cuadros y paredes, le da brillo a la oficina, y por añadidura, bri-
llo a su posición. También colocaba gráficos en cartelera, paredes
y hasta arriba del escritorio, que indicaran aumento de ventas o
que brindaran información visual y me ayudaran en la negociación. Llegué a colocar una copia del recibo de comisiones de nuestro mejor vendedor sobre el escritorio y, en esas ocasiones, vi cómo,
al ir yo a buscar un café, el candidato se abalanzaba sobre el recibo, para conocer cuánto podía llegar a ganar en nuestra empresa.*

*En cambio, cuando se trataba de negociar una salida o pedi-
do de concesión de algún vendedor, ya sea un despido o un cambio de condiciones, bajaba la intensidad de la luz, para dar una
imagen de pobreza, y colocaba imágenes sobre mi escritorio que indicaban que todo estaba a punto de estallar, para que el vendedor se
sintiera afortunado por salir a tiempo.*

*Ya le comenté que en las negociaciones de conflicto prefería el aire
libre; pero cuando aparecía un conflicto y las cosas se ponían feas,
ya sea por una discusión o por nervios normales de una negociación
encontrada en intereses, y el lugar era la sala de reuniones, mi secretaria recibía una orden previamente acordada (en una de las empresas en las que trabajé la sala era vidriada y la orden acordada se dis-
paraba cuando yo tiraba algo al suelo), e inmediatamente ella
ingresaba al recinto con unas ricas masitas, sándwiches o dulces, para
cortar el mal ambiente, y preguntaba: "Caballeros, ¿qué desean beber?".
Mientras eso sucedía, no solo los ánimos se enfriaban, sino que yo
ganaba tiempo para pensar mis respuestas o estrategias. Finalmente,
ya comiendo, comprobaba la famosa teoría de Abraham Maslow, que
dice que si el ser humano no tiene las necesidades básicas resueltas
(base de la pirámide), suele estar nervioso, responde agresivamente
y no está predispuesto a ceder. Aplicaba esto mismo ante un cliente
enojado. Llegamos a tener una heladera con varias cosas ricas en
nuestra sala para atender quejas. A cada cliente enojado le brindá-
bamos deliciosas opciones para servirse, y esperábamos que se cal-
mara su humor antes de entrar a trabajar en la solución. Pruebe con
darle algo rico para comer o beber a una persona que le está expre-
sando su enojo y notará cómo empieza a cambiar su humor. Escuchará*

algo como esto: "¡Estoy enfurecido!, lo que le estaba diciendo es que… mmm… rico este vino… ¿es argentino?".

Y finalmente, cuando se trataba de un pedido de concesión, algo que necesitaba que el vendedor hiciera por el equipo o por la empresa, me encargaba de que el ambiente propiciara su voluntad de cesión. Llegué a colocar el monitor de mi computadora a la vista, con una presentación de varias fotos del equipo en cursos, fiestas y otras ocasiones, siempre abrazados y felices, para pedir que un vendedor hiciera algo que exigía un sacrificio por el equipo.

Esto mismo es aplicable a negociaciones con proveedores, bancos, miembros del directorio, etc. Si el motivo de la negociación era pedir un préstamo, las luces estaban altas y las imágenes indicaban éxito. Si, en cambio, la razón era pedir un precio más bajo al proveedor, las luces estaban bajas y había un folleto de su competencia sobre mi escritorio.

En fin, creo haberle transmitido en estos párrafos bastante de mi experiencia, para que pueda iniciar la suya sin que yo tenga que seguir desnudando mis estrategias de ámbito.

Lograrlo con la idea del vendedor

Para explicarle cómo convencer a un vendedor de que haga lo que usted quiere sin necesidad de que él cambie de idea, voy a contarle una historia, que algunos dicen que es verídica y otros sostienen que es producto de la imaginación popular, y que está vinculada con la llegada de Cristóbal Colón a América.

Verdadera o no, la negociación que voy a describirle me sirvió para ver las cosas de otra manera. Espero que a usted también le resulte útil.

Este relato sostiene que nos mintieron sobre hechos vinculados al plan de viaje de Colón, ya que la reina Isabel no podría nunca aceptar que la tierra era redonda, porque eso hubiera significado ir en contra de sus creencias religiosas, en contra de la opinión de la Iglesia Católica. También dice que es muy sospechoso que la reina haya dado tres de sus mejores navíos (equivalentes a tres taxis espaciales) a un grupo de delincuentes (se dijo siempre que la tripulación estaba colmada de marinos de una pésima procedencia, y hasta excarcelados para el viaje). Entonces, ¿cómo hizo Colón para convencer a la reina de semejante inversión? Esta interpretación histórica dice que la reina estaba preocupada porque había un grupo de marinos y guerreros, todos de buena procedencia y muy hábiles, que estaban organizándose para derrocar su gobierno. Colón aprovechó esta información, y la convenció después de pedirle que, para el viaje, le entregara como tripulación a estos marinos conflictivos. La reina no aceptó el viaje de Colón como un viaje de negocios y evangelización, sino como un viaje suicida que le brindaría la oportunidad de quitarse un problema de encima. Colón consiguió así su financiación para la travesía, sin tratar de cambiar la idea de la reina sobre una tierra plana y con precipicios hacia el infierno.

Lo que intento transmitirle es que muchas veces no es necesario que sus vendedores cambien de idea para que lleven adelante una suya. Varios líderes de empresas y propietarios de negocios pasan horas tratando que sus liderados piensen como ellos, sin haber tenido en cuenta ni siquiera sus vivencias y hasta con diferencias de orden religioso, político o cultural. Suelo escuchar que dicen: "Si yo hiciera su trabajo, vendería el doble"; "Yo no sé cómo no piensan así", o "No entiendo cómo no ven las oportunidades que yo veo". Muy simple: no tienen la experiencia de uno, no piensan como uno porque no son propietarios ni gerentes, y no ven las oportunidades que vemos porque las verán cuando tengan nuestro puesto o responsabilidades. Lo importante no es que piensen, que vean o que vendan como lo haría uno, sino que logren el objetivo con sus puntos de vista, sus experiencias y sus ideas actuales.

Cuando comprendí esta forma de convencer y de lograr que otro se encamine hacia un objetivo, sin necesidad de cambiar sus propias ideas al respecto, en fin… sin necesidad de discutir posturas ideológicas o de poner en duda su sentir, me puse a pensar si alguna vez en mi carrera laboral yo había sido convencido de esta manera para hacer algo y efectivamente fue así. Esta es la experiencia que quiero transmitirle.

Trabajaba en una tienda, atendiendo clientes, cuando mi gerente se acercó y me dijo que las ventas estaban bajas y que, si los clientes seguían sin venir, deberíamos ir a buscarlos. Quería que saliéramos a la calle y vendiéramos puerta por puerta.

—¡Nunca! —dije.

Después comencé a argumentar con todas las razones por las que no saldría a vender a domicilio, la cantidad de motivos por los cuales no nos comprarían, y terminé mi explicación diciendo:

—Si me obligan a salir a la calle a vender, estoy dispuesto a renunciar.

Claro, estaba muy cómodo en la tienda, con aire acondicionado, esperando a clientes muy dispuestos a comprar, y no quería salir a la jungla de cemento, para soportar temperaturas indeseables y buscar nuevas posibilidades de ventas.

El gerente sabía que mi amenaza no era en vano, y que debería actuar para lograr que yo vendiera puerta a puerta y no que renunciara. A la semana de esa conversación, me llamó a su oficina y me dijo:

—Facundo, es verdad: vender puerta a puerta no es factible. Tiene razón al decir que la gente rechaza este tipo de ventas.

Sentí alivio al escuchar esas palabras, ya que no quería renunciar, porque el trabajo me agradaba.

El siguió diciendo:

—Pero igual debemos dar a conocer nuestras ofertas a la gente del barrio, y no tenemos dinero para hacer un gran plan de marketing zonal. Teniendo en cuenta esta variable y que la gente no

está dispuesta a que se le venda en su domicilio, se me ocurrió una estrategia a la que bauticé "publicidad hablada". Se trata de una técnica de marketing en la que necesito su aporte, y que la empresa está dispuesta a apoyar pagándole muy bien.

Las frases "necesito su aporte" y "la empresa está dispuesta a apoyar, pagándole muy bien" hicieron que acomodara mi silla más adelante y pusiera toda mi atención.

Siguió contando su idea:

—No vamos a vender casa por casa. Se trata de comunicar, en cada domicilio, nuestras ofertas. Su trabajo es ir a contar lo que vendemos y las promociones que brindamos para acceder a nuestros productos. ¡No venda! Limítese a contar lo que le pido y a grabar lo que cuenta en este aparato.

Justo cuando yo estaba poniendo cara de desconfianza, él siguió:

—Se le pagará dos dólares por cada publicidad hablada de tres minutos que concrete. Calcule que, en una cuadra, tiene aproximadamente diez casas y creo que puede concretar unas veinte o treinta publicidades habladas en medio día y luego pasar el otro medio día en la tienda.

Yo ganaba unos cuatrocientos dólares por mes, incluyendo comisiones. La posibilidad de concretar veinte publicidades habladas diarias me brindaría la oportunidad de ganar el doble. Lo pensé unos segundos y dije:

—Aunque no venda nada en todo el mes, aunque su idea no funcione y nadie se acerque al local por la publicidad hablada, aunque no aumenten las ventas ni un poquito, ¿cobraré mis dos dólares por cada tres minutos hablados?

—Sí, siempre y cuando diga, en esos tres minutos, lo que previamente acordemos, cobrará hasta el último centavo que le corresponda.

No podía creer que estuviera ante semejante oportunidad. Empecé a pensar que mi jefe estaba tomando una decisión estúpida, pero no quería desaprovechar la ocasión de ganar más durante una etapa en la que necesitaba equipar mi casa. Aprendí el mensaje que debería transmitir en los tres minutos de publicidad hablada, tomé la grabadora y salí a hacer mi trabajo. Como mi objetivo solo era lograr los tres minutos de conversación y transmitir el mensaje, me volví un experto en lograr la atención de las personas que habitaban las casas. Aprendí que no hay que mirarlos ni mirar a las ventanas, porque en seguida dicen gestualmente que no pueden atender. Aprendí que uno debe hacer casi "oídos sordos" hasta que salen. Aprendí que cuando dicen "la señora no está" muchas veces es la señora de casa la que lo dice. En fin, descubrí cómo lograr que me atendieran y me dejaran hablar con ellos.

Nunca tuve la intención de vender, pero, como usted supondrá, las ventas empezaron a generarse solas al mostrar los catálogos y contar sobre las promociones y ofertas. Al finalizar la segunda semana, lo que me correspondía por brindar el mensaje, la suma de las grabaciones de tres minutos, no llegaba al sesenta o cincuenta por ciento de lo que me hubiera correspondido por comisiones, si hubiera aceptado vender. Fue entonces cuando sentí que mi jefe me estaba estafando, que me merecía ganar las comisiones y quizá triplicar mi sueldo. Sentí que había sido un estúpido en aceptar eso de la "publicidad hablada", que era mucho mejor vender casa por casa, puerta por puerta. Me dirigí a su oficina y se lo hice saber. Le dije que no iba a aceptar esos dos dólares miserables por cada publicidad hablada y que prefería las comisiones por ventas. Para mi sorpresa, me dijo:

—¡Aleluya! Se dio cuenta de que la venta puerta a puerta funciona. No creo que hubiéramos durado mucho con un pago por publicidad hablada. Son las ventas las que justifican su trabajo y el mío.

Lo que el gerente logró es que empezara a trabajar en su proyecto sin cambiar mi idea al respecto, eliminando los obstáculos que me impedían hacerlo y dejando que la experiencia me mostrara que la venta puerta a puerta era factible y conveniente. Desde que me di cuenta de lo que él hizo, ayudado por la versión histórica que le comenté, procuro guiar a mis vendedores a que encuentren sus propias respuestas a partir de sus propias ideas.

Utilizar las diez tácticas de negociación efectiva

1. La humildad y la ignorancia

Consiste en aparentar ser ignorante en algún tema, para hacerle creer al vendedor que está en ventaja. Con ello podrá conocer realmente sus intenciones.

Ejemplo:
Vendedor: "Este producto es muy difícil de vender."
Gerente: "¿Qué me aconseja? ¿Le digo al directorio que no vendamos este producto?"

Si el vendedor contesta que sí, sabiendo que eso sería un suicidio, estará mostrando su falta de apoyo.

En cambio, si el vendedor responde que no se apresure y sugiere buscar alternativas o producir ideas para venderlo, estará ante alguien comprometido.

2. La conquista del "sí"

Se basa en la percepción psicológica del vendedor. Se formulan preguntas que provoquen el "sí" como respuesta, para que a la hora de acordar sobre el tema principal él esté psicológicamente predispuesto para contestar también afirmativamente.

Ejemplo:
Gerente: "¿Cree conveniente que preparemos unos folletos de calidad para ayudarlo en la venta? ¿Le gustaría recibir ayuda por parte de un vendedor experimentado? ¿Desea que lo apoyemos con publicidad en medios?"

Para finalizar con la pregunta principal: "¿Se compromete a vender el doble de unidades este mes?"

3. A palabras necias, oídos sordos

Se usa para contrarrestar respuestas inaceptables y totalmente desproporcionadas hechas por el vendedor. Ante una postura desafiante con una respuesta desorbitada, encarar una maniobra de contraataque igualmente ilógica.

Si vemos que nos está probando, pero no es una actitud desafiante, procederemos a fingir que no lo oímos, y proseguiremos la negociación como si nada hubiera ocurrido.

Ejemplo:
Gerente: "El mercado creció el cuarenta por ciento en todo el año y nosotros no. ¿Cuánto más puede vender este semestre?"
Vendedor: "Un uno por ciento."
Gerente: "Ok, bajaré las comisiones para recuperar la ganancia perdida."
Vendedor: "Señor, eso no tiene sentido."
Gerente: "Tu respuesta tampoco."

4. Las dos opciones

Consiste en brindar dos opciones que sean favorables a su posición. Los seres humanos reducimos todo nuestro análisis de elección a dos últimas posibilidades. Por ejemplo, piense cuántos partidos políticos hay en su país, y cuántos son los que definen siempre. Sin conocer su país, y en caso de que sea democrático, sé que usted comprueba que siempre son dos las opciones elegidas por la mayoría. Deténgase también a pensar cuántas gaseosas se venden en el mundo, y cuáles son las marcas que pelean arriba, Coca-Cola y Pepsi, y a cuántos niveles abajo se encuentran el resto de las competidoras. En el fútbol, notará que en su país hay muchos equipos, pero siempre, la mayoría de los hinchas, se inclinan por dos, que juegan el "súper clásico". Y así se repite ese comportamiento. En las casas de comidas rápidas, McDonalds y Burger King. En las empresas de software, Microsoft y Apple. En las empresas automotrices, Ford y Chevrolet; y hasta recordarán a la vecinita de la cuadra no decidirse por uno o por otro, aunque tuviera más de seis candidatos dispuestos. Lo más importante se reduce a dos opciones. Así es que, si usted le brinda al vendedor una única opción, siempre tendrá su mente entretenida en la posibilidad de una segunda alternativa, o en el "no". El objetivo es que la mente del vendedor esté ocupada con sus dos opciones, para que siempre elija una que lo favorezca a usted.

Ejemplo:

En este caso prefiero contarle como ejemplo una negociación familiar, y que usted la aplique con su vendedor. Cuando tengo que convencer a mi esposa de ir al cine, tengo la posibilidad de preguntarle: "¿Quieres ir al cine?", dándole la opción de que responda "No" o "Quiero ir a otro lugar". En cambio, si elijo darle dos opciones que me beneficien, le preguntaré: "¿Quieres ir a ver esta película de terror, o esta de suspenso?". Sabiendo que no le gustan las de terror y que le fascinan las de suspenso, sé que me responderá con interés por la de su preferencia, dejando implícito que iremos al cine, que es mi objetivo final. Con los vendedores puede utilizar esta táctica haciendo una pregunta como "¿Prefiere empezar hoy o mañana?", dejando establecido en forma tácita que va a empezar, y evitando que él piense la respuesta "Nunca". O preguntas como "¿Firma el contrato de trabajo por dos o por tres meses?" o "¿Aumentará las ventas de este producto o de este?".

5. El tiempo para pensar

Se trata de dar un poco de tiempo en la negociación con el vendedor, para invitarlo a que reflexione y cambie su postura.

Si el tema es importante, puede pedirle que vuelva a encontrarse con usted a los treinta minutos o a la hora, para que le comunique su decisión. En cambio, si es algo que no merece mucho tiempo, puede salir de su oficina y dejarlo pensar allí mismo, en soledad.

Ejemplo:
Gerente: "Saldré unos minutos a ver unos temas con mi secretaria, así le doy tiempo para pensarlo."

El vendedor se queda en la soledad de su oficina, con la obligación de pensar al respecto, sin distracciones.

6. Lo importante al final

Se trata de no hacer la propuesta al principio. Todo lo contrario, solo se hace visible el centro de la cuestión muy al final del proceso negociador, con la finalidad de que el vendedor ya no tenga mucha energía ni tiempo para pensar, y decida a su favor.

Ejemplo:
Después de hablar durante horas sobre diferentes temas de poca relevancia, en los que la mayoría de las veces se cede, beneficiando al vendedor, para dejarlo con una sensación de deuda:
Gerente: "Bueno, ya acordamos sobre varias cosas en esta reunión. Obtuvo varios 'sí' de mi parte. Es hora de terminar nuestra jornada. Estamos pasados media hora de nuestra salida del trabajo. Antes de irnos, quiero pedirle que esté presente en nuestro stand este fin de semana, en la exposición de la industria."

El vendedor no tendrá mucho tiempo de defender su posición (no ir), y estará influenciado por la deuda que siente por todo lo acordado antes de esta petición.

7. La opción mala versus la opción no tan mala

Mostrar una opción mala y complicada, para que al exponer la opción no tan mala y más fácil de realizar sea aceptada como buena.

Ejemplo:
Gerente: "Voy a necesitarlo todos los fines de semana en nuestro stand de la exposición de la industria."
Vendedor: "¿Todos los fines de semana?"
Gerente: "Bueno, por lo menos el próximo. Después encontraré a alguien que ocupe el lugar. Cuento con usted para este fin de semana. Nos vemos allí."

El gerente solo lo necesita para ese fin de semana, pero si lo propone como única opción, con poco tiempo para decidir, seguro que encuentra resistencia en el vendedor. De esta manera, presentando una opción peor, la mala empieza a resultar confortante.

8. Acumulando gestos positivos

Cuando no puede cumplir con las exigencias del vendedor, lo mejor es presentarle un canje por algo que él no esté dispuesto a resignar.

Ejemplo:
Vendedor: "Considero una pérdida de tiempo estar sentado en nuestro stand de la exposición de la industria."
Gerente: "Entiendo, pero, a veces, para poder pedir algún día para ir a un acto en la escuela de nuestros hijos o para otro tema personal, es bueno haber tenido estos gestos."

9. Agregando valor

Aumente el valor de lo que se ofrece como propuesta, haciendo un amarre con temas más relevantes para el vendedor.

Ejemplo:

Vendedor: "Estar toda la noche acomodando la tienda para inaugurarla al otro día no es un trabajo para ventas. Nosotros tenemos que vender, no armar la tienda."

Gerente: "Entiendo, pero debe pensar que, de un trabajo, uno no solo se lleva el sueldo, sino también la experiencia. Debe vivir su trabajo como una universidad y esta es la oportunidad de aprender cómo se abre una tienda, cuál es el criterio de acomodación de los productos, con cuántos productos se puede iniciar una tienda al público. Mucha información que le servirá cuando abra su propio negocio. No estaría bien que se pierda semejante oportunidad."

10. Cambiar de posiciones

Se trata de poner al vendedor en el lugar de uno, para conocer cuál es su opinión antes de hacerle una propuesta que pueda no agradarle y haga que él anteponga objeciones duras.

William Ury, en el libro *¡Supere el NO!*, explica esta táctica, entre otras que le recomiendo leer para manejar bien sus negociaciones. Ury enseña que pedirle al vendedor que explique cómo decidiría si estuviera en su lugar, le aclarará a usted el panorama y le permitirá controlar las riendas de la negociación.

Ejemplo:

Gerente: "Si usted estuviera en mi puesto, ¿qué decidiría?"

No deje que el vendedor le diga que no sabría qué hacer o qué decidir en su lugar; exíjale una decisión, para poder conocer su postura.

Finalmente

Espero que aprecie el valor de la información que le doy, no solo por la aplicación que tiene, sino porque, al escribirla, me estoy jugando por brindarle datos que eliminarán todas mis ventajas al negociar, en el preciso momento en que mis vendedores lean este libro.

CAPÍTULO 5

CÓMO PIENSA UN GERENTE
DE VENTAS EXITOSO

El poder de las creencias. Sus creencias pueden llevarlo al éxito o al fracaso

Creamos nuestra realidad a partir de nuestras creencias. Según los estudiosos de la física cuántica, esto es parte de un proceso que va más allá del terreno de la actitud; le adjudican al pensamiento la capacidad de influir en las partículas cuánticas. Lo llaman la "ley de la atracción", "imán de sucesos" o de otras formas. En la época en que escribo este libro, existen una película y un libro que acapararon la atención de todo el mundo, y que explican los secretos guardados por generaciones sobre la "ley de la atracción". Pero no es la física cuántica el tema de este capítulo, prefiero situarme lejos de las corrientes de pensamiento esotérico o aún no demostradas científicamente, y llevarlo a usted a terreno firme.

Hay que reconocer que las creencias que tenemos sobre nosotros mismos y sobre la realidad que nos rodea determinan las actitudes y las reacciones emocionales o racionales que tenemos ante las situaciones y oportunidades que encontramos a lo largo de nuestra vida. También es un hecho que reaccionamos ante las actitudes de los demás, así como ellos reaccionan frente a las nuestras; por lo que es lógico suponer que, en mayor o en menor medida, las actitudes y opiniones que otros expresan sobre o frente a nosotros, están determinadas, en gran medida, por lo que cada uno cree de sí mismo.

Para bajar más a tierra, ¿con qué pareja le gustaría jugar un partido de tenis de dobles?, ¿con alguien que cree que van a perder en dos sets por seis a cero, o con alguien que cree que van a ganar? La pregunta es sencilla de responder. Porque el que piensa que van a perder no solo entra nervioso a la cancha, sino que lo pone nervioso a usted. Y si usted, antes del partido, pensaba que ganarían, su compañero derrotista logrará, seguramente, convencerlo de que van a perder. Esto lleva, por supuesto, a la derrota, y es un ejemplo de cómo el modo de pensar de alguien transforma la realidad. En este caso, la manera de pensar propia, la de su compañero y, como consecuencia, la de sus oponentes. Los pensamientos negativos convierten, de esta forma, una realidad posible en una imposible.

Esto nos enfrenta con una verdad:

Nuestra realidad depende en gran medida de nosotros mismos, ya que se compone de reacciones que se dan frente a las actitudes que generan nuestras creencias.

La conclusión surge rápidamente: nuestro éxito, como gerentes, y el de nuestros vendedores están determinados por nuestras creencias y las de ellos, a veces unidas en una sola creencia: la del departamento de ventas.

Hay creencias que restringen y otras que expanden, creencias que nos tornan impotentes y otras que nos dan el poder de cambiar nuestra vida. Yo las denominé, para reconocerlas delante de mi equipo de ventas, creencias "pro" y creencias "retro". Las "pro" se basan en que el progreso es posible en todas las áreas, y las "retro", se apoyan en experiencias del pasado que nos limitan y nos llevan a pensar que nada va a cambiar.

Si comprendemos esto, veremos que...

> **Siempre nos sucede lo que nos tiene que suceder,**
> **lo que merecemos.**

Porque al pensar, sentir y actuar de acuerdo con nuestras creencias, lo que nos pasa es siempre una reacción generada por nuestras actitudes. Las personas que tenemos a nuestro alrededor aceptan nuestras actitudes y responden en base a ellas. Por eso es que siempre, en mis cursos, les digo a los gerentes: "Tienen los vendedores que se merecen".

Permítame contarle cuándo fue que me di cuenta de que mis creencias no estaban ajustadas a mis posibilidades.

Cuando tomé la decisión de dedicarme exclusivamente a escribir y transmitir mis experiencias mediante cursos, seminarios y conferencias, renuncié a toda actividad en relación de dependencia y solo continué como profesor de posgrado en una escuela de negocios. Ese trabajo me ocupaba únicamente desde las diecinueve horas hasta las veintitrés. Al resto del día lo tenía disponible para escribir, desarrollar cursos y cumplir con, hasta ese momento, no muchos compromisos de capacitación.

Gracias a esa cantidad de horas de investigación y preparación, pude recopilar escritos anteriores, actualizar cursos y notas que había redactado para revistas y periódicos, y publicarlos en Internet, en forma gratuita, en mi sitio y en varios sitios del área de ventas y management.

Después de leer algunos de mis trabajos, me llamaron por teléfono los responsables de una consultora de Bolivia, precisamente de La Paz. Ya habían llamado a la universidad y tenían buenas refe-

rencias sobre mí, y esto, sumado a mi estilo de comunicación, que les gustó, hizo que se decidieran a hacerme una oferta que resultó fundamental para mi carrera: mi primera conferencia internacional.

Imagínese mi entusiasmo ante la llamada. Era el inicio de mi sueño realizado, la oportunidad de dedicarme a lo que amo.

No creo tener la capacidad de transmitir que tienen los grandes escritores, y espero que usted me ayude con su imaginación, porque me gustaría que logre sentir lo que yo sentí aquella vez.

La persona que me llamó dijo que me necesitaban para un congreso de dos días. La primera jornada disertaría, por la mañana, durante cuatro horas, un conferencista cuyo nombre prefiero dejar en reserva (ya le contaré por qué). Lo llamaré Pedro. Por la tarde, yo dispondría de cuatro horas para comenzar con el desarrollo de mi tema, que concluiría al día siguiente, cuando tenía otorgadas las cuatro horas de la mañana y las cuatro de la tarde. ¡Una jornada y media para mí! Tal como lo expresó la persona que me contactó por teléfono... ¡la estrella del evento sería yo!

También me dijo que debería estar un día antes en La Paz, para una conferencia de prensa y que, debido a los horarios de los vuelos, estaría llegando un día antes de atender a los periodistas y saliendo un día después del congreso. En total, iba a estar una semana en la capital boliviana.

En ese momento, mi interlocutor me hizo una pregunta para la que yo no estaba preparado:

—Nosotros pagaremos todos los gastos del viaje y la estadía. ¿Cuál es el monto de sus honorarios?

Yo lo estaba atendiendo con toda seriedad, intentando responder como un lord inglés, aunque por dentro tenía un carnaval, una hinchada de fútbol frente al gol del campeonato. Lo que no tenía era la respuesta para esa pregunta. Además, estaba con mis alumnos de la universidad, y no podía dar precios ni condiciones, así que aproveché la circunstancia para ofrecerle llamarlo más tarde.

En aquella época, yo ganaba mil dólares por mes. Doscientos cincuenta dólares por semana y no tenía ni la menor idea acerca de cuánto cobrar por cinco días en el exterior. Dígame usted, mi querido lector, ¿cuánto cree que debería haber pedido? Recuerde los datos: doce horas, una semana. Yo trabajaba veinte horas por semana. Mi conclusión fue que no podía decirle doscientos cincuenta, porque me resultaba más conveniente quedarme dando clases. Pensé que quinientos era una suma razonable, pero enseguida la ambición me invadió y pensé en pedir mil. "Si aceptan ¡será un golazo de media cancha!", me dije.

Una hora después llegó la llamada y tuve que animarme a dar la respuesta que me permitiría ganar en una semana lo que ganaba en un mes.

—Sé que no es fácil organizar un congreso —dije—, que los gastos son muchos y que ustedes deben pagar mi hotel, mi pasaje de avión… También sé que la situación actual no es fácil, y que la crisis golpea a todos los países, pero yo, por menos de mil dólares, no puedo dejar mis ocupaciones.

Para mi sorpresa, me respondió sin negociar y me dijo que pronto estarían girando quinientos dólares, fijando la fecha y haciendo emitir el pasaje a mi nombre.

Si antes mi interior expresaba lo que una hinchada canta ante un partido favorable, en ese momento yo estaba gritando un gol de rodillas, ante miles de hinchas. Sin embargo, al mejor estilo anglosajón, dije:

—Perfecto. Aguardo la confirmación del giro para fijar la fecha en mi calendario. Muchas gracias por elegirme.

Ni bien corté, dejé que toda la cancha que vivía por dentro saliera. Cuando me tranquilicé y recuperé el aire, llamé a mi esposa, Mariana, y le conté que su "maridito" el mes pasado había llevado a la casa mil dólares y que ese mes estaría llevando dos mil y la chapa de conferencista internacional. Mariana gritó de alegría y combinamos para ir a cenar, para festejar y empezar a gastar el sobresueldo.

Como un niño que emprende el viaje a Disney World, me subí al avión y saqué fotos hasta de los asientos vacíos. Registré en mi cámara y en mi mente cada detalle del viaje, con el corazón latiendo más que de costumbre y con ganas de contarle a cada pasajero *adónde iba y para qué. Un recuerdo que ahora me parece gracioso, es el de la cara de algunos de mis compañeros de vuelo, a los que involuntariamente y preso de mi ansiedad les caí, como mínimo, pesado.*

Cuando llegué, me recibió el organizador del evento y me saludó con las siguientes palabras:

—Es un placer tenerlo en La Paz para esta conferencia tan importante.

Pensar que en la universidad me decían: "Te toca el aula cinco", y allí, en Bolivia, me recibían como a un diplomático. Ya en un auto de lujo, viajando hacia el hotel, el organizador decidió parar y mostrarme uno de los afiches del evento. Decía: "Jornadas de Capacitación en Ventas. Desde Argentina, el mejor capacitador de ventas, Facundo de Salterain", y más abajo, en letra mucho más pequeña: "Con la participación de..." y el nombre del segundo conferencista (Pedro, para nosotros, en esta historia).

Primero me sorprendí, porque yo no era el mejor capacitador en ventas de la Argentina en aquel momento... y mucho menos esperaba que mi nombre estuviera en un afiche en la pared de un país extranjero. Después sentí que quizás podría haber cobrado un poco más, si para ellos era tan importante conferencista, pero entendí que, seguramente, era una estrategia de marketing.

A medida que avanzábamos, no dejaba de ver afiches en la calle, y hasta paramos frente a un cartel electrónico en el que promocionaban el evento y aparecía mi foto. Fue entonces que le dije a mi anfitrión que estaba impresionado por la cantidad de publicidad que habían hecho. Él me dijo:

—Eso no es todo, también hicimos publicidad en televisión y en radio. Luego le daremos los spots, para que se los lleve de recuerdo.

Si hasta ese momento estaba sorprendido, imaginen mi cara al escuchar esto. Mi mente empezó a producir preguntas de todo tipo. La primera fue: "¿Cuánta gente esperarán?". Sin ningún gesto de preocupación ni de entusiasmo, como si fuera algo normal, el organizador le dijo a su secretaria, que viajaba con nosotros, que nos dijera el número, lo más actualizado posible. Ella dijo:

180

—Hasta ayer, unos mil doscientos. Hoy ya no sé el número, porque estoy con usted.

Mi cara dejó de ser de sorpresa y pasó a ser de miedo. Jamás había estado ante tanta gente. Mi mayor audiencia había sido en la universidad, cuando hablé ante cuarenta y cuatro personas. Sentí que me temblaban las piernas, pero segundos después me empezaron a temblar los bolsillos y mi cara dejó de ser de miedo, para pasar a ser de estúpido. Pensé inmediatamente que, si eran mil doscientos los que asistirían y el precio de la entrada eran ochenta dólares, mis contratantes estaban ante la módica suma de noventa y seis mil dólares, más montos de auspiciantes, y quien les escribe, la estrella del evento, el "mejor capacitador en ventas de la Argentina", según ellos, estaba cobrando únicamente mil dólares. No podía creer lo que estaba pasando.

Mi señora me había encomendado que la llamara ni bien llegara al hotel, para contarle cómo iba todo. Cuando la llamé, me preguntó con gran entusiasmo qué novedades tenía, y yo, con un tono de perdedor y de desánimo, le dije:

—Después te cuento.

Al otro día, ayudado por el entusiasmo y el amor que tengo por este trabajo de conferencista y capacitador, llegué al lugar del evento con la mejor cara, y me encontré con el segundo conferencista que, al saludarme, dijo:

—Será un enorme placer compartir escenario con una eminencia en el área de ventas como usted.

Casi me doy vuelta para ver si le hablaba a otro, pero se dirigía a mí. La eminencia en ventas era yo. Antes de que le dijera alguna frase modesta, me preguntó:

—¿Usted tendría la amabilidad de quedarse en mi conferencia y, en el almuerzo, decirme qué le pareció?

En ese momento, pensé que era mejor que él hablara primero, porque no estaba demasiado seguro acerca de qué hacer frente a más de mil doscientas personas.

La verdad es que Pedro (como ya aclaré que lo llamaría para esta historia), resultó muy aburrido. Hablaba con un tono monótono, *parado siempre frente a un atril con luz. Leía la mitad de las veces y todo el tiempo le decía a un operador, que se encontraba lejos, con su computadora, que pasara a otra diapositiva.*

—La siguiente —decía—. La siguiente. No, no, esa no, la anterior a esa.

A la media hora, no lo soportaba más, pero le había prometido escucharlo hasta el final (la conferencia duró cuatro horas). Esta es la razón por la que decidí proteger su identidad, ya que pasaron algunos años de esto y es posible que haya mejorado.

Cuando llegó la hora del almuerzo, al que todos asistimos como desesperados, no por hambre, sino por huir del aburrimiento, me senté junto a él y comenzó a preguntarme qué me había parecido su conferencia.

Traté de ser amable, y hasta le mentí un poco, pero le fui dando algunos consejos sobre cómo manejarse para impactar al público. Le recomendé comprarse un puntero y un mando a distancia de la computadora para no estar dependiendo de un operador, lo invité a que pensara en salir del atril y caminara entre el público, a poner énfasis en sus tonos de voz, dinamismo en sus gestos, etcétera.

Mi mente se transportó y me mostró mi imagen hablando y dando indicaciones a otro conferencista, y me llevó a entender que, si yo hablaba y él anotaba, era muy posible que él estuviera por debajo de mi nivel como capacitador. En ese momento, decidí preguntarle:

—Pedro, ¿cuánto cobraste por tu conferencia?

Me miró con un gesto de colega y me dijo:

—Tocaste un tema picante. Yo cobro, habitualmente, por una conferencia de cuatro horas, unos seis mil dólares, pero no pude negociar en más de cuatro mil. Esta gente es muy agarrada con el dinero.

¿Se acuerda, querido lector, de la cara de estúpido que le conté que sentí que ponía cuando me enteré de cuánto ganarían los organizadores? Bueno, multiplíquela por un número. Uno grande. Para colmo, Pedro me dijo:

—Me imagino que usted cobró un buen dinero, ¿no es así?

Quería pegarme cinco trompadas. Quería esconderme debajo de la mesa y, por supuesto, no responder jamás a esa pregunta; pero como soy un buen vendedor y creo en lo que digo en Locos por las ventas, *o sea, que el buen vendedor debe tener respuesta para todo, contesté, con un gesto de persona importante:*

—Discúlpame, Pedro, pero yo de mis honorarios no hablo. Lo que sí te puedo decir es que conmigo no negociaron, se ve que para ellos valgo lo que les pedí.

Y cambié de tema inmediatamente.

Estimado lector, no se ría de mí. ¡Se lo pido por favor! Aunque me merezca una de sus mejores carcajadas, quiero pensar que sintió lástima y que, si lo veo leyendo mi libro y riéndose, no será mientras sus ojos recorren estas líneas.

Concentrémonos ahora en la enseñanza que recibí, a un costo muy alto, y que quise compartir con usted para darle fuerza a la frase con la que empecé este capítulo: "Creamos nuestra realidad a partir de nuestras creencias".

Teniendo en cuenta que Pedro había obtenido mil dólares por hora, y que yo tenía la responsabilidad de hablar durante doce, le hago estas preguntas: ¿cuánto cree que debería haber pedido en concepto de honorarios?, ¿cuánto creyó usted, antes de leer la anécdota, que debía pedir cuando lo invité a pensar en esto?, ¿coincide lo que usted creyó, con lo que podría haber ganado?

Lo que podría haber pedido eran doce mil dólares, lo razonable eran diez mil y, en un precio promocional y de oferta, podría haber solicitado unos siete mil dólares… Pero, en cambio, me llevé solo mil.

Yo, como creo que muchos lo harán, estaba todo el tiempo rogándole a Dios que me diera oportunidades de ganar más dinero; y supongo que esa vez, desde el cielo, Él habrá pensado: "¡Acabo de ponerte una oportunidad de diez mil dólares servida y solo te has llevado mil!".

Estimado lector, ignore, si quiere, todos los consejos que le di hasta ahora y los que le daré en este libro. Todos menos este:

Aumente sus creencias
y aumentarán sus resultados.

El poder de las afirmaciones

Todos tenemos sueños que queremos que se conviertan en realidad, y para cumplirlos debemos obtener los recursos económicos y vivenciales que nos permitan lograrlo. Para llevarlo al terreno que explora este libro: si nuestra gerencia de ventas no es exitosa, nuestros sueños estarán lejos de convertirse en realidad.

Como ya dijimos, las creencias condicionan los resultados. Nuestras creencias son órdenes incuestionables, que nos dicen cómo son las cosas, qué es posible o imposible, qué podemos hacer y qué no. El sistema de creencias que sostenemos determina nuestras acciones, pensamientos y emociones. Según nos vamos desarrollando, adquirimos un conjunto de creencias limitantes, que afloran de manera consciente o inconsciente, para boicotear nuestra felicidad, y se afirman en nuestro lenguaje diario.

En síntesis, como resultado de no poder realizar nuestros sueños, se genera una serie de frustraciones, que refuerzan aún más esas creencias limitadoras, creando malos hábitos de comportamiento y de lenguaje. Esas expresiones limitantes se transforman en afirmaciones diarias como "Seamos realistas", "Eso será en China, porque acá es imposible", "Así siempre fue, y así siempre será" o, la que más detesto, "Decirlo es fácil. Hacerlo, imposible".

Las habrá escuchado mil veces, como yo y, también como yo, las habrá dicho en algún momento de su vida, y de esta manera habrá influenciado negativamente en sus resulta-dos. Mi propuesta es que cuide las afirmaciones que utili-za con sus vendedores, porque una sola afirmación puede cambiar el resultado que obtenga su vendedor, y hasta la vida de su vendedor.

Veamos cómo puede cambiar la vida de una persona la afirmación de un modelo o líder:

Hagamos de cuenta que un niño vuelve a su hogar con un aplazo en matemática. Al llegar, le dice a su padre:

—Saqué un aplazo en matemática.

La respuesta que elija el padre, sobre todo si es acom-pañada de una afirmación, puede definir el futuro del niño como exitoso, fracasado o problemático.

Si responde:

—Debes practicar más. Puedes hacerlo mucho mejor. Lo sé y te he visto mejorar en muchas ocasiones.

El niño, inmediatamente, recibe la enseñanza respecto de que debe practicar más y aumenta sus creencias sobre sus propias capacidades, al escuchar de su propio padre que él puede hacerlo mejor.

Si, en cambio, responde:

—Seguro que te distrajiste. Eres muy inteligente, pero distraído.

El niño recibe esta afirmación de su padre, y en su mente queda la duda de si eso es cierto o no. Desde ese momen-to, sus actos estarán condicionados por esta duda. Al día siguiente, si, cuando llega a la escuela, se da cuenta de que se olvidó la regla, se dice a sí mismo: "Mi padre tiene razón, soy distraído". Si otro día se olvida el lápiz, afirmará: "Soy distraído, siempre me olvido algo". Finalmente, cuando deba ocuparse de armar la mochila para el día siguiente, pensará: "Para qué hacerlo, si soy distraído y algo se me va a pasar… ¡Seguro!". Así, se transforma en un distraído por elección, porque su creencia se modificó después de escuchar una afirmación de su líder: su padre.

Si el padre responde:
—Seguro que la culpable es tu profesora. Tiene mala onda con nosotros, porque somos de otro país.

El niño recibe otra afirmación negativa, que lo lleva a pensar en la mala onda de la profesora, en vez de pensar en practicar matemática. Al día siguiente, va a la escuela y mira con mala cara a la profesora, mientras piensa: "¿Será cierto que tiene mala onda con nosotros?". La profesora nota que su alumno la mira con mala cara y, haciendo un gesto similar, piensa: "¿Por qué será que ese niño me mira de esa manera?". Es cuando el niño empieza a creer que es posible que la profesora tenga mala onda con él, y piensa: "Me está mirando mal. Debe de tener mala onda conmigo". En ese momento, la profesora piensa: "Me sigue mirando mal", y dice: "Usted… Pase al frente". Finalmente, el niño confirma la afirmación de su padre y se dice a sí mismo: "¡Tiene mala onda conmigo! ¡Es así! Mi padre tiene razón."

Si responde:
—Eres un negado para matemática, igual que tu padre y tu abuelo.

El niño recibe una afirmación negativa muy poderosa, porque está basada en la imposibilidad de lograrlo de su padre y de su abuelo, dos líderes, dos ídolos de su infancia. Y, en forma inmediata, confirma y afirma que él no podrá nunca con matemática. Ya de adulto y trabajando en una empresa, un compañero le preguntará por qué es tan malo en matemática, y él contestará, muy seguro: "Es hereditario".

Como habrá notado en este ejemplo, toda una vida se puede modificar si instalamos en nuestra mente o en la de nuestros liderados una afirmación negativa. Solo si tomamos el control de nuestro sistema de creencias e intentamos guiar el sistema de creencias de nuestros vendedores seremos capaces de dirigir un equipo de ventas hacia el éxito. A menudo creemos que son las circunstancias las que determinan el resultado, pero las determinantes son las afirmaciones diarias en nuestro lenguaje, que son productos de las creencias del equipo y de su entorno.

Ahora le proporcionaré algunos conocimientos para que usted hable en el idioma del éxito.

El lenguaje de los gerentes de ventas exitosos

Siempre recuerdo una frase que me dijo el profesor Leonardo Mertel, mentor en mi carrera de ventas:

No puedes querer tener dinero y vivir
reclamando o llorando porque no lo tienes.

Con esto me dio a entender que, así como decimos que el dinero atrae al dinero, hablar del dinero y del éxito, atrae ideas para lograr ambas cosas.

Mertel solía decirme:

La calidad de tu vida
depende de la calidad de tu lenguaje.

Muchas veces les damos valor a las enseñanzas cuando nos damos cuenta de que, por no haberlas aplicado, fracasamos. Hoy estoy convencido de esas frases y por eso les dedico esta parte del libro, para contarle a usted, querido lector, algunas cosas que aprendí al respecto.

Una de las claves fundamentales de una gerencia exitosa es persuadir al equipo de que vale la pena hacer el esfuerzo para lograr el éxito. El objetivo debe ser positivo en lugar de negativo. No tenemos que hablar de lo que no debemos hacer. El arte de utilizar siempre un lenguaje positivo es esencial para el gerente de ventas exitoso.

Por ejemplo, cuando estamos vendiendo la meta a conseguir, debemos mencionar los resultados positivos. Hablar de qué es lo que se va a lograr, y no de qué es lo que no se tiene que obtener como resultado.

Debemos decir:
—Lograremos superar el récord de ventas.

En lugar de:
—No podemos seguir sin lograr, al menos, un récord de ventas.

Construcción del lenguaje

El lenguaje se construye mentalmente, con imágenes asociadas a las palabras. Cuando escucha la palabra "teléfono", su mente no le muestra una por una las letras de la palabra. Lo que hace es visualizar la imagen de un teléfono. Cada vez que enunciamos o escuchamos una palabra que describe un objeto o una idea, nuestra mente buscará el equivalente visual, guardado en nuestro subconsciente, y lo traerá al consciente. Por eso, si escuchamos una palabra en un idioma que no dominamos, nuestra mente no puede traducirla a una imagen.

Aunque no deseemos pensar en algo, en el instante en que la expresión llega a nuestra mente, ella se encarga de transformarla en una imagen. Buscará la que tenga asociada, construirá una nueva (aquí participa la imaginación), o peor, si no puede representarla ni imaginarla, tomará de la frase la palabra que represente una imagen e ignorará el resto. Esta decisión mental es la que quiero mostrarle a continuación, para que entienda qué importante es para construir su lenguaje exitoso gerencial.

Hace unos años leí con fascinación un texto sobre uno de los descubrimientos acerca de cómo se construye el lenguaje mental, y cómo nuestro cerebro es proclive a ignorar algunas palabras. Para poder explicarle la importancia de esta teoría, necesito su colaboración. Le voy a pedir que, ante las siguientes palabras, intente visualizar las imágenes representadas en su mente. Usted simulará, como si estuviéramos frente a frente, decirme las imágenes que su mente ha representado.

Comencemos:

"Silla"
Deténgase y visualice la imagen…
"Automóvil"
"Cartera"
"Anteojos"
"Billete"

Ahora preste mucha atención a la palabra siguiente:
"No"

Estoy seguro de que, como a todos nos sucede, le habrá costado encontrar la imagen mental de la palabra "no". La mente no resiste la posibilidad de quedarse en blanco ante una palabra y entonces se aferrará a las palabras que le siguen. Es por eso que cuando a un niño le decimos: "No corras", suele correr más rápido.

Piénselo ahora, lleve esta frase a su mente: "No corro, no corro, no corro" y verá que la imagen que su mente representa es la de usted corriendo.

Lo invito a hacer otro ejercicio. Quiero que se detenga un momento y visualice un estacionamiento lleno de automóviles, como si lo estuviera viendo desde lo alto de un edificio. Intente visualizar claramente el estacionamiento. Si puede cerrar los ojos para hacerlo, mejor. Trate de visualizarlo con todos los modelos que imagina que habrá en un gran estacionamiento. Modelos de camionetas, de *vans* y de autos de todos los colores. Seguramente verá autos de color verde, azul, negro, rojo, plata, gris, blanco, etc. Una vez que haya visualizado todo el estacionamiento, con sus modelos y colores, le voy a pedir que cumpla la siguiente orden: "Vea los blancos, vea los blancos, vea los blancos". Puede cumplir esa orden sin problemas, ¿verdad? Visualice nuevamente el estacionamiento y repita la orden de ver los blancos. Seguramente estará identificando en su imagen mental varios autos de color blanco. Bien… ahora le voy a pedir que, por favor, vuelva a visualizar el estacionamiento y siga la próxima orden: "No vea los rojos, no vea los rojos, no vea los rojos". Si usted es como la mayoría de los mortales, estará concentrándose en autos rojos, le será casi imposible ver los autos de otro color. Este ejercicio confirma que nuestra mente, al sentir como muy difícil construir o imaginar la imagen del "no", elige hacer lo propio con el resto de la frase: "... vea los rojos".

Muchos libros, audiolibros y conferencias abordan este tema, para hacernos entender lo importante que es hablar en positivo para que nuestra mente registre correctamente las órdenes sobre metas de vida u objetivos personales. Por ejemplo, no es lo mismo decir "No quiero vender poco" que expresar "Quiero vender más". En este libro quiero enfocarme específicamente en la influencia al dar una orden a un integrante de nuestro equipo. Ya habrá comprendido que, si a uno de sus vendedores le repite muchas veces "No hagas esto", y lo sigue haciendo, es porque casi lo ha hipnotizado para hacer lo contrario de lo que usted quiere.

El gerente de ventas exitoso utiliza los términos, frases y palabras que le permitan a su mente y a las de sus liderados encontrar y construir las imágenes de los resultados que desean obtener, y no las de aquellas que quieren impedir. Por ejemplo, en lugar de decir "No quiero que vendamos poco este mes", debería cambiar por "Vamos a vender mucho este mes".

Como le comenté antes, varios autores y conferencistas hablan de la influencia del lenguaje positivo, del poder del pensamiento positivo y de los secretos de la ley de la atracción para traer abundancia a la vida. Aunque esté de acuerdo con varias de estas teorías, no es mi intención que este capítulo trate de la automotivación o la superación personal desde un lugar amplio, sino desde la práctica y la aplicación.

Acepte usted o no estas teorías como leyes modificadoras de sus resultados de vida, créame que el lenguaje positivo los llevará, a usted y a sus liderados, por lo menos a pensar en propuestas concretas de solución a los problemas. Por ejemplo, si usted se encuentra ante un vendedor y le dice: "No quiero que sigas tan bajo en tus metas", seguramente él pensará que debe vender más o perderá su puesto; seguidamente se pondrá a pensar en lo que le sucedería si perdiera el trabajo, disminuirá su ánimo y, como no supo el mes pasado cómo lograr ventas, tampoco lo sabrá ahora. Terminará aumentando su miedo y empezará a sentir impotencia. Si, en cambio, usted le dice: "Sé que este mes venderás más. Lo del mes pasado lo olvidaremos. ¿En qué puedo ayudarte para superar tus metas?", el vendedor se pondrá a pensar en qué puede usted ayudarlo y en qué áreas, partes o problemas debe trabajar para lograrlo. Inmediatamente tendrá un vendedor comprometido con el desafío, y no con la huida.

Nuestro lenguaje del día a día nos define como personas, indica nuestras actitudes y cómo afrontaremos las circunstancias de la vida. El lenguaje que usamos es un espejo de nuestra visión y de nuestra identidad como gerentes o líderes. El uso continuado y sistemático de un lenguaje positivo y potenciador puede lograr unos resultados sorprendentes en el equipo.

Cuando mis empleados me saludan por la mañana y me preguntan cómo estoy, contesto: "Súper, ultra, mega, híper bien… y mejorando a cada rato". Veo que, aunque a veces les moleste que siempre esté bien, aunque crean que a veces puedo estar mintiéndoles, porque es difícil estar bien los trescientos sesenta y cinco días del año, se les complica empezar a hablarme de problemas o darme noticias negativas. Eso solamente, ese saludo, logra que los temas depresivos queden afuera de nuestra conversación y que estemos pensando constantemente en crecer. Esto lo aprendí de un jefe que tuve, al que admiro y agradezco en este libro, el señor Juan Francisco González Saldívar. Siempre me saludó de esa manera, y de otras, como "cósmicamente bien" o "superando metas", y, cuando una vez le pedí que me dijera si era posible que él estuviera bien siempre, si no había un día en el que estuviera mal y me mintiera con el saludo, me contestó:

—El día que le diga que estoy mal será porque quiero que usted también esté mal.

Yo insistí. Le dije que me consideraba su amigo y que me preocupaba saber si estaba mal alguna vez, para ver si podía ayudarlo. Y él me dijo:

—Si es mi amigo, no necesitará mi respuesta para saber si estoy bien o mal.

Puso su mano en mi hombro, en señal de afecto, de agradecimiento por mi preocupación, y agregó:

—Cuando esté mal, lo que más me va a servir es que usted esté bien, así el equipo que formamos no se debilita.

Unos días después me enteré de que padecía de cáncer. Lo llamé para ver si necesitaba mi ayuda, y me dijo:

—La más eficiente ayuda me la están dando los médicos, la más divina ayuda me la está dando Dios y la más valiosa de las

ayudas me la puede dar usted, si en vez de preocuparse por mí se preocupa por tratarme como si no se hubiera enterado, y hace del tiempo que compartamos el mejor.

Definitivamente, Juan Francisco González Saldívar fue un líder que marcó mi vida. Lo invito a que juntos aprendamos de su enseñanza, para marcar la vida de nuestros liderados.

Palabras que podemos ir incorporando o usando con más frecuencia en nuestra gerencia: equilibrio, desafío, reto, oportunidad, responsabilidad, compromiso, crecimiento, aprendizaje, acción, atención, empatía.

Podemos (¡debemos!) ir dejando de usar otras: excusa, problema, lo mismo de siempre, nada va a cambiar, luchando, tirando, como siempre, sin comentarios, etcétera.

Si quiere ser un gran líder de su equipo, debe trabajar sobre su capacidad de comunicar de manera positiva y de inspirar a otros con cada palabra emitida.

Una de las formas de identificar si nuestro lenguaje es positivo es fijarnos en las frases y las palabras habituales en nuestro diccionario comunicacional.

Al enfocarnos en los aspectos negativos, empleamos palabras o frases que lo reflejan:

"No está mal su trabajo..."

"No tardó mucho en llegar a un número normal de ventas..."

"Habla demasiado con los clientes y no cierra nada..."

"El producto no es difícil de vender..."

"No están mal las condiciones de ventas que tiene..."

"No me puedo quejar de mi equipo..."

"No está nada mal, para el poco tiempo que lleva vendiendo..."

"En otros trabajos las cosas son peores que acá, no se quejen..."

"No nos tendría que ir mal con estas nuevas promociones..."

"Espero que esta vez sí nos vaya bien, una buena nos tiene que tocar..."

Tendemos a pensar que esta forma de comunicación es correcta, porque muchos la aprendimos de nuestros padres y nuestros jefes, pero, si las observamos con detenimiento, veremos que, según quién reciba la frase, puede destruir cualquier posibilidad de obtener resultados positivos.

Debemos sustituirlas por:

"Su trabajo está bien..."

"Logró llegar a un número normal de ventas antes de tiempo..."

"Habla muy bien con los clientes y, cuando se enfoque en cerrar las ventas, no parará de obtener buenos resultados..."

"Este producto se venderá sin mucho esfuerzo..."

"Las condiciones de ventas que tiene son propicias para que aumente sus cierres..."

"Me siento contento con mi equipo..."

"Con el poco tiempo que lleva vendiendo, logró mucho..."

"Enfoquémonos en lo bueno que tiene este trabajo..."

"Con estas nuevas promociones, el éxito está asegurado..."

"Esta vez nos irá bien. El pasado nos causará risa..."

El problema principal radica en que los jefes y gerentes sienten miedo de elogiar o hablar en positivo sobre el trabajo de sus liderados, porque tienen la idea de que, si lo hacen, les pueden exigir aumentos de sueldo, quedarse tranquilos o, como se dice vulgarmente "dormirse en los laureles". Estos sentimientos son producto de la incapacidad de motivar, inspirar e influir sobre los integrantes del equipo. En el siguiente capítulo nos enfocaremos en estas capacidades, y creo poder aportarle herramientas útiles para lograrlo en la gestión con sus vendedores.

Para finalizar este capítulo, me gustaría contarle un cuento que suelo leer a mis alumnos de la Certificación Internacional de Gerenciamiento en Ventas. Se trata de la historia de Pascual, el hombre que "no estaba mal".

Pascual era un gerente de ventas exitoso y reconocido por la empresa en la que trabajaba. Estaba orgulloso de sí mismo. Se jactaba de un pensamiento libre y sin prejuicios, con capacidad de crítica y objetividad. Les decía a todos que odiaba a la gente falsa que no decía las cosas como son. Siempre decía que la motivación era una forma de mentirle a los incapaces. A los 40 años, había conseguido una esposa bella y que aceptaba todo lo que él decía sin discutirle, una casa amplia y confortable, y una apacible solvencia económica.

—En fin —decía—, la vida no me trata mal.

Cuando Pascual era un niño, en uno de sus cumpleaños recibió un espectacular regalo y, cuando todos los demás niños se acercaron para felicitarlo por lo que había recibido, él contestó:

—No está mal —ante la cara sorprendida de quienes lo darían todo por recibir ese mismo presente.

De joven, cuando volvió de salir con la más linda de la universidad, un amigo le preguntó

—¿Qué tal te fue?

Pascual respondió:

—No me fue tan mal.

Unos años más tarde se casó con la chica.

En una ocasión, cuando un amigo le preguntó si le iba bien en el trabajo, él respondió:

—No me puedo quejar.

Unos años después fue elegido gerente. Siempre que un empleado le presentaba un trabajo formidable, Pascual lo revisaba minuciosamente y respondía:

—No está del todo mal, pero se podría haber hecho mejor.

Si su esposa lo sorprendía con una exquisita comida, él la miraba y le decía:

—No está nada mal. No es para el aplauso... pero tampoco eres chef.

Si sus hijos lograban algo en la vida, él solo emitía un:

—No está mal para alguien de tu edad y de tu experiencia.

Cuando Pascual murió ya era un anciano. Los pocos que lo frecuentaban se juntaron para pensar qué escribirían en su epitafio y decidieron poner:

**"Aquí yace Pascual. Su vida no estuvo mal...
y su muerte tampoco."**

Este cuento permite entender que somos lo que hablamos. Creo que, como gerentes, debemos asumir la responsabilidad de lo que nos decimos y de lo que les decimos a nuestros vendedores. El lenguaje positivo ayuda a interpretar los acontecimientos del día a día de una forma más constructiva, lleva a dar lo mejor de nosotros mismos y a crear un ambiente sano, propicio para nuestro éxito y el de los demás.

Sobre este tema, que me apasiona, podría escribir otro libro, pero la idea de este es proporcionar información gerencial, y no hablar de comunicación asertiva.

Para finalizar, me gustaría aconsejarle que se grabe un día en su oficina y analice si su lenguaje transmite dos importantes sentimientos: optimismo y curiosidad. Es muy importante que logre esto, por eso lo anoto en mayúsculas.

EL OPTIMISMO CREA FUTURO, Y LA CURIOSIDAD, PROACTIVIDAD.

Si logra empleados proactivos, con grandes creencias acerca del futuro, su gerencia será exitosa.

CAPÍTULO 6

CÓMO OBTENER LO MEJOR
DE SU EQUIPO DE VENTAS

Es fundamental, para quien tenga vendedores a su cargo, motivarlos fuertemente, ya que su gestión será medida por los logros de ellos. Lo dije en capítulos anteriores: el gerente de ventas está para ayudar a sus vendedores; mientras más vendan ellos, mejor evaluado será su trabajo.

Si entrevista a profesionales del área de Recursos Humanos, grandes líderes de empresas y exitosos gerentes de ventas, y les pregunta si es difícil motivar a los vendedores, todos le dirán –palabras más, palabras menos– que el vendedor es uno de los seres más complejos de motivar.

Al comienzo de este libro, en la página destinada a los agradecimientos, dedico uno especial para todos los vendedores que me hicieron exitoso, con su esfuerzo y su trabajo. Este agradecimiento es más entendible después de lo que dije en el párrafo anterior; pero créame que ahora, que no tengo jefes y trabajo únicamente para mí, me atrevo a decir que siempre, en todas mis gerencias, dediqué gran parte del día a disfrutar de mi tiempo navegando en Internet, escribiendo, desarrollando cursos y estudiando mucho. Tuve ese espacio debido a que en los inicios de mis gestiones trabajé arduamente para diseñar e implementar un método basado en tres pilares:

1) Selección y reclutamiento profesional de mi equipo.
2) Sistemas para que los demás hagan, sin depender de mí.
3) Mucha, pero mucha motivación.

Por eso es que dejé para el final los dos capítulos que lo ayudarán a llevar a su equipo a un estado motivacional óptimo. Creo que un buen sistema de trabajo y de remuneración puede hacer que su departamento de ventas necesite de su parte solamente decisiones estratégicas, y lo salve de estar atado a una agenda de acciones demandantes para mantener el éxito.

Cómo es el vendedor supermotivado

De todas las habilidades que debe tener un vendedor profesional, hay una que es imprescindible desarrollar, para poder afrontar la cantidad de rechazos, desafíos y sobrecarga de trabajo que tiene la actividad de ventas: la habilidad de automotivarse.

Para un vendedor de nuestro tiempo, en el que los noticieros no hacen más que destacar lo mal que está todo, en el que la inseguridad hace que su tarea sea mucho más riesgosa, en el que los clientes viven preocupados por sus gastos y presionados por sus trabajos, y en el que los objetivos puestos por los gerentes son cada vez más frustrantes, es muy difícil mantener la sonrisa que todos los libros de ventas recomiendan. Pero aún más complicado es encontrar quien lo motive, quien lo aliente y quien le dé fuerzas. Por lo tanto, la única alternativa para que su vendedor tenga éxito es brindarle herramientas para que conozca cómo automotivarse y cómo programarse mentalmente para enfrentar cualquier adversidad.

La motivación es la energía o el impulso que moviliza y encamina los recursos de una persona hacia el logro de un objetivo. Por lo tanto, si no hay un objetivo, no habrá impulso ni energía para desarrollar con éxito la tarea. Y no se trata de un objetivo de ventas, de compra o de subsistencia, sino de un objetivo de realización personal.

Cuando al vendedor supermotivado se le pregunta cómo se ve dentro de diez años, es capaz de describir, casi con exactitud, dónde estará, qué estará haciendo y cuánto ganará; porque a cada paso, en cada kilómetro y en cada momento que tiene para pensar, construye su sueño y planifica cómo conseguirlo. Él sabe que los fracasados eligen no pensar en el futuro, que prefieren emplear esos momentos para distraerse.

Lo primero que debe preguntarle a sus vendedores es: "¿Cómo piensan que van a estar dentro de diez años?, ¿de qué van a trabajar?, ¿cuánto creen que van a ganar?".

Si el vendedor al que le hace la pregunta contesta en forma exacta y concreta, por ejemplo: "Voy a ser dueño de un comercio textil, con seis sucursales, que se va a llamar Textil Éxito, que va a estar facturando cien mil dólares por mes y va a estar ubicado en… Va a tener este hermoso logo y va inaugurarse en… etc., etc.", es porque tiene un plan y tendrá la capacidad de automotivarse, ya que está comprometido con el logro. Si, en cambio, responde con frases como: "Mejor que ahora", "Con una familia", "Con mucho dinero", es porque no pensó en el tema, y depende únicamente de la suerte para conseguirlo. Por lo tanto, también esperará que la suerte le aporte las ventas necesarias. Y si contestó: "Si no me echan de aquí, estaré haciendo lo mismo" o "Espero estar bien", es un vendedor que no lo va a lograr ni con suerte; porque, con semejante actitud, va a echar a perder hasta su buena suerte.

Diez consejos para motivar a sus vendedores

Es preciso que le recuerde una vez más que no soy psicólogo ni estudié tanto sobre psicología como para poder escribir un libro de motivación personal. Lo que digo a continuación, como todo lo que expreso en este libro, es el fruto de mi experiencia y de la transmisión de grandes líderes con los que me crucé en mi vida. Se trata de ciertas reglas, *tips* y hábitos que desarrollé en mi carrera, que me dieron un resultado formidable en lo que respecta a la motivación de los equipos que me tocó dirigir.

1. Aumente el nivel de creencias de sus vendedores

Si usted es gerente o propietario de su negocio, es posible que sus creencias sobre el futuro sean altas. De otro modo, no hubiera llegado hasta donde está. Si su puesto no es gerencial o de liderazgo, el hecho de que esté leyendo este libro es una clara prueba de que sus creencias sobre el tiempo que le espera son de ascenso en su carrera laboral y profesional. Pero, el hecho de que sus creencias sobre el futuro sean positivas, no quiere decir que sus vendedores tengan las mismas expectativas.

¿Por qué es importante aumentar las creencias sobre el futuro antes de emprender una tarea?

Cada actividad que realice, por más simple que sea, dependerá de sus decisiones. Y cada decisión estará influenciada por las creencias que tenga sobre lo que usted es, sobre lo que piensa de los demás que sean parte de su actividad y sobre lo que va a suceder en el futuro con lo hecho en el presente. Lo que yo soy, lo que ellos son, y lo que resultará de lo que ahora hacemos. Las creencias no son hechos, aunque solemos confundirlas con los hechos, son construcciones. Tenemos opiniones y credos acerca de los demás, de nosotros mismos, de nuestras relaciones, sobre lo que es posible hacer y sobre lo que somos capaces de lograr.

Nuestras creencias también actúan como permisos o prohibiciones a la hora de hacer o no algo. Por ejemplo, si usted piensa que no es muy simpático o agradable, eso lo hará actuar frente a los demás como si no lo fuera, y terminará confirmando esa opinión que tiene de usted. Si, en cambio, piensa que es simpático, se acercará a los demás de manera más abierta y la gente confirmará así su opinión. Se trata de una verdadera profecía autocumplida.

Cuando decidimos convertirnos en profesionales de la venta (tarea que depende del esfuerzo propio), parte de nuestro capital principal es la confianza. Y no solo la confianza de los clientes en nuestro producto o servicio, sino, principalmente, la que tenemos en nosotros mismos. Esa confianza está ligada a lo que creemos de nosotros mismos. El lema que reza que "el hombre se convierte en aquello que piensa" fue una realidad ayer y lo es hoy. Nuestro sistema de creencias ejerce una gran influencia en nuestro diario vivir laboral y personal.

En el capítulo anterior, utilicé una anécdota que me sucedió en La Paz, Bolivia, cuando comenzaba mi carrera de conferencista. En ese lugar le hablaba del poder de aumentar las propias creencias, y ahora quiero decirle que no menos importante es aumentar las creencias de sus vendedores respecto al futuro.

Mida las creencias de sus vendedores, cada vez que les ponga un desafío, con dos preguntas:

1. ¿Le gustaría lograr esto?
2. ¿Cree que va a lograrlo?

Es muy posible que respondan afirmativamente a las dos, pero si en la segunda respuesta el tono no es seguro, o peor, si la contestación no es afirmativa, resultará evidente que las creencias no coinciden con los deseos, o con las posibilidades. En este caso, usted debe empezar con su trabajo de líder, para aumentarlas. De otro modo, será muy difícil, casi imposible, que el objetivo sea alcanzado.

2. Incentívelos para que creen su plan de vida

Una vez que los haya guiado para calibrar sus creencias (puede hacerlo con el relato mío o con otro similar), y para creer en el futuro, el primer trabajo conjunto que debe realizar, como gerente y líder de sus vendedores, es el de ayudarlos a construir su plan de vida. Si logran desarrollar un plan para los próximos años, y su empresa contribuye para que lo logren, le aseguro que tendrá vendedores supermotivados. ¿Por qué cree que la mayoría de las personas que emigraron a España o a los Estados Unidos, con una mano adelante y otra atrás, lograron cumplir sus sueños? Es porque fueron con un plan, y nada, ni las adversidades más grandes, lograron desmotivarlos. Seguro que quien era un mal vendedor en su lugar de origen, al emigrar a esos países cierra el triple de ventas. ¿Qué es lo que lo hizo cambiar? ¿Es la motivación de estar en un nuevo país, que le genera miedos, rechazos, discriminaciones, desafíos casi imposibles, cambios no deseados y un estado anímico característico del desarraigo? Por supuesto que no, lo que hace que encuentre la motivación es el plan de vida que eligió llevar adelante.

Créame, si ayuda a sus vendedores a armar ese plan, tendrá vendedores imparables. En mi libro *Locos por las ventas* encontrará un capítulo dedicado a este tema:

Guía, dirección y control de los esfuerzos de un grupo humano hacia un objetivo común.

Definición de liderazgo de William Newman

3. *Desautomatice* los hábitos de sus vendedores

Ya hablé en este libro sobre el perfil de los vendedores y sobre lo difícil que es, a veces, lograr que cambien a un pensamiento de éxito. Muchas veces, sucede porque parecen estar programados para fracasar. Se vuelven automáticos en sus respuestas, en sus decisiones y en sus pensamientos. Y eso que llamo *automaticidad*, para simplificar términos psicológicos que prefiero no emplear, es producto de las experiencias de vida que formaron estrategias mentales que no todas las veces son beneficiosas. El trabajo de un gerente de ventas exitoso es *desautomatizar* la mente de los vendedores, para colocar nuevos programas mentales. Lo que sigue es un resumen de lo que aprendí al respecto, pero, si usted quiere mayor información, puede recurrir a libros de PNL (programación neurolingüística).

Nuestra mente utiliza estrategias naturales y adquiridas. Las naturales son las que actúan sin necesidad de pensar. Por ejemplo, respirar. Si tuviéramos que acordarnos de respirar, o de contraer y expandir nuestro corazón, los olvidadizos estarían muertos. Luego están las adquiridas, que son las formuladas por la mente, en base a experiencias, y que, con la repetición, pueden transformarse también en naturales. Por ejemplo, una estrategia adquirida es la de protegerse con las manos ante un golpe de otro. Para darse cuenta de que esta no es una estrategia natural, amague a pegarle a un bebé y notará que no reacciona. Amague a pegarle a alguien de su edad y verá que se protege inmediatamente y sin pensarlo, reaccionando con un reflejo programado por su mente en base a la experiencia. Lo que sucede en estos casos es que la estrategia adquirida se volvió natural. Ya no es necesario pensarla para llevarla a cabo.

Piense en lo que le ocurre a muchas personas: inician un negocio, se desmoralizan, y abandonan. No digo "fracasan", porque creo que solo existe el abandono.

El fracaso, para mí, es dejar de intentar,
de aprender, de mejorar.

Esas personas, poco a poco, van "aprendiendo" a abandonar. Quizás empezaron en la etapa escolar a abandonar cuando los problemas eran "muy grandes", creando así una opinión. De adolescentes, abandonaron intentar "conquistar" a una mujer "demasiado linda". Y así instituyeron una creencia: si el logro es alto, mejor no intentarlo. Con el paso de los años, ya adultos, iniciaron los estudios universitarios, un negocio o un trabajo importante, pero, en cuanto llegaron las dificultades, ¿cómo cree que reaccionaron? ¡Exacto! ¡Abandonando! Transformando así la creencia, en una convicción.

Lo que hacen estas personas es moldear la estrategia natural de la persistencia... ¡en abandonar! Es decir, están tomando una estrategia adquirida y, por medio de pensamientos negativos, la están deformando hasta transformarla en la negación misma. Se vuelven automáticos en sus decisiones y, ante una situación difícil, abandonan sin ninguna razón, sin fundamento válido. No hacen caso ni a los miembros de su entorno más querido cuando les dicen que es una mala decisión, porque su mente está automatizada, y no está dispuesta a pensar. Ellos reciben la orden y el programa se ejecuta.

El primer paso para *desautomatizar* una mente equivocada es no hacerle caso cuando ordena generar conflictos que lleven a pensar negativamente. Después, hay que instalar un nuevo programa, un programa de éxito. Usted se estará preguntando lo mismo que yo: ¿cómo instalar un nuevo programa mental, si no tenemos ranura para introducir un medio de almacenamiento? Una manera es por medio de la repetición. Los expertos en programación neurolingüística cuentan que los programas viajan por las neuronas por medio del lenguaje. Por lo tanto, la repetición causará que se instale el programa. Por ejemplo, de niño, seguramente le repitieron varias veces la frase "lávate los dientes", hasta que un día empezó a hacerlo por su cuenta, recordando que lo tenía que hacer, y en cierto tiempo se volvió natural. Ahora, cuando se levanta, a la mañana, ni siquiera tiene que pensar en esto, solo lo hace. A veces, hasta casi dormido. En la escuela le enseñaron las tablas de multiplicar. Se las hicieron repetir hasta que quedaron grabadas en su mente. Ese fue otro buen programa. Cada vez que no cumplía con la tarea tenía una calificación de castigo, y pronto aprendió que esto no le convenía. Aprendió a cumplir. Ese fue también un buen programa. Lo programaron para ser responsable.

También se instalaron programas en su mente sin repeticiones, de una sola vez. Sobre todo en situaciones traumáticas, muy intensas o altamente emocionales. Este programa tiene tanta intensidad que se instala de inmediato y queda fijo por mucho tiempo. Por ejemplo: el miedo o la precaución con el fuego en la persona que se ha quemado. Los especialistas en PNL dicen que, si no es este el caso, un programa necesita aproximadamente veinte repeticiones para instalarse en nuestra mente. Recuerde, como ejemplo, cuando viajó por primera vez hacia su trabajo. No sabía a qué hora salir, por dónde ir, ni cuánto tiempo le iba a llevar. Seguramente, los primeros días llegó temprano, algunos días después llegó tarde, y para el día veinte ya sabía a qué hora salir de su casa para llegar puntualmente. Para muchos, esta estrategia se convierte en algo tan natural que, a veces, en días feriados, toman el automóvil y arrancan en dirección a su trabajo, en vez de hacerlo hacia su lugar de esparcimiento.

Lo que somos hoy es el resultado de todos nuestros programas, y esos programas se instalaron por medio del lenguaje, y fueron aceptados, consciente o inconscientemente. A muchos de nuestros programas los instalamos sin ayuda de nadie. Ahora es el momento de ordenar los propios, de realizar una limpieza mental para que podamos funcionar mejor por la vida y ayudar a nuestros liderados a que hagan lo mismo. Busque instalar en la mente de su equipo de ventas programas que den motivación, energía, autoestima alta, capacidades, impulso, iniciativa, y a los demás mándelos al archivo muerto para que poco a poco se vayan desintegrando. ¿Cómo? Si usted está llegando tarde a su oficina, propóngase llegar temprano durante veinte días, y verá que empieza a llegar temprano sin esfuerzo. Si su vendedor tiene un mal hábito, como el de quedarse en la oficina, sin visitar clientes, propóngase llamarlo durante veinte días para que salga, y controle que lo haga. Estará instalándole un programa positivo de trabajo en su mente.

Según esta teoría, si uno quiere comer sano para adelgazar, tiene que mantenerse comiendo sano durante veinte días. A los que tenemos sobrepeso nos cuesta hacerlo, porque en siete días llega el fin de semana, período en el que es más difícil controlarse.

Claro, no es fácil, son veinte días o más practicando la programación, pero su trabajo como gerente de ventas tampoco es fácil, ya que sus resultados dependen de los hábitos, costumbres, conocimientos, experiencias y actitudes de varias personas: sus vendedores.

4. Muéstreles el camino del éxito, y no la senda del castigo

Durante mucho tiempo, el mundo concibió la organización empresarial como una estructura. La manera de concebir la estructura organizacional está bastante influenciada por las concepciones antiguas de organizaciones tradicionales (como la militar y la eclesiástica), rígidas y jerarquizadas. La organización militar es el modelo del comportamiento administrativo. Es por esto que la mayoría de los sistemas creados para que la gente cumpla con su trabajo se basaron en acatar órdenes sin preguntar, hacer el trabajo según un proceso establecido, recibir premios o castigos por los logros o las faltas de disciplina.

La realidad del mundo actual es otra. Hoy, los sistemas que apuntan al castigo para promover la idea de trabajar dejaron de ser efectivos por varios motivos:

a) No son sostenibles
En cuanto usted elimina el castigo o la recompensa, la motivación desaparece.

b) Los resultados son decrecientes
Si el castigo o la recompensa se mantienen al mismo nivel, la motivación disminuye poco a poco. Para conseguir la misma motivación, se necesita un castigo mayor.

c) Daña la motivación intrínseca
Castigar a la gente por hacer o no algo le quita su deseo innato de hacer o no hacer cosas por decisión propia. Desde ese momento en adelante se deberá castigar cada vez que se quiera que hagan algo.

Un ejemplo clarísimo de la inutilidad del sistema de castigos se observa con los pacientes con problemas cardíacos que sufrieron una operación de triple o cuádruple *bypass* y tienen una elección simple: o dejan de comer comida no saludable, fumar, beber y trabajar demasiado, o se mueren. Esa es la última motivación negativa, y no cumplir con las indicaciones médicas tiene una consecuencia fatal. ¿Cuántos pacientes son capaces de adaptarse a los nuevos hábitos? Aunque dependa de ellos su longevidad, solo el diez por ciento hace caso. Los demás pagan con su vida.

En contraposición con el castigo de morir o el premio de vivir, un médico, Dean Ornish, creó un programa en el que se enseña a los pacientes a apreciar la vida, en lugar de tenerle miedo a la muerte. Practican yoga, meditan, reciben consejos antiestrés y siguen una dieta sana. El objetivo de Ornish es que sus pacientes puedan disfrutar más de la vida cada día. El resultado: cuando el programa tenía dos años, el setenta por ciento de los pacientes mantenía su nuevo estilo de vida.

Es evidente que la motivación basada en evitar algo es menos efectiva que la que se sostiene en conseguir algo. Sin embargo, hay muchos gerentes de ventas que prefieren trabajar con castigos y reglas, en vez de trabajar con sistemas de estimulación.

Quiero compartir con usted una enseñanza que recibí de un profesor y amigo, Pedro Vigorito, a quien considero, además de un buen profesional, un gran padre. Mi hijo tenía malas calificaciones en la escuela y, como yo desconocía lo que le acabo de explicar, recurrí a castigarlo con no salir el fin de semana con sus amigos. Todos los fines de semana de un mes, debería quedarse en casa. Como las calificaciones continuaron siendo malas al mes siguiente, opté por quitarle el derecho a ver televisión. Más adelante le quité el celular, y, en el lapso de tres meses, no tenía Internet, ni ningún otro elemento que pudiera distraerlo. Las calificaciones siguieron igual, y hasta empeoraron.

Cuando le conté esto a mi amigo Pedro, me contestó:

—Muy bien, ahora, además de un hijo bruto, tienes un hijo antisocial, porque ya no ve a sus amigos, y hasta se debe haber acostumbrado a no hablar por teléfono, ni a conectarse vía Internet. Lo primero puede ser culpa de tu hijo, pero lo segundo es, definitivamente, culpa tuya.

Después me dijo que lo que yo necesitaba era pensar en qué podía hacer para que a él le interesara estudiar, para que obrara con más responsabilidad y tuviera ganas de sentir el sabor del éxito a través de unas buenas calificaciones. Me dijo también que no iba a lograr eso haciéndole sentir miedo por los castigos. Desde ese momento, siempre pensé qué puedo hacer para que el otro haga las cosas porque siente que tiene que hacerlas, y no por temor.

Cuando voy a las empresas, suelo encontrarme con carteles y manuales que contienen reglas y castigos, pero, cuando pregunto ""¿Dónde están los manuales y los carteles que dicen por qué hay que hacerlo correctamente y explican cuál es la satisfacción que se puede sentir al hacerlo bien?", me contestan que no saben qué es eso.

Si usted no quiere emplear tiempo en demostrarles a los integrantes de su fuerza de ventas la importancia de hacer las cosas correctamente, le sugiero que se concentre en los premios, y no en los castigos. Es mucho más efectivo darle un premio a quien logra algo que castigar a quien no lo logra.

En una empresa cliente, del área industrial, en la que el horario es vital, porque empezar a trabajar tarde varios días puede originar meses de retraso en las entregas, comenzaron a castigar fuertemente a los que no cumplían con el horario de ingreso. Primero les descontaron dos dólares y, como no lograron resultados, llegaron a descontarles hasta diez. Finalmente, se dieron cuenta de que solo tenía efecto la multa cuando aumentaban la cifra, pero, al corto tiempo, volvían a los niveles acostumbrados de impuntualidad. Yo estaba para asesorar en ventas, pero, por afinidad con mis opiniones, el propietario de la fábrica me pidió que lo aconsejara. Lo primero que le pregunté fue si le interesaba ganar esos diez dólares por llegada tarde o le interesaba que llegaran temprano sus empleados; porque poner un precio al mal comportamiento solo hace que quien lo pueda pagar se porte mal. Un ejemplo de lo que digo puede verse por televisión, cuando vemos a famosos cometiendo infracciones de tránsito una y otra vez, ya que las multas, para ellos, son como monedas para nosotros. Para demostrarle esto al dueño de la fábrica, lo primero que hicimos fue investigar quiénes eran los que solían llegar tarde. Notamos que había una persona que llegaba tarde dos días por mes. Hacía siete meses que llegaba tarde dos días, ni uno más ni uno menos. Siempre eran lunes. Cuando le preguntamos, nos confesó que era la cantidad de veces que él podía pagar por llegar tarde, y que las usaba los lunes porque le costaba demasiado levantarse. En síntesis, el castigo, en vez de promover la llegada temprano, degradaba la llegada tarde. Finalmente, le aconsejé al dueño de la fábrica que pusiera una vitrina con premios en la entrada de la fábrica (electrodomésticos, juguetes, y hasta celulares y tarjetas con crédito de llamadas). Se les comunicó a los empleados que se sortearían entre los que llegaran a horario durante todo el mes. El resultado fue que hubo una baja del setenta por ciento en llegadas tardías. Como le dije, no estoy muy de acuerdo con los premios si antes no hubo formación, o sea, un trabajo para concientizar acerca de la importancia de llegar a horario, en este caso; pero si usted me da a elegir entre desacreditar la llegada tarde o la llegada a horario, prefiero lo segundo. Es lo más inmediato. Después podrá hacer el trabajo de concientizar. Pero cuidado, como le dije a mi cliente, esa vitrina debe ser para toda la vida, porque, cuando la quite, la insatisfacción puede transformarse en una ola de llegadas tardías. Este es el problema de los premios, y uno de los temas que trataré en el próximo capítulo.

5. Ayúdelos a superar sus miedos

La diferencia entre el miedo al rechazo y el rechazo en sí

Creo que uno de los pasos más importantes para poder vencer el miedo es comprender la abismal diferencia que hay entre el rechazo real (encontrarse con un cliente que se muestra totalmente ofensivo o se ofende, se enoja, es descortés e hiriente cuando se refiere a lo que uno le ofrece), y el miedo al rechazo (que es lo que uno siente cuando imagina a una persona rechazando su propuesta).

El miedo al rechazo me resulta mucho, pero mucho más doloroso y difícil de asimilar que el rechazo real. Mi principal razón es que la mayoría de las veces, cuando un vendedor entabla la conversación de ventas con un prospecto, este se comporta de manera bastante positiva. ¡Los vendedores no son rechazados tan a menudo en una entrevista! Si alguien no está interesado en comprar (o, al menos, no se siente con curiosidad), por lo general, no recibirá a un vendedor en su oficina o su hogar. Tampoco le dedicará unos segundos de llamada telefónica.

De los cientos y cientos de ventas que concreté y observé no puedo recordar una sola en la que un cliente haya gritado: "¡Fuera de aquí, idiota!". Seguramente, a alguien le sucedió eso, pero como excepción extremadamente rara. Lo peor que me pasó fue encontrarme con un prospecto que discutió todo lo que le expliqué, o que escuchó mis argumentos sin decir absolutamente nada. Siempre les dije a mis vendedores, mientras mostraba mis cicatrices de una operación de apendicitis, de una desafortunada experiencia con un anzuelo y de un golpe deportivo: "Señores, ninguna, ninguna de estas es de un 'no' de un cliente. Nunca me salió sangre de ningún lado por escuchar un 'no'. Escucharlos y aprender de ellos es parte de las ventas. Si no los escuchamos, no estamos vendiendo".

Es increíble el poder de la mente humana. Antes de iniciar la actividad de prospección y venta es capaz de mostrarnos no solo uno, sino cientos de desenlaces catastróficos, por ejemplo, el de la venta "cero". Lo que sentimos no es el efecto de un rechazo, sino el de cientos, que nuestra mente representa. Si dejamos que el miedo se apodere de nosotros, nuestra mente se encargará de inducirnos al miedo al rechazo cada vez que iniciemos una acción de prospección, o búsqueda de posibles clientes. Y esto evitará que nos acerquemos a hablar con varios de ellos y limitemos así nuestras posibilidades de tener éxito.

Cómo manejar el rechazo de los prospectos

A esta altura, usted debe estar preguntándose: "¿Cómo debo manejar ese tipo de rechazo? ¿Cómo logro que mis vendedores superen ese miedo al rechazo?". La respuesta es simple: se le debe dar poca importancia, ya que es parte de la venta. No existe un ciento por ciento de venta. Por bajo que sea el nivel de rechazos, siempre existirán. El líder de ventas que le da importancia al rechazo genera miedo en el vendedor rechazado. Minimice, dígale a su liderado que es normal, y que ese prospecto que lo rechazó puede ser el que cierre una venta más adelante. Y si él tuvo un mes malo, usted jamás muestre miedo. Otra vez, dele poca importancia al asunto, a menos que crea que el miedo va a mejorar el trabajo. Recuerde que (sin decir que una mala venta está bien) si no deposita confianza en que lo va a solucionar su equipo el mes que viene, estará abandonando el viaje hacia el éxito.

De todos modos, le doy estos consejos, para que ayude a su equipo a superar el miedo:

Mantenerlos informados sobre sus estadísticas

La mejor manera de manejar los pensamientos negativos es conocer las estadísticas. Si uno sabe que es normal, en la venta de determinado producto/servicio, que un cincuenta por ciento de los clientes no acepte la propuesta, o sea, que de diez personas habitualmente solo compren cinco, ¿quién puede sentir miedo antes de pasar el cincuenta por ciento de las visitas del mes sin ventas? Me explico: si un vendedor puede hacer diez visitas diarias (doscientas por mes), y lo normal es que les venda solo a noventa o cien de los visitados, debe aceptar que recibirá entre cincuenta y sesenta rechazos. Claro que, si no se está al día con las estadísticas, recibir diez rechazos juntos puede generarle miedo.

Empujarlos a la acción

"Empujando a la ducha". Suelo usar como ejemplo esta expresión en mis cursos de liderazgo. Es para ejemplificar lo que un líder debe hacer con sus liderados cuando se paralizan frente a la escena de la acción. Recuerde: es normal que en los días de mucho frío tengamos dudas acerca de si entrar a la ducha a darnos un baño o no. Sin embargo, una vez que entramos, ya no queremos salir. El tiempo en el que uno se resistió a entrar a la ducha, debido al miedo a pasar frío, es comparable al tiempo que muchos de nuestros vendedores tardan en visitar a un cliente, por miedo al rechazo. Si usted viera a su vendedor frente a la ducha, paralizado por el miedo al frío, no serviría de nada que le contara su experiencia, que le explicara lo bien que se sentirá después, lo mucho que va a querer quedarse bajo el agua caliente. Ni tampoco serviría que se ponga a su lado para alentarlo a que entre. La mejor opción será empujarlo. Sí, es verdad que el vendedor estará los primeros segundos bajo la ducha pensando lo peor de usted y recriminándole que lo haya empujado, pero en seguida sentirá que su cuerpo entra en calor, y que lo mejor fue haber entrado. Suelo ver a muchos líderes caer en el error de alentar a sus vendedores a que pierdan el miedo contándoles que ellos lo superaron y que la experiencia les permitió llegar a donde están; pero la triste realidad es que cada persona es diferente, y de nada les sirve a los vendedores lo que su líder sienta y sepa. El miedo de ellos debe ser superado por ellos. El error es creer que motivarlos viene primero que guiarlos a la acción. Usualmente es al contrario: la acción viene primero, la motivación, después. Usted se preguntará: "¿Cómo empujo a la ducha a mis vendedores?". No lo dude: salga con ellos a visitar a los clientes, y cuando esté frente a la escena de ventas, frente a la ducha, empújelos a la acción. Hágalo durante unos días y, cuando vea que superaron el miedo, déjelos disfrutar de este hermoso trabajo de ventas. Si usted no puede hacerlo, encomiende a uno de sus mejores vendedores que lo haga con los nuevos (desde luego, previendo un reemplazo de ingresos por ese tiempo muerto de ventas para los veteranos).

Creo ayudarlo si le cuento una experiencia propia sobre el miedo a la venta. Tenía en el equipo un vendedor miedoso, pero con un enorme potencial, por su conocimiento técnico del producto (vendíamos conexión por fibra óptica), y por su capacidad para convencer. Me di cuenta de su miedo al ver que solo visitaba dos prospectos por día, cuando la mayoría de sus compañeros visitaba a cinco o seis. Le pedí a mi secretaria que lo llamara para una reunión, en la que le dije que saldríamos a ver prospectos juntos (para empujarlo a la ducha). Se mostró molesto, me preguntó por qué teníamos que salir juntos, me dijo que él no se sentiría cómodo y... quiso saber si yo dudaba de su capacidad.

Le contesté que no dudaba de su capacidad, y que precisamente por eso quería salir con él a vender esa semana; pero además le dije que pensaba que él era un cobarde. Imagine su expresión. Antes de que me contestara, empecé a argumentarle por qué pensaba eso. Le dije:

—Tan cobarde como yo, cuando era vendedor. Y te lo voy a demostrar. Dime, ¿cuántas visitas haces por día?

Me contestó que hacía dos o tres, y que sabía que era la mitad de las que hacían el resto de los vendedores; pero que no era por miedo, de ninguna manera, sino porque a él la venta le llevaba más tiempo. Entonces tomé una carpeta llena de fichas de prospectos y le dije:

—Imagina que tengo aquí cincuenta prospectos esperando comprarte. Seguros. De los que solo están esperando que vayas para decirte que sí, que quieren nuestro servicio ahora mismo. ¿A cuántos irías a ver mañana?

Sin dudar, me contestó:

—A todos los que pudiera. Diez, como mínimo.

En el acto le hice ver que eso es lo que hace el miedo al rechazo. La mente administra los desafíos por miedo al fracaso, y hace que estemos más tiempo con un prospecto conocido, para no tener que pasar a uno por conocer y afrontar el miedo a lo desconocido. En cambio, si uno supiera que el próximo a visitar está esperando para decir: "Sí, quiero", trataría de terminar la entrevista ni bien *sintiera que es posible cerrar la venta. En fin, si el vendedor administra las visitas, las combina en amplios espacios de tiempo y se encuentra con menos prospectos de los que podría, es porque está siendo víctima del miedo al rechazo.*

Cuando noté que había entendido, después de pedirle disculpas por decirle cobarde, tomé una hoja y escribí para él las tres preguntas que aprendí de uno de los mentores de mi carrera, Brian Tracy:

¿Cómo te detiene este miedo en tu vida?

¿En qué te ayuda o te ayudó este miedo alguna vez?

¿Cuál sería tu recompensa por eliminar este miedo por completo?

Cuando empezamos a identificar nuestros miedos, en vez de evitarlos, los enfrentamos, y al darnos cuenta de que no nos ayudan, y de que la recompensa por superarlos es grande, les quitamos protagonismo y la acción para vencerlos pasa a tener el papel principal en nuestras vidas.

6. Bríndeles una atmósfera positiva

Toda empresa y todo departamento de ventas están rodeados por una envoltura compuesta por elementos tangibles e intangibles, que impregnan a la organización y condicionan la percepción que tienen los vendedores de su lugar de trabajo.

Estos elementos forman la atmósfera vital de la corporación y son fundamentales para posicionar su imagen en la mente de nuestros vendedores. A su vez, la imagen que tiene para ellos la organización que los representa influye directamente en la motivación y en la imagen que dan a sus clientes. Recuerde que nadie puede dar lo que no recibe. Si sus vendedores no están en un ambiente agradable y positivo, no podrán brindarles a sus clientes ese ambiente y no obtendrán resultados positivos.

El éxito de muchas fuerzas de ventas se debe, en gran medida, a que sus integrantes fueron capaces de establecer una atmósfera vital positiva y atrayente. Este ámbito debe estar adaptado a cada equipo, y tiene que contribuir a la generación planificada de experiencias y sensaciones positivas, para mantener motivados a sus mejores vendedores y... ¡retenerlos!

Casos de éxitos como los de Disney y Starbucks se deben, entre otras cosas, a que crearon estas atmósferas saludables, para que sus empleados sientan que tienen un trabajo atractivo y estimulante, y estén predispuestos a trabajar, generar ideas y superar objetivos.

Composición de la atmósfera ideal: códigos, endomarketing y clima laboral

Códigos

Es fundamental establecer los aspectos sensoriales (imágenes, colores, lugares...) donde trabajarán los vendedores.

Colores del ambiente laboral

Está demostrada la influencia de los colores en el estado de ánimo de las personas. No es tema de este libro difundir en detalle esos estudios, pero sí quiero provocar en usted un interés especial por los colores que rodean a sus vendedores en el área de trabajo.

Muchas empresas llenan sus espacios de trabajo con los colores que identifican a la marca o a la organización, pero a veces, provocan estados de ánimo *antiventas*.

Colores antiventa

Púrpura o violeta: porque inspira a la serenidad, y provoca en los vendedores un estado de ánimo lento y muy tranquilo. Además, promueve el pensamiento negativo.

Azul: es el color del cielo y del mar, por lo que se suele asociar con la estabilidad y la profundidad. Retarda el metabolismo y produce un efecto relajante. Está fuertemente ligado a la tranquilidad y la calma. Y usted no quiere que sus vendedores se relajen, sino que estén en acción.

Negro: es intimidatorio. Se usa para el luto y para expresiones como "la situación está negra". A menos que corte un ambiente de color, no lo recomiendo.

Rosa: está asociado a la femineidad. Es un color emocionalmente relajado e influye en los sentimientos, convirtiéndolos en amables, suaves y profundos. Representa la debilidad, por eso fue muchos años asociado al sexo débil. Hoy, que la realidad de las mujeres está muy lejos de ser la del sexo débil, las empresas interesadas en captar su atención utilizan el púrpura o violeta, porque es un rosa oscurecido con el color que representa el poder. Provoca debilidad y promueve los miedos y, debido a esto, hace que se cierren menos ventas o que se hagan muchos descuentos y concesiones para cerrarlas.

Amarillo: se usa para señalar el peligro. Lo encontramos en los semáforos y, junto al negro, en carteles de señalización, que indican precaución. A los vendedores los lleva a pensar en peligros.

Marrón: aporta estabilidad y aleja la inseguridad. Sin embargo, se lo relaciona con la represión emocional y el miedo al mundo exterior, también con la estrechez de miras hacia el futuro. A menudo se lo relaciona con una carencia en la autovaloración y en el conocimiento sobre sí mismo. Genera, en los vendedores, miedo al exterior; invita a quedarse en la oficina.

Colores *proventa*

Oro o dorado: representa la fortaleza, la riqueza. También los grandes ideales, la sabiduría y los conocimientos. Revitaliza la mente, las energías y la inspiración. Aleja los miedos y lo superfluo. El dorado claro es excelente para evitar la depresión y equilibra la mente. Estimula la ambición y provoca un deseo de éxito.

Naranja: se lo asocia a la alegría, al sol brillante y al trópico. Representa el entusiasmo, la felicidad, la atracción, la creatividad, la determinación, el éxito, el ánimo y el estímulo. Produce la sensación de mayor aporte de oxígeno al cerebro, un efecto vigorizante y de estimulación de la actividad mental. Sin embargo, hay que prestar atención a su tonalidad, ya que el naranja oscuro sugiere engaño y desconfianza.

Gris: en combinación con otros colores, representa el éxito. Inspira la creatividad. Se lo asocia con la independencia, la autosuficiencia y el autocontrol, porque es un color que actúa como escudo frente a las influencia externas. Recomiendo que, si tiene la opción de comprar muebles negros o grises (como es común que sean los de oficina) elija, siempre, los grises.

Verde oscuro o verde dólar: tiene una fuerte relación, a nivel emocional, con la seguridad. Por eso, como contraposición al rojo (de peligro), se utiliza para la "vía libre" en los sistemas de señalización. Sugiere estabilidad y resistencia. En heráldica, representa el crecimiento y la esperanza.

Tiene también una significación asociada al dinero, debido a que el dólar se imprime en este color. Importante: preste mucha atención a la tonalidad. Si el verde es amarillento, se lo relaciona con la enfermedad y provocará sentimientos de malestar.

La combinación sugerida

Sin ser un especialista, me atrevo a aconsejarle la combinación ideal, porque la comprobé a lo largo de mi experiencia y la confirmé, asesorándome con los profesionales del área.

Los colores sugeridos para un departamento de ventas son: los grises en los muebles, los dorados en las partes metálicas, algún corte con verdes oscuros (que puede darse utilizando plantas de esa tonalidad), y siempre tiene que estar presente el naranja.

Le cuento una experiencia de aplicación de los colores que comprobó el éxito de esta teoría. En el call center *de una empresa que asesoré, decidimos colocar cuatro boxes dorados. Tenían diez. Sucedieron dos cosas: primero, los vendedores se peleaban por estar en esos* boxes, *porque consideraban que les daban prestigio; segundo, registramos un aumento de ventas de más del veinte por ciento y, de forma inmediata, notamos, al escuchar las llamadas, un tono de voz mucho más seguro y un entusiasmo destacable. Hoy la empresa tiene dos* call centers, *uno en gris, con ribetes plateados, y otro totalmente dorado (ambos de diez puestos), y creó dos categorías de vendedores: los "plata" y los "oro". La alfombra y los tapizados son verde oscuro en el "Salón oro" y naranja en el "Salón plata". El titular de la firma me dijo que, después de nuestra experiencia, compró un libro sobre cómo los colores influyen sobre los estados de ánimo y le presta mucha atención cuando tiene que diseñar ambientes de trabajo, uniformes y todos los materiales que provee a sus empleados. Siempre me alegro cuando me ve y me dice: "Le has dado color a las ventas".*

Identidad corporativa (símbolos, escudos, música)

Si el vendedor no percibe, no "vive" con claridad que pertenece a un equipo, se siente mal, inseguro, y lo normal es que esté pensando en irse. Y si no se puede ir porque no tiene adónde, decide aguantar "como sea" la situación, haciendo lo mínimo y sin entusiasmo.

Piense en los grupos o las comunidades a los que usted pertenece. ¿Cómo se siente cuando se pone la camiseta de su equipo deportivo favorito? ¿Tiene o tuvo una calcomanía de la universidad o del colegio al que asiste o asistió pegada en su automóvil? ¿*Postea* y defiende algún grupo o comunidad, deportivo o político, en alguna red social, como Facebook, por ejemplo? A todos nos gusta "pertenecer" y mostrar que pertenecemos. Nos identifica, nos diferencia. Por eso, le recomiendo que desarrolle una serie de elementos atractivos que sean entendidos y recordados por sus vendedores, que les brinden sentido de pertenencia.

Durante toda mi carrera trabajé en este aspecto, a pesar de que muchas veces encontré resistencia, a la hora de invertir, de jefes y propietarios de negocios, que luego me elogiaron, debido a los resultados.

El poder de la música

Si entra a mi página web, notará que hay un tema que se llama *Locos por las ventas*. Lo escuché con cientos de vendedores. Desarrollé otros temas musicales como ese, no solo para transmitir conceptos, sino también para "cantar" un objetivo.

La fuerza de un credo, un himno o una declaración

Al final de mi libro *Locos por las ventas* encontrará una declaración de principios del vendedor profesional. Siempre hice que mis liderados la aprendieran de memoria. Si querían, también podían desarrollar la suya. Buena sorpresa se llevaban el día en que les confirmaba su puesto cuando les daba mi declaración para que la aprendieran de memoria y me la recitaran en un encuentro bautismal del que también participaban sus compañeros de equipo.

La importancia de un escudo, un logo o una marca *identificatoria*

Mis vendedores tuvieron, en varias oportunidades, su propia bandera, su escudo y su identificación. Símbolos que daban a entender lo que esperaba de ellos. Cuando trabajé con equipos de venta masiva y necesitaba resultados diarios, utilicé la imagen de un tigre, o de un león. Cuando se trataba de ventas corporativas, de alto nivel y con resultados a mediano o largo plazo, usé imágenes de escudos similares a los de la época de la caballería, más estratégicas.

Leyendas, para forjar la imagen

Utilice la historia de su empresa y de su departamento en su beneficio. Escríbala y explíquesela a sus vendedores. Tenga en cuenta que las empresas y los equipos exitosos están llenos de leyendas y de personajes que contribuyeron a forjar la imagen que trasmite la organización. Si su empresa tiene muchos años de trayectoria, investigue, pregúnteles a los integrantes más antiguos, a los dueños, y encontrará historias de grandes vendedores. Magnifíquelos, transfórmelos en personajes de leyenda, en verdaderos superhéroes de las ventas. Muchos jefes quieren autoproclamarse superhéroes. Les dicen a sus vendedores que sigan su camino, que aprendan de ellos, que sigan sus pasos; y los vendedores, que conocen también sus debilidades, sus falencias, su actuar cotidiano, dejan de sentirse entusiasmados por imitarlos. Le aconsejo que se muestre humano y que convierta a alguno de los antepasados de la empresa o del departamento en un superhéroe como los que nos influyeron cuando éramos niños.

Mientras escribo esto, recuerdo que, interesado por generar un superhéroe para la empresa de capacitación de la que fui propietario de franquicias, me reuní con los que iniciaron el negocio, que me hablaron de un vendedor que había estado en la empresa y que ahora era dueño de una gran institución. Me contaron que un día les había vendido al ciento por ciento de los que lo habían consultado. El promedio normal era de un cincuenta por ciento, y el récord que yo había conocido, del ochenta y cinco por ciento. Imagínense lo que fue para mí escuchar que alguien, en ese mismo escritorio donde yo estaba, había logrado el número perfecto de inscriptos en un día. Averigüé cuál era la organización de la que era propietario y fui a conocerlo. Le saqué una foto, la enmarqué y la puse en la sala de reuniones, con una inscripción que decía: "El único que logró la venta perfecta". El efecto fue inmediato. Todos los vendedores empezaron a hablar del tema. Hubo comentarios positivos y estimulantes, y otros críticos y descalificadores; pero para nadie pasó inadvertido el cuadro de la sala de reuniones. Desde ese día, "la venta perfecta" fue un objetivo a lograr y, aunque no generó un cambio en los vendedores que estaban al treinta o el cincuenta por ciento de efectividad, los mejores vendedores, cuando se mantenían en un ciento por ciento hasta el mediodía o la tarde, se esmeraban y lo intentaban todo para terminar la jornada con ese porcentaje.

En los relatos que contiene mi libro Locos por las ventas *usted podrá encontrar a varios superhéroes. El más querido por mis lectores, vendedores y alumnos es Ricardito. De hecho, el efecto que causa Ricardito es tan grande que a menudo recibo e-mails de varias personas que se autoproclaman "Ricarditos", y desde México, una empresa me envió una foto con un grupo de vendedores que tenían puesta una remera que decía: "No acepto un NO, Ricardito".*

Endomarketing: marketing de los objetivos

Ya les dije que el líder debe vender ideas a sus vendedores. El *endomarketing* es un conjunto de técnicas similares al marketing que utilizamos para cautivar a los clientes; pero, en este caso, el mercado son nuestros vendedores. Es ante todo una estrategia de relacionamiento y gerenciamiento, que tiene como objetivo desarrollar en su equipo una mentalidad que está en sincronía con los objetivos. Por esta razón, lo denominamos "marketing interno".

Usted nunca le diría a un cliente que duda de que se le prestará un buen servicio, tampoco su marketing expresaría dudas con respecto a la garantía. Por supuesto que no. Sin embargo, es asombroso ver cómo algunos líderes muestran en sus discursos dudas acerca de que sus vendedores puedan lograr los objetivos y, en vez de hacer un buen marketing, hablan desde el lugar de la amenaza: "Si no los logran, se quedarán afuera", o desde el de la súplica: "Necesitamos alcanzar estos objetivos. Confiamos en ustedes".

Es tan, pero tan importante vender la idea del logro de los objetivos y comunicarlos con calidad, que a veces pienso que el éxito depende en gran parte de esta acción. Si el marketing es un generador de expectativas, cautiva, entretiene y convence, como leí en un libro sobre el tema, ¿por qué no usar las mismas estrategias para que nuestro equipo se sienta cautivado y atraído por lograr los objetivos?

Cuando defina los objetivos, encárguele al departamento de marketing, o a quien sea responsable del área, que los trate como a un producto y hasta... ¡que le diseñe un logo! Y, de la misma manera que desarrolla la comunicación para el mercado, desarrolle el plan comunicacional para los vendedores.

En una empresa cliente se definió el siguiente objetivo: lograr ganar 10 millones de dólares al 10 de octubre del año 2010. De inmediato diseñaron un logo que mostraba el "10-10-10", remeras o playeras y carteles para colocar en los departamentos de ventas y todos los lugares visibles. Se implementó una estrategia de marketing (o, mejor dicho, endomarketing*), para comunicar, transmitir, recordar y hacer sentir la importancia del logro del objetivo "10-10-10". No digo que se haya logrado la victoria solo por esta acción* marketinera, *pero créame que las mentes de los vendedores estaban muy conscientes del objetivo cada vez que ellos veían el logo de "10-10-10".*

Clima laboral

El buen humor

Estar de buen humor favorece la capacidad para pensar de manera flexible y con mayor complejidad, para, de esta forma, encontrar soluciones a los problemas que impiden aumentar las ventas, sean laborales o interpersonales. Está demostrado que una de las maneras de ayudar a alguien a analizar un problema es contarle un chiste.

Son importantes los beneficios intelectuales de una buena risa, cuando se trata de resolver un problema que requiere una solución creativa.

Un estudio descubrió que grupos de personas que acababan de ver por televisión un video de *bloopers* resolvieron un desafío con mejores resultados que los que obtuvieron otros grupos, que habían visto noticieros. En la prueba, se entregó a cada grupo una vela, fósforos y una caja de chinches o tachuelas, y se les pidió que sujeten la vela encendida a una pared de corcho, sin que la cera caiga al suelo. La mayor parte de las personas a las que se les plantea este problema, incurren en una "rigidez funcional", y piensan en utilizar los objetos de la forma más convencional. Pero quienes acababan de ver el video con los *bloopers* alcanzaron una solución creativa: con las chinches sujetaron la caja a la pared y la utilizaron como candelabro. Los otros, que habían visto noticieros durante el mismo tiempo, no podían encontrar la solución. En la experiencia, realizada con cien grupos, solo tres de los que vieron noticieros lo lograron.

Una estrategia para crear buen clima laboral es identificar en el equipo de ventas a las personas más positivas, las que siempre están dispuestas a mejorar; analizar su capacidad de contagiar entusiasmo y energía; y darles protagonismo. Siempre les digo a mis líderes que, si tienen un vendedor que vende poco, pero hace reír a los demás, no se deshagan de él. Es muy posible que los demás vendan más gracias a que él los mantiene de buen humor.

Orden y asistencia

Ayudar en la organización del trabajo y de los elementos que generan malestar en los vendedores, y menguar la carga de burocracia (con apoyo de personal auxiliar), ayuda a mejorar el clima laboral.

Muchas gerencias implementan gran cantidad de procesos, informes y trabajos burocráticos para mantener el control de los vendedores, pero solo logran que ellos pierdan el control de sus ventas. Es sabido que a los vendedores no les agrada el trabajo administrativo. Si les gustara, estarían trabajando en el área de administración. Le doy un consejo que me sirvió en todas mis gerencias de ventas: reduzca el trabajo administrativo de sus vendedores y los tendrá más tiempo dedicados a las ventas.

En una empresa cliente del área gráfica, una imprenta, los vendedores tenían una enorme carga de trabajos administrativos atendiendo los diseños, haciendo seguimiento de los trabajos y completando fichas electrónicas y de papel sobre las órdenes de compra y de trabajo, y consiguiendo datos para la gente de producción. Cuando me reuní con el gerente general, después de un análisis sobre cómo aumentar las ventas, le dije que deberíamos contratar una secretaria para cada vendedor, para que atienda sus asuntos administrativos luego de la venta. El hombre casi decide terminar en el momento con el contrato de asesoramiento que nos unía. Sin embargo, confiando en otras ideas de este loco por las ventas que ahora escribe, aceptó el desafío, aunque me presionó diciéndome que, si no aumentaban las ventas, me las vería personalmente con él en una reunión no muy alegre. El resultado fue un aumento de más del treinta por ciento de ventas, que pagó, con solo un cinco por ciento de las ganancias, el costo de salarios de las secretarias y la estructura utilizada para la asistencia. El clima laboral mejoró y los vendedores sintieron esta decisión como un reconocimiento, además de como una gran ayuda.

7. Organice reuniones productivas y motivadoras

Cómo organizar reuniones productivas y motivadoras

Las gerencias exitosas dedican especial atención a desarrollar una cultura de reuniones productivas. No quiero pecar diciendo que una reunión improductiva es mucho más perjudicial en el área de ventas que en las otras áreas, pero creo que estará de acuerdo conmigo en que, cuanto más reuniones tiene un departamento de ventas, menos tiempo queda para vender. Por ello, es de vital importancia que estos encuentros sean favorables, aprovechables al máximo y súper productivos.

Recordemos el eslogan interno de INTEL, una de las empresas más fructíferas del planeta: "Reuniones productivas crean empresas productivas". Andy Groove, su CEO, y gestor de una de las culturas más eficientes del mundo empresario, entrenaba personalmente a sus ejecutivos para que hagan de las reuniones eventos realmente productivos.

Las reuniones que se usan solo para arengar y para transmitir estímulos discursivos NO SIRVEN. Muchos gerentes eligen parecer políticos en campaña, hablar de sí mismos y alentar con discursos similares a los de una película de héroes. Otros eligen ponerse en una posición investigadora y solicitar informes a sus vendedores. La primera elección solo logra motivar unas horas a sus vendedores y, a medida que pasa el tiempo, tiene menos efecto; y la segunda consigue que los vendedores se vuelvan expertos en crear informes que le gusten a su gerente, sean ciertos o no.

Alentar a alguien que no tiene las herramientas o la información para cumplir las metas es igual que motivar a un burro. Las consecuencias pueden ser terribles. Pedir informes para descubrir qué se está haciendo mal en el trabajo es igual que pedirle a una persona que cuente sus pecados. Las reuniones deben ser para trabajar, para crear, para decidir. Motive desde el lugar de un líder, guiando y proporcionando las herramientas para que sus liderados puedan vender más. Deje los informes en manos de la tecnología.

Deben organizarse dos tipos de reuniones: las diarias, motivacionales; y las periódicas (semanales, mensuales), de búsqueda de soluciones para el crecimiento en las ventas.

Las diarias pueden ser de pocos minutos y pueden hacerse al inicio y al final de la jornada. El objetivo de las que se realizan al principio de la jornada es resolver alguna traba que impida vender, dedicar algunos minutos motivacionales (a continuación, le daré consejos sobre esto) y establecer una meta para el día. Las del final de la jornada son para saber si se alcanzó la meta y para sacar conclusiones acerca del resultado de la forma de trabajo.

Las periódicas, que pueden ser semanales o mensuales, son para TRABAJAR. Son encuentros clave, en los que se debe hallar respuestas para aumentar las ventas. Deben ser jornadas de debate, de trabajo y de tormentas de ideas, con una orientación clara. Ser precisos acerca del propósito de las reuniones es facilitar su éxito mucho antes de que comiencen.

A continuación, le brindo una lista de las consignas que respeté durante mis gerencias, y que me ayudaron para que las reuniones fuesen efectivas.

a) Inicie SIEMPRE su reunión con un enfoque positivo

Determine factores positivos que surgieron desde la última reunión formal. Enfóquese en lo positivo. Abra la mente de sus colaboradores con comentarios alegres, estimulantes y cordiales. Esta acción inicial le dará buenos resultados a lo largo de la reunión. Recuerde que lo que bien empieza, bien termina. Muchos gerentes eligen empezar la reunión con un discurso intimidatorio, asustando y queriendo hacer evidente su posición de poder. Esto solo genera que todos estén dispuestos a brindar excusas y a protegerse, para no quedar expuestos, impidiendo que surjan ideas y que se encuentren los motivos por los cuales no se está logrando lo que se ha propuesto.

b) Incluya una sección de seguimiento

Ver avances, resultados, cifras, porcentajes. Si no hay medición de avance, irremediablemente se creará incertidumbre y frustración. Mida el "cómo nos fue con las decisiones tomadas" de una sesión a otra.

c) Emplee un tiempo para el reconocimiento

Es bueno que haya aplausos y felicitaciones para alguno o para varios miembros del equipo. El reconocimiento público, por los logros o por los aportes específicos, debe ser parte de la cultura de todo equipo ganador; y la reunión formal es el "foro ideal" para desarrollarlo.

d) Utilice algunos minutos para "desarrollo profesional"

Haga leer un artículo o comentar una noticia. Asigne esa responsabilidad, rotativamente, a alguno de los miembros del equipo, con la anticipación suficiente como para que traiga preparada una charla breve. Con esto logra dos objetivos: desarrollo para el equipo y "visibilidad positiva" para el asignado. Recuerde que la capacitación no debe depender exclusivamente de cursos, sino que debe ser constante. Esto puede hacerse también en las reuniones diarias.

e) Si puede, traiga un invitado

Puede ser un gerente de otra área de la organización. Mucho mejor será si es un cliente que quiera compartir reflexiones con su equipo. Traer "caras nuevas" es una manera inteligente de volver la reunión más interesante y novedosa para sus vendedores.

En mis gerencias implementé el "gran consejo de clientes". Elegíamos, junto a otros gerentes y vendedores, tres clientes, para que nos acompañaran en una de las reuniones de ventas y nos dieran su parecer acerca de cómo se les había vendido o cómo creían ellos que se podría mejorar el área. Era formidable ver cómo algunos de ellos nos daban, a veces, las mejores ideas y dedicaban gran parte de su tiempo, sus conocimientos profesionales y su experiencia, sin pedir nada a cambio. Aunque nosotros les dábamos un presente, los incluíamos en el cuadro de los clientes del mes y les hacíamos una nota para nuestra revista, no es por esto que lo hacían, sino por sus ganas de aportar y de ayudar a la empresa que le brindaba un servicio o un producto que los satisfacía. En una de las compañías donde trabajé vieron esto como muy peligroso. En esa ocasión, les pregunté a los timoratos: "¿Por qué no quieren invitar a los clientes a algunas reuniones de ventas?", "¿se trata acaso de enemigos, contra quienes hay que elaborar planes secretos?", "¿tenemos miedo de que descubran mentiras que seguro ya descubrieron por ser clientes?", "¿no preferimos hacer lo que el cliente desea, sabiéndolo por sus palabras y actuando con la verdad?"

f) Asigne responsabilidades rotativas

Dé oportunidades a su gente para que "brille". Usted no tiene que ser siempre quien coordine o dirija la reunión. Asigne roles a sus vendedores. Puede delegar la responsabilidad de preparar la agenda de la reunión, de tomar nota de lo decidido, redactarlo y distribuirlo por mail. Hacer responsable a un integrante de identificar y convocar al invitado externo o al integrante del "gran consejo de clientes". Aproveche las reuniones para dar "visibilidad positiva" a su gente. Tener "visibilidad positiva" es importante, para poder aportar en un grupo.

g) De vez en cuando, haga reuniones fuera de la oficina

La "novedad ambiental" siempre posibilita que usted logre generar mayor interés y motivación por la reunión.

Recuerdo mis reuniones más creativas y con más aportes de los participantes. Las organizaba en ambientes como la plaza de enfrente de la oficina, mi casa (con piscina incluida), un bar, y hasta la terraza del edificio, mirando la ciudad. En una oportunidad, llamé por teléfono al dueño de la empresa en la que trabajaba y le dije que no nos presentaríamos el día siguiente a trabajar, porque tendríamos una reunión de todo el día en mi casa. Su silencio me dio la idea de que estaba buscando una contestación para tan desubicado aviso. No le permití responder. Le dije de inmediato que necesitábamos un ambiente diferente, para tomar decisiones diferentes. Unos días después me reuní con él, le expliqué la importancia de cambiar de ámbito y lo tranquilicé diciéndole que esto no sería periódico ni reiterado, y... sobre todo... ¡mostrándole los resultados! Unas semanas después, él organizó una reunión en su casa para todos los gerentes. Fue espectacular, no solo por la formidable atención gastronómica de su esposa (sirvió unos bocaditos dignos de reyes), sino por las muy buenas ideas que surgieron. Cuando terminó, se acercó y me dijo. "Tiene razón, Facundo, las reuniones fuera de la oficina son una usina de creatividad".

h) Marque un tiempo de finalización para la reunión

Es verdad que siempre hay imprevistos, que el debate puede ser rico y las conversaciones o réplicas entre unos y otros pueden prolongar el tiempo fijado para la reunión, pero si se marca un tiempo de reunión y usted lidera y marca el tiempo de cada exposición, no será una reunión "chicle". La pérdida de tiempo es, creo yo, el desmotivador más grande, porque es posible recuperar dinero, pero tiempo, jamás.

i) Estimule la creatividad

No pretendo, con tan pocas palabras, explicarle cómo estimular la creatividad. Pero sí quiero hacerle notar la tremenda importancia de tener mentes creativas en su departamento de ventas y hacer de las reuniones un espacio para que se desarrollen.

Es esencial no obligar a sus vendedores a ser creativos. La creatividad no puede ser forzada. Algo que funciona muy bien es hacer reuniones con el objetivo "despertar la creatividad", donde varios componentes del grupo lancen ideas en forma de tormenta. Es lo que se conoce en el ámbito empresarial como *brainstorming*.

En una encuesta realizada en los Estados Unidos, se les preguntó a diez mil personas dónde tenían sus mejores ideas. Las respuestas fueron, para mí, sorprendentes, sobre todo si uno se pone a pensar en todo el tiempo que la gente pasa en su ámbito de trabajo. El 97% respondió: "bañándome", "mientras camino", "manejando un automóvil", "ordenando mi casa" o "en actividades diversas". Solo un 3% respondió que las mejores ideas se le ocurrían en el trabajo.

Tenemos dos hemisferios en nuestro cerebro, uno hace el trabajo y el otro se encarga de generar ideas creativas. Sócrates y Platón postulaban la idea de que había distintos aspectos de la mente humana. A uno de estos aspectos Platón lo llamó *logistikon*, y es nuestra parte racional. A la otra, la llamó *nous*, la parte intuitiva.

Cuando una persona está en su trabajo, la mayor parte del tiempo usa el hemisferio izquierdo del cerebro: se concentra en los detalles, en tratar de encontrar el problema, en intentar obtener información y hechos concretos, y por esto se basa en la lógica, la practicidad y el orden. El hemisferio izquierdo está asociado con el intelecto y relacionado con el pensamiento convergente, abstracto, analítico, calculado, lineal, secuencial y objetivo. Se concentra en las partes del todo. Produce pensamientos que son directos, verticales, sensibles, realistas, fríos, poderosos y dominantes. Es el más utilizado por ingenieros y administrativos.

El hemisferio derecho está asociado con la intuición y relacionado con el pensamiento divergente, imaginativo, metafórico, no lineal, subjetivo. Se concentra en el todo. Produce pensamientos que son flexibles, divertidos, complejos, visuales, diagonales, místicos y sumisos. Los artistas, músicos e inventores son quienes elaboran este tipo de pensamiento.

A primera vista, pareciera que los vendedores están más cerca de los músicos e inventores, por su capacidad creativa para prospectar y cerrar ventas; pero yo creo que un buen vendedor o, como yo lo llamo en mi libro anterior, un *loco por las ventas* debe combinar ambos aspectos de su pensamiento. Los hemisferios izquierdo y derecho deben funcionar como un todo en la mente activa.

¿Qué puede hacer un gerente para estimular el lado creativo en una reunión? Una de las cosas que puede hacer es ayudar a que sus vendedores activen el lado izquierdo del cerebro. Si las mejores ideas vienen a nuestra mente cuando nos estamos bañando, manejando y en actividades de concentración en los procesos porque se ocupa el hemisferio izquierdo de realizarlas y queda el derecho libre, usted podrá lograr buenas ideas si, en vez de sentarse a una mesa de reuniones, se reúne con su gente mientras camina, les pide a sus vendedores ideas mientras ordenan la oficina juntos o se sienta al lado de un vendedor en el automóvil, para tener una reunión individual de producción de ideas. Esto se ve mucho en películas, donde los gerentes se reúnen en gimnasios y resuelven problemas cada uno en su cinta caminadora, o cuando vemos a empresarios tomando decisiones mientras juegan al golf.

Mis vendedores ya sabían que nos tocaba una reunión de producción de ideas cuando me acercaba a la ventana para ver si el clima estaba como para salir a caminar. En esas caminatas de varias cuadras generábamos ideas que uso hasta el día de hoy en mi empresa.

j) Decisiones en voz alta al terminar

Antes de finalizar la reunión, es muy importante que cada vendedor sepa claramente qué es lo que se espera de él, qué debe hacer, cuándo, con quién y para qué fecha. Marcar objetivos es fundamental, y hacerlos públicos, mucho más.

Es muy común que sea el gerente quien diga a los vendedores lo que tienen que hacer, pero es mucho más efectivo que en los últimos minutos de la reunión se le pida a cada uno de los participantes que diga en voz alta su objetivo o compromiso: "Yo me voy a encargar de hablar con ese cliente", "Yo prepararé la minuta de esta reunión y se la enviaré a todos", "Yo me encargaré de seleccionar el personal para la nueva sucursal", etc. El compromiso público no asegura que se vaya a cumplir la tarea, pero ayuda.

8. Controle

Controlar es motivar. Pero, CUIDADO: no motiva el control "al estilo policíaco", sino el control que se usa para ayudar, para formar, para guiar hacia el éxito. La frase "el ojo del amo engorda el ganado" es muy cierta, siempre, pero más lo es cuando, después de que el amo vio el error, se dedica a corregir suavemente, y no a castigar.

Cuando mandé a colocar cámaras en las sucursales de mi empresa, para ver el desempeño de nuestros vendedores, reuní a los encargados de sucursal y a mis compañeros de gerencia y les dije, con el apoyo total del directorio:

—Quien use esta filmación para castigar, en vez de para ayudar, será castigado. Con la excepción de alguna acción imperdonable como la de un robo, el resto de lo que se vea a través de estas cámaras será para ayudar, mejorar y felicitar. Si transformamos a las cámaras en ojos castigadores, tendremos empleados asustados, paralizados e inútiles. Si hacemos que estas cámaras se vuelvan

ojos formadores y guías, tendremos los mejores vendedores de la historia de la empresa.

Lo que quiero transmitir es que no hay gerencia más fracasada que la ciega. Controlar y estar al tanto de lo que hacen sus vendedores le permitirá tomar el control de su gestión.

9. Finja para motivarlos

Fingir el cambio genera el cambio. La psicología moderna dice que nuestra mente, cuando es estimulada por la experiencia fingida, elabora nuevas creencias, que muestran nuevas posibilidades, y al elegir sobre esas nuevas opciones se generan cambios en los resultados.

Si usted quiere generar un cambio en una persona que lidera, anótese esto y téngalo a la vista:

Se comienza fingiendo,
se continúa creyendo y
se termina logrando.

Por lo tanto, deberá comenzar fingiendo que su vendedor cambió. Él creerá que cambió y eso lo llevará a desarrollar nuevas creencias y, como consecuencia, a ver nuevas opciones, tomará nuevas decisiones y logrará un cambio en su trabajo y... ¡hasta en su vida!

Es común que los gerentes elijan remarcar los errores de sus vendedores y afirmarlos más y, por ende, no lograr ningún cambio. Al vendedor desordenado viven diciéndole que es desordenado; y él no cambia, porque no tiene ningún sentido hacerlo, si su gerente lo conoce así y no lo despide. Menos motivos para el cambio tiene cuando el gerente le dice: "No vas a cambiar más".

Pruebe de esta forma: si usted tiene un vendedor desordenado, busque la oportunidad de fingir que cambió, que es más ordenado. Pase por su oficina, su *box* o su lugar de trabajo y, justo cuando lo ve levantando un bolígrafo del piso, acérquese y dígale: "Últimamente te veo mucho más ordenado, me alegra tu cambio, te felicito". Usted comenzó fingiendo, y él se quedará sorprendido y pensando que es verdad, que en otra ocasión no hubiera levantado el bolígrafo. Se sentirá contento con su felicitación y experimentará una nueva sensación, que lo llevará a creer en su propio cambio. Finalmente, buscará nuevas felicitaciones adoptando nuevos hábitos, y usted logrará el cambio que deseaba.

10. Estimule la carrera de ventas

En la introducción de este libro le mencioné los escalones o etapas que, según mi opinión, debe superar un vendedor para llegar a su cima profesional:

Vendo lo de otro - Vendo lo mío - Venden lo mío

Vendo lo de otro

En esta fase se debe vivir el trabajo como una universidad. Todo lo que aprenda será su capital para poder desarrollarse con éxito en la segunda etapa. Es necesario involucrarse, asistir a toda capacitación que pueda e invertir en conocimiento. Recuerde la frase de Benjamin Franklin: "Vacía el bolsillo en tu mente, que tu mente llenará tu bolsillo".

Haga entender a su vendedor que no es solo dinero lo que se lleva del trabajo, sino que uno vale, al final de la vida, por la experiencia y el conocimiento que adquirió. El dinero se puede ganar, gastar y volver a ganar, pero la experiencia y la capacitación requieren tiempo y, cuando necesite de ellas para ganar dinero, no podrá volver atrás para aprender lo que antes eligió ignorar.

Los aciertos más destacados de esta etapa

a) Ser amigo del que logra lo que queremos lograr

Cuando mi gerente decía que se iba a pasar el fin de semana trabajando, o que iba de viaje a algún lado, yo era el primero en ofrecerle ayuda. Fui criticado varias veces por mis compañeros por esas decisiones. Lo que ellos no entendían era que yo lo consideraba un curso gratis. Estar en el asiento de al lado del gerente mientras viajábamos en automóvil, escuchando sus conversaciones por teléfono, me daba pautas de cómo debería comportarme cuando tuviera su cargo. Ser su asistente me enseñó el trabajo antes de tenerlo como responsabilidad, y me amplió la mente, proporcionándome espacio para la creatividad y la formulación propia sobre cómo cumplir con tareas gerenciales.

b) Grabar las capacitaciones

Muchas veces asistimos a capacitaciones con temas que no se aplican a nuestro trabajo de ventas actual, y coincido con varios de mis empleados y alumnos en que, cuando es así, es muy difícil concentrarse. Por eso aconsejo grabarlas, para que, en caso de que el trabajo cambie, se pueda recurrir a esa información sin tener que lamentarse por no haber prestado la atención suficiente en aquel momento.

c) Capacitarse en temas diferentes de nuestra tarea actual

Asistir a cursos o seminarios sobre temas gerenciales cuando se es vendedor ayuda a planear la propia carrera, permite visualizarse en un futuro como gerente y sirve para comprender mejor el trabajo de nuestros líderes. Y, ¿por qué no?, aconsejarlos y serles útiles cuando ellos lo necesiten.

Invertir en capacitación sobre temas espirituales, de relaciones humanas, motivacionales y de liderazgo ayudará al crecimiento laboral y personal. No se limite a los cursos en donde esté presente el tema "ventas".

d) Involucrarse en eventos de otros departamentos

Recuerde que si el vendedor quiere pasar a la etapa de "vendo lo mío", no puede ignorar lo que sucede a su alrededor, porque esas mismas cosas sucederán cuando él tenga un emprendimiento propio. El día que se esté instalando el nuevo aire acondicionado, no estará mal que preste atención a la empresa que se contrató y a la experiencia que tuvieron los gerentes que lo hicieron. Toda esa información le servirá. Entienda que, para un vendedor, esta etapa es la "universitaria", y así como un estudiante tiene que asistir a materias que no le parecen importantes para su carrera, y luego, cuando es profesional, entiende por qué tuvo que estudiarlas, un vendedor entenderá, cuando venda lo suyo, la importancia de haber prestado atención a lo que sucedía a su alrededor en las empresas donde trabajó.

e) Registrar el proceso

Es normal que cuando alcanzamos un objetivo nos acordemos del proceso que nos llevó a la victoria, pero también es cierto que cuando pasa el tiempo solo nos acordamos del logro, y no del camino que nos posibilitó alcanzarlo. Un buen consejo que quiero darle es que viva el proceso como si la competencia lo hubiera mandado de espía para recabar información sobre cada detalle.

En el libro, que recomiendo, De Pepsi a Apple, *John Sculley, su autor, cuenta que, al dejar de ser número uno de Pepsi y ser elegido como CEO de Apple, prefirió entrar de incógnito a la empresa (en puestos de base), para saber qué hacer después, desde la dirección. Justo cuando había terminado de leerlo, fui seleccionado por una consultora para gerente general de una empresa de ventas por TV y, con ánimos de vivir una experiencia similar, solicité estar una semana en trabajos como reparto,* call center *y otros por el estilo. La cantidad de información que recopilaba diariamente me provocaba ansiedad por empezar a corregir los problemas. Esos datos fueron vitales para mi éxito en la gestión; aunque, ya sentado en mi escritorio de la gerencia, recapacité y me di cuenta de lo fabuloso que hubiera sido registrar, de la misma manera, todas mis experiencias laborales anteriores. Fue así que decidí empezar a anotar, en una especie de manual, lo que me sucedía como gerente general. Hoy sigo haciéndolo y encuentro, en esas especies de bitácoras, información que me sirve para el perfeccionamiento de mis tareas como empresario y... ¡hasta para la escritura de este libro!*

Los errores más comunes en esta etapa

a) Comprarse el terreno o la casa

Nuestros abuelos y nuestros padres nos transmitieron este consejo, sin ánimo de hacernos mal y basados en su propia experiencia, que les indicaba que el trabajo se iniciaba a los 20 años y terminaba a los 65, la mayoría de las veces en la misma empresa, y casi siempre en el mismo rubro. Hoy, como usted sabrá y habrá experimentado, no sabemos qué va a ser de nuestras vidas, en lo que respecta al trabajo, en un plazo de tres años. Es por esto que es muy común ver en nuestro entorno a gente que vende su casa para sobrevivir.

Posiblemente, esto que acabo de decirle le provoque un inmediato rechazo. Es normal. Siempre nos dijeron que la casa brinda estabilidad, pero deme una oportunidad para demostrarle que lo que le digo es cierto. Piense en cuánto vale la casa que usted podría comprar con un crédito y sus ahorros. Una vez que lo hizo, averigüe cuánto se necesita de inversión para poner un local de una marca segura, sin muchos riesgos, en un *shopping*, donde tampoco se corran muchos riesgos de convocatoria. Notará que esa inversión, colocada en el local, le brindaría varias veces el valor de su casa.

Claro, el miedo a que el negocio no funcione, el riesgo de poner el dinero en una idea en vez de en un ladrillo, es lo que hace que uno no elija esta posibilidad y recurra a lo que cree que es más seguro. Si el vendedor empieza invirtiendo en su capacitación, en su perfil laboral, eso lo proyectará y le dará conocimientos para idear un negocio que sea lo más seguro posible.

Una vez intenté explicarle esto a un vendedor de uno de mis equipos y se me ocurrió ejemplificarlo de la siguiente manera: "Si compras el terreno y construyes la piscina, pero después se te acaba el agua, tendrás que venderle tu piscina al que tenga agua. El primer paso es conseguir el grifo, la fuente de agua, el segundo paso es construir la piscina." Intenté transmitirle que primero se debe invertir en conocimiento, en imagen, en experiencia y luego, cuando la mente produzca ideas para hacer dinero (representado por el agua), se puede pasar al nivel de "Trabajo para mí" y, con el dinero que se gane, construir la casa (representada por la piscina).

b) Trabajar en un rubro o empresa que no coincida con el plan que tiene para su nivel de "Trabajo para mí".

Ya que los conocimientos que se adquieren en el primer nivel son vitales, el vendedor deberá renunciar a un sueldo mayor, si se lo ofrecen en un rubro o una tarea que no coincide con la experiencia que requiere su plan para trabajar para sí mismo.

Vendo lo mío

Esta es la etapa en la que se aplica lo aprendido, donde las ideas se hacen realidad, ya sea en un comercio con local o como intermediario entre el cliente y el fabricante, como asesor, como profesional y hasta como vendedor externo de la empresa donde trabajaba en el primer nivel, pero ya con un porcentaje de distribuidor y con una identidad propia.

En este momento se debe pensar en construir la base personal: comprar el terreno, construir la casa y conseguir todo lo que brinde seguridad a la familia. Con los ingresos logrados por la idea propia, con clientes propios y con una relativa certidumbre se puede pensar en la inversión en ladrillos. Emprendedor o profesional, en esta etapa se es dueño del propio futuro.

Los aciertos más destacados en esta etapa

a) Invertir no solo en la base personal sino también en su negocio: el marketing de su profesión o de su idea

Es sabido que quien no invierte en su negocio va a quedarse en la mediocridad o, simplemente, fuera de la competencia, por la desactualización o el olvido de sus clientes. A la hora de invertir lo ganado no solo se debe pensar en los ladrillos de la casa sino también en los del negocio.

b) Adquirir un espíritu emprendedor

La falta de un jefe, de una institución que exija cumplimientos y, muchas veces, de compañeros (en el caso de que no se tenga socios) llevan al fracaso a muchos emprendimientos en este nivel, y a que se caiga nuevamente a la etapa de "trabajo para otro".

Siempre recomiendo que quien no tiene un espíritu emprendedor, que lo obligue a acostarse tarde y levantarse temprano para invertir tiempo en su idea, es mejor que busque una franquicia de algún negocio, donde las exigencias y las normas de la marca lo harán sentir como cuando era empleado.

Los errores más comunes en esta etapa

a) Pretender comenzar a vivir sus sueños

Tentados por los ingresos, muchos vendedores se olvidan de invertir en su negocio o en la base de la seguridad familiar, para empezar a disfrutar de viajes, automóviles y lujos que antes eran de difícil acceso. Esto puede poner en peligro el nivel alcanzado, que aún no es el apropiado para cumplir los sueños, sino para reafirmar el negocio que en el futuro lo permita. Quien da el segundo paso antes de terminar de dar el primero, es sabido que se cae.

b) Dejar de vender

Muchos vendedores creen que ya no tienen que hacer el esfuerzo de vender en este nivel de su carrera y se transforman en administrativos. Con el tiempo, administrarán la escasez. Si la venta los llevó a este nivel, solo la venta los mantendrá.

Venden lo mío

Cuando el emprendimiento ya está lo suficientemente fuerte es cuando se le puede dedicar tiempo a formar nuevos vendedores, que inicien el primer nivel. Pero atención, dije formar, no solo seleccionar. Y aquí es donde el capítulo que habla sobre selección, en este libro, podrá darle una mano para contar con los mejores, y lograr que el tiempo de formación sea mínimo.

Una vez que haya formado un excelente equipo, usted estará en condiciones de empezar a vivir sus sueños, y será un vendedor profesional, con todas las letras. Llegará a líder cuando sus vendedores logren el mismo proceso de tres niveles. Le aseguro que en ese momento es cuando se siente el orgullo de pertenecer al mundo de las ventas.

Los aciertos más comunes en esta etapa

a) Formar nuevos vendedores, para que lleguen al nivel tres.

b) Saber delegar.

Los errores más comunes en esta etapa

a) Diversificarse o crecer antes de tener un equipo que no necesite contar con su presencia para tener éxito en la gestión.

b) Crecer sin un plan y arriesgar todo el negocio.

c) Olvidarse de que uno fue vendedor, como los que hoy venden lo suyo, y establecer condiciones que no sean aptas para tener un equipo motivado y exitoso.

En varias oportunidades me encontré con líderes que le tienen miedo a estimular la carrera del vendedor, porque esto podría resultar en que un buen vendedor se vaya o, peor, que se transforme en competidor. Permítame aclararle que este miedo tiene fundamentos y es normal sentirlo, pero piense que tampoco es útil tener vendedores de cincuenta años en la empresa y que, si usted arma un buen plan, esos vendedores pueden ser sus distribuidores, franquiciantes y hasta grandes clientes. Pero el motivo principal de estimular una carrera es la motivación que genera tener un plan de vida laboral y personal. Le garantizo que la incentivación a ser un vendedor profesional y la ayuda para lograrlo fueron los impulsores principales del aumento de ventas en mis equipos. ¡Compruébelo!

Cómo actuar para no desmotivar en casos difíciles

Es importante ejecutar las acciones acertadas ante casos difíciles, para no cometer el grave error de desmotivar al equipo.

Si un líder se basa únicamente en la relación de poder para sustentar su posición, actúa como un tirano. Un líder representativo, en caso de verse frente a situaciones difíciles, deberá actuar teniendo en cuenta no solo el problema, sino los efectos colaterales que la solución pueda originar.

Algunos gerentes de ventas, impulsados por sus miedos, obligan a los vendedores a hacer cosas que no desean. Para manipularlos, usan recursos como la falsificación, la amenaza, la culpabilidad, la intimidación y la seducción.

Las relaciones positivas requieren aprecio por los demás, en vez de subestimación; respeto, y no desvalorización; tolerancia, en lugar de intolerancia; integración, en vez de disgregación; solidaridad, y no indiferencia; justicia, en vez de injusticia… y paz, no violencia.

Los conflictos humanos se basan en la falsa idea de que "los demás son diferentes a mí (siempre menos que yo), y no merecen lo mismo que yo merezco". Allí se encuentra la clave de la envidia, los celos, la crítica, la agresividad y la violencia. Es esa la trampa mediante la cual el otro es el culpable y yo soy el inocente, que sabe cómo hacer las cosas, pero está fallando por culpa de ellos.

Conflictos dentro del equipo

Es natural que en las reuniones de equipo surjan situaciones tensas, discusiones acaloradas. Además, es precisamente entonces cuando la gente da lo máximo de sí, exponiendo abiertamente sus puntos de vista. Es cuando más productiva se vuelve la reunión.

Lo que debe manejar el gerente de ventas es el equilibrio. No debe permitir que estas tensiones sean la tónica general de las reuniones. Tampoco puede permitir que en las reuniones acaloradas se llegue a traspasar los límites del respeto personal. Se trata de conducir y liderar discusiones, no peleas. Es importante saber que debajo de las apariencias se esconden, a veces, auténticos enfrentamientos. Los vendedores implicados tienden frecuentemente a esconder sus diferencias frente al líder, por miedo a su reacción.

Cuando el gerente de ventas se rodea de gente competente, con personalidad, ambiciosa, es normal que en ciertas ocasiones surjan fricciones. Además, el líder debe ser muy cuidadoso para evitar dar pie a situaciones que puedan deteriorar las relaciones dentro del equipo. Por ejemplo: diferencias injustificadas de retribuciones, preferencia injusta por algún miembro del equipo, críticas constantes a varios de ellos, etcétera.

En mis cursos y conferencias sobre liderazgo suelo difundir un pensamiento de autor desconocido, que dice así: "¿Sabes por qué el mar es tan grande, tan inmenso, tan poderoso? Porque tuvo la humildad de ponerse algunos centímetros por debajo de todos los ríos. Sabiendo recibir, se volvió grande". No encontré pensamiento que refleje mejor lo que yo pienso de un gerente de ventas exitoso cuando se encuentra en una reunión acalorada con sus vendedores, en la que parecen ríos de corrientes rápidas y turbulentas.

¿Qué sucede cuando esos vendedores representan un conflicto por su forma de comportarse y se transforman en un caso difícil de resolver? A continuación, le doy algunos consejos basados en mi experiencia, aprendidos de grandes líderes con los que compartí mi carrera.

Comportamientos contraproducentes

El éxito de un equipo depende en gran parte de los hábitos y comportamientos de sus integrantes. Cuando un comportamiento impide que la producción llegue al ciento por ciento, el líder debe actuar en la forma más inmediata que le sea posible.

Como habrá notado en todo lo expresado hasta ahora en este libro, la clave reside en saber tratar con todos, con sus diferentes personalidades y a la vez ser un jefe capaz, eficiente y trabajador, para convertirse en el líder que todo vendedor admirará y seguirá.

Cómo actuar ante los siguientes comportamientos

a) No se integra al equipo por su propia incapacidad para relacionarse

Es un buen vendedor, pero prefiere trabajar solo.
¿Qué hacer?

244

Encomiéndele un trabajo exclusivo, junto al líder del grupo. Relaciónelo con algunos integrantes del equipo o envíelo a vender con un compañero.

b) No se integra porque es egoísta. No le interesa compartir

Es, de hecho, un comportamiento muy característico de los buenos vendedores.

¿Qué hacer?

Incorpore metas grupales, con premio, en las que él no esté incluido. No podrá quejarse, son objetivos para el grupo que él rechaza. Por ejemplo, arme un equipo para vender un producto o servicio y establezca que las comisiones del resultado serán repartidas entre todos sus integrantes.

c) No es un miembro proactivo. Espera a ver cuáles son sus órdenes y qué deciden los demás

Este comportamiento es muy común en grandes observadores, que suelen tener también grandes ideas, pero no las expresan, porque, para ellos, es más importante quedar bien (haciendo lo que los demás hacen), que transmitirlas.

¿Qué hacer?

Pruebe invirtiendo roles. Preséntele uno de sus problemas y pídale ayuda para tomar una decisión. Después, pídale que les comunique lo resuelto a los demás. Esto ayuda a que se vea obligado a emitir una opinión o a decidir.

d) Tiene incidencia y participación en su equipo, pero en forma negativa. Es un canal para el rumor

Los vendedores tienen una gran habilidad para relacionarse y comunicarse con los demás y, a veces, esto los transforma en canales de rumores. Por otro lado, la ciclotimia del vendedor, a la que ya le prestamos atención en este libro, puede llevarlos a descargar ideas negativas en su entorno, producto de uno de esos períodos de baja autoestima.

¿Qué hacer?

Paso 1: Háblele mucho. Este tipo de personas es más peligrosa cuando no tiene información, porque, para cumplir su rol social de comunicador de secretos, cuando no los tiene, los inventa.

Paso 2: Bríndele información positiva (en forma exclusiva) y lo transformará en un comunicador a su servicio.

Paso 3: Si tergiversa y sigue negativo, despídalo. Recuerde que un negativo puede ser el culpable del fracaso de un departamento de ventas.

e) Tiene un desempeño sobresaliente, es el mejor en su equipo, pero le gusta usar esa posición para mostrar que los demás son incapaces

Es un vendedor estrella, pero suele hacer chistes en los que desprecia el trabajo de sus compañeros solo porque no alcanzan los mismos números que él. Su actitud soberbia hace que los demás sientan que no es posible lograr lo que él logró.

¿Qué hacer?

Prémielo y reconózcalo abiertamente, pero asígnele la responsabilidad de hacer que sus compañeros logren también esa performance. Transmítale que su éxito será considerado como tal cuando pueda lograr que los demás mejoren. Póngale como ejemplo que un gran goleador de un equipo no puede considerarse ganador si su defensa hace agua y su arquero recibe seis goles.

f) Fue un vendedor excelente, pero ya no trabaja como antes

Si hoy tuviera que despedir a uno de sus vendedores, él sería el candidato.

¿Qué hacer?

Propóngale un plan de recuperación. Muéstrele que confía en él y que quiere ayudarlo. Arme el plan junto a él.

Si no aprovecha esta oportunidad, usted ya sabe qué hacer; pero nunca amenace con hacerlo.

Otros casos, como pedidos fuera de lugar o faltas a sus responsabilidades

g) El vendedor le pidió un aumento que no corresponde

Su desempeño es excelente. Merecería un aumento, pero no corresponde a su posición laboral ni a su contrato. Usted no quiere que su "no" lo desmotive.

¿Qué hacer?

No le dé el aumento. Dele un dinero de manera ocasional y que él se comprometa a un desafío: reorganizar algo, por ejemplo.

h) Su vendedor llega tarde...

Y no es que le suceda esporádicamente, sino que suele hacerlo. Siempre tiene problemas los lunes. Ya tomó como costumbre llegar tarde y no está justamente hoy, cuando usted lo necesita.

¿Qué hacer?

Jamás lo castigue, a menos que esté en un plan de despido. Comprométalo a devolver el tiempo perdido de alguna manera, para que usted "olvide" el castigo o el descuento que se merece. Si a él no se le ocurre cómo, sugiérale varias formas y que elija. Ya le mostré, en el capítulo anterior, que el castigo solo logra que la persona se adapte a él. El resarcimiento, en cambio, hace que asuma la responsabilidad de su error.

i) Un miembro de su equipo cometió un error grave

Si bien no es repetitivo, como en el caso anterior, usted debe tomar una decisión correctiva.

¿Qué hacer?

Actúe como en el caso anterior, pero, además, pídale que haga un informe sobre el error (cuáles fueron las causas, los factores, etc.). Empújelo a aprender de la falta. Cuando uno debe hacer un informe sobre su error entra en un estado de comprensión y análisis que lo lleva a un pensamiento interesante, que produce nuevas estrategias personales para no cometerlo nuevamente y, en algunos casos, surgen ideas de prevención aplicables a todo el equipo.

Por supuesto que hay muchos otros comportamientos que necesitan de nuestra respuesta. Por la complejidad del ser humano y porque este no es un libro de psicología, no le estoy dando la solución para actuar en todos. Mi idea es transmitirle, con estos ejemplos, la importancia de establecer un estilo de liderazgo, y motivarlo a interesarse y a investigar para definir formas propias de proceder.

CAPÍTULO 7

PROGRAMAS DE REMUNERACIÓN, RECOMPENSA E INCENTIVO

Con frecuencia se piensa que la mejor motivación para los vendedores es recibir más dinero. Sin embargo, el pago adicional no alcanza como motivador para mejorar el desempeño.

Algunos vendedores tratan de ganar todo el dinero posible. Otros, una vez alcanzado un piso de ingresos que les asegura la estabilidad familiar, no se sienten motivados a recibir dinero adicional. Un tercer tipo busca trabajar lo suficiente como para conservar el empleo y no más, aunque con lo que gana no llegue a cubrir sus necesidades.

Encontrar el motivo real por el que un vendedor funciona a pleno es realmente difícil. Solo unos pocos, que yo llamo "locos por las ventas", no necesitan incentivos para alcanzar resultados positivos. Para ellos, la venta es la cosa más fascinante del mundo.

Mentiría si dijera, como muchos lo hacen, que un buen sistema de remuneración es el responsable del éxito de un departamento de ventas. Y no solo mentiría, sino que iría en contra de todo lo que escribí en los anteriores capítulos. Si dejé este tema para el final, es porque lo considero esencial.

Comparando la estrategia gerencial con una receta de comida, podríamos decir que errar aquí es como hacer un gran plato y pasarse con la sal.

La importancia que le doy a tener un sistema eficiente de remuneración e incentivos está reflejada en la introducción de este libro (que invito a releer antes de continuar con este capítulo), donde expreso que "Para tener éxito no sirve depender de las voluntades, hay que crear sistemas que generen esas voluntades".

Estamos viviendo en el siglo XXI y aún las empresas siguen preocupadas por la búsqueda de mayores niveles de eficiencia en sus equipos de ventas, sin encontrar respuestas a sistemas de remuneración eficaces. Por un lado, por la complejidad del ser humano, y por otro, por la complejidad... ¡del ser humano vendedor!

Sin embargo, correría el riesgo de que usted dejara de leer mi libro en este mismo momento si no le prometiera una respuesta y la presentación, para su consideración, de un método que me brindó enormes resultados.

A continuación, lo invito a que nos sumerjamos juntos en un mar de conceptos del área de remuneración, para ayudarlo a comprender, al final del capítulo, cómo funciona el sistema más efectivo que pude armar en mi carrera.

Características de un buen sistema de remuneración

Ser justo

Debe ser justo para el vendedor, para la empresa y para el cliente. Para el vendedor, con relación a sus resultados y al trabajo que realiza para obtenerlos. Cualquier sistema que sea injusto con él motivará comportamientos no deseables. Para la empresa, con relación al esfuerzo que hace para brindarles a los vendedores un producto o servicio que ofrecer, con todo el soporte que esto implica. Si el sistema es injusto con la empresa, sus directivos y los compañeros de otras áreas comenzarán a tener entre ceja y ceja al departamento de ventas. Y también debe ser justo para el cliente, que no tiene por qué verse perjudicado por situaciones generadas por la forma de pago a los vendedores.

Ser motivador

Debe provocar acción e incentivar a cumplir metas. No tiene que ocupar el lugar de una calificación monetaria al esfuerzo realizado, sino que debe impulsar a cumplir un plan de vida profesional y laboral.

Dar iguales oportunidades

Todos los vendedores deben tener idénticas posibilidades de conseguir la misma remuneración, dependiendo únicamente del esfuerzo desarrollado y no de la zona, los clientes o el producto.

Ser humano y social

Los operarios de una fábrica, si tienen un accidente o una enfermedad, siguen recibiendo su salario. En muchas empresas, los vendedores, a pesar de que su tarea es riesgosa si realizan su trabajo en la calle, no tienen seguridad en lo que respecta a sus ingresos.

Generar fidelidad

El sistema debe estimular la creación de relaciones a largo plazo del vendedor con la empresa, y de los vendedores con los clientes. Si se aplican sistemas que hacen vendedores interesados únicamente en el dinero, se puede perder la perspectiva de elegir qué es lo mejor para los clientes o para la empresa y pensar únicamente en qué es mejor para el bolsillo.

Ser entendible y administrable

Cualquier plan de remuneraciones debe ser fácil de comprender, implantar, administrar y ajustar cuando sea necesario. Si, como en el caso del sistema que le voy a presentar al final del capítulo, es dinámico y con muchas variables, se deberá contar con apoyo informático.

Ser rentable

Un sistema racional de remuneración contribuye a que la organización logre resultados en ventas y obtenga y retenga a su fuerza de ventas a costos adecuados. Si no se encuentra claramente establecido, lo más probable es que, ante un análisis de rentabilidad que ajuste el sistema, los vendedores ganen menos por el mismo esfuerzo y se desmotive a toda la fuerza de ventas.

Ser legal

La administración de sueldos y salarios se inscribe en un marco jurídico específico, que debe ser cumplido con un programa adecuado de compensaciones.

Tipos de planes de remuneración para el área de ventas

Son siete los tipos de planes de remuneración más utilizados en el área de ventas: salario directo o fijo, salario basado en comisiones, salario más bono individual, salario más bono de grupo, una combinación de los tres anteriores, salario variable en base a objetivos, y el que yo prefiero (y explico en este capítulo), salario "variador".

252

Salario directo o fijo

Ventajas

- El vendedor sabe con exactitud el dinero que va a ganar por mes y por año, y esto le permite dedicar tiempo a otras tareas (promoción, estudios de mercado, organización, etc.).
- La empresa conoce el costo de su fuerza de ventas.
- El vendedor colabora de mejor manera en la introducción de los productos nuevos, y ayuda al cumplimiento de los objetivos de ventas de todos los productos y servicios.
- Se logra mayor fidelidad para con la empresa y mayor sentimiento de equipo.

Desventajas

- Obliga a la empresa a realizar un mayor control sobre el equipo de ventas.
- Se debe encontrar otros elementos motivacionales.
- Hace que el vendedor trabaje más relajado.
- Los esfuerzos de los vendedores no se ven recompensados.
- Si las ventas disminuyen, la relación con los costos de la empresa sube.
- Puede facilitar la ida de los mejores vendedores, porque ven que en otras empresas pueden ganar más.

Salario en base a comisiones

Ventajas
- El vendedor gana con relación al esfuerzo realizado.
- La empresa remunera proporcionalmente a los ingresos que obtiene.

- El vendedor, de esta forma, no se somete a una disciplina empresarial.
- Cuidando y conservando clientes, puede ser una fuente regular de ingresos que es casi un sueldo fijo y estable.

Desventajas

- La empresa estará supeditada a la fuerza de ventas.
- Es complicado mantener un control del mercado.
- A largo plazo, puede resultar caro sostener este sistema, o tener dificultades para seguir creciendo.
- Resulta difícil que los vendedores se hagan fans de la empresa, pues suelen ser colaboradores desvinculados, solo interesados en el dinero que reciben por sus ventas.
- Crea inseguridad en el vendedor.
- Las relaciones están totalmente mercantilizadas.
- Por lo general, los vendedores les prestan más atención a la venta de productos de fácil salida.

Sistemas con bonos o premios individuales

Ventajas

- Como están generalmente acompañados de salarios fijos o directos, tienen las ventajas de estos, con el agregado de que hay un estímulo para el logro de los objetivos.
- Los sistemas de comisiones terminan acostumbrando al vendedor a una especie de salario fijo, cuando se logra cierta rutina laboral de ventas, y eso hace que, a veces, no disfruten los montos recibidos por comisiones porque ya están endeudados en cuotas o compromisos de mantenimiento de la vida familiar o personal. Los bonos o premios hacen que ese mes el vendedor se encuentre con una suma poco habitual y que pueda disfrutarla de otra manera.

Desventajas

- Generan acostumbramiento. Cuando un vendedor gana siempre su bono anual o semestral tiende a gastarlo de antemano, y a no sentir la gratificación que se busca al dárselos.
- Al ser un monto fijo, muchos vendedores tienden a concentrarse en pedir un aumento de ese monto cuando ya lo tienen casi asegurado en ventas, en vez de concentrarse en aumentar las ventas.

Sistemas con bonos o premios grupales

Ventajas

- Favorecen el trabajo en equipo.
- Son integradores.
- Permiten mayor conciencia de los objetivos empresariales.

Desventajas

- Cuando el vendedor no puede colaborar o ayudar a que otro vendedor logre sus objetivos, ya sea por falta de tiempo, debido a la exigencia de las propias metas, por distancia o por incapacidad, se frustra y siente que perdió dinero por culpa de otro. Hay resentimiento y división.
- Los vendedores que no hacen esfuerzos se ven beneficiados por los que sí los hacen.

Sistemas variables

Ventajas

- Traducen la estrategia del negocio en objetivos y metas, tanto individuales como de equipo.

- Alinean los esfuerzos y los objetivos de las personas con el plan de negocio de la empresa.
- Establecen una clara relación entre los logros de la organización y las recompensas obtenidas por los individuos.
- Ayudan a diferenciar y reconocer el desempeño superior.
- Balancean el costo económico para la empresa, la retención de talentos y la motivación por entregar buenos resultados.

Desventajas

- Como los demás sistemas, este también trabaja sobre el pasado, sobre lo que el vendedor ya vendió. Los ingresos varían según los resultados obtenidos. Una vez terminado el mes, si se vendió poco, se gana poco.
- Provoca alta rotación, porque el objetivo no es castigar si se vendió poco, sino incentivar a vender más; pero el mes ya pasó, solo queda el castigo y que el vendedor aprenda que debe esforzarse más el mes siguiente o que se desmotive hasta el nivel de buscar otro trabajo.

Principales problemas en los sistemas de remuneración de ventas

1. Sistemas complejos sin apoyo informático

Se dan cuando son difíciles de calcular y no están acompañados de un programa informático que los respalde. El sistema que le voy a presentar, como frutilla del postre de este capítulo, requerirá que usted realice una inversión en un software para administrarlo correctamente; porque, como toda tarea que lleva a un buen resultado, no propone el camino más corto y fácil, sino el más efectivo.

256

2. Sistemas basados en objetivos de evaluación deficiente

Para implementar sistemas basados en objetivos, es muy importante invertir en un proceso efectivo de evaluación.

3. Sistemas con objetivos inalcanzables

Cuando el objetivo es difícil de alcanzar, se obtiene un resultado contrario: la desmotivación.

Muchos directores y jefes creen que al proponer grandes objetivos se aseguran de que, por lo menos, los vendedores lleguen a resultados favorables con solo alcanzar la mitad de lo pedido. Creen que cuando uno tiene que correr 30 kilómetros, acelera el paso si ve que no llega. No está del todo mal, siempre y cuando el que vaya a correr tenga el estado físico como para hacerlo. El Aconcagua es un pico muy alto, pero le aseguro que no es una meta que yo intentaría. Si mi jefe me pusiera esa objetivo, lejos de apurarme a subir, renunciaría.

El estudio publicado por la *Harvard Business Review* (que ya mencioné en el Capítulo 1) corrobora lo que acabo de escribir. Sobre una encuesta en cien empresas exitosas de toda América, en el ochenta y dos por ciento los vendedores tenían metas o cuotas alcanzables o realistas y solo en el cinco por ciento, metas altas:

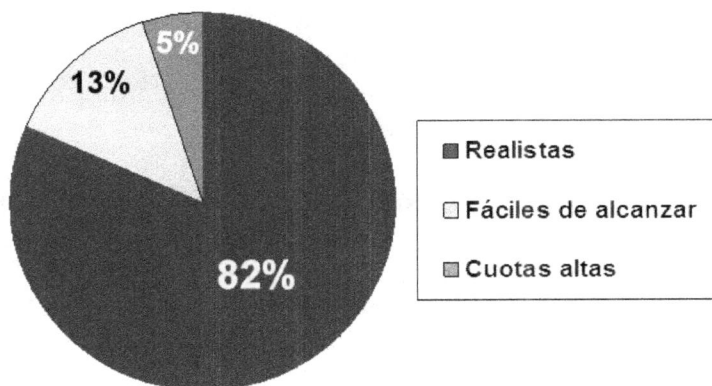

4. Sistemas generales que no valoran el crecimiento individual

Ya indicamos que los sistemas tienen que ser igualitarios. A veces hay vendedores que denotan un cambio importante en sus resultados e inician un crecimiento que los puede llevar al éxito, pero, como aún no alcanzan los niveles normales, no obtienen ningún resultado por ese crecimiento y abandonan por la desmotivación que esto les genera. Yo creo fervientemente en la carrera contra sí mismos; quien crece después de un tiempo de mantenerse sin crecer, aunque no llegue a niveles mínimos, debe recibir un reconocimiento. Le aseguro que de este modo no abandonará su avance.

5. Sistemas que no tienen en cuenta a los nuevos integrantes

Hay departamentos de ventas que tienen una gran cantidad de vendedores trabajando desde hace mucho tiempo, con una cartera de clientes formada, un hábito de venta establecido y el conocimiento necesario como para llegar a las metas. Cuando se incorpora un nuevo vendedor, se le pide que en un mes, o en dos, logre lo que los demás construyeron en años.

El resultado: no consiguen encontrar vendedores del nivel de los que tienen, producen una alta rotación de los nuevos y... los viejos cobran cada vez más poder.

El gráfico de la página siguiente refleja los problemas de los sistemas que no contemplan el crecimiento individual ni el ingreso de nuevos vendedores.

Vendedor A: no se siente motivado a crecer, porque supera ampliamente las metas. Se encuentra en un estado de confort. El gerente de ventas intenta incentivarlo y a veces lo presiona para que aumente sus resultados. El vendedor no entiende por qué y pone de ejemplo a los vendedores B y C, que no alcanzaron lo que él logró.

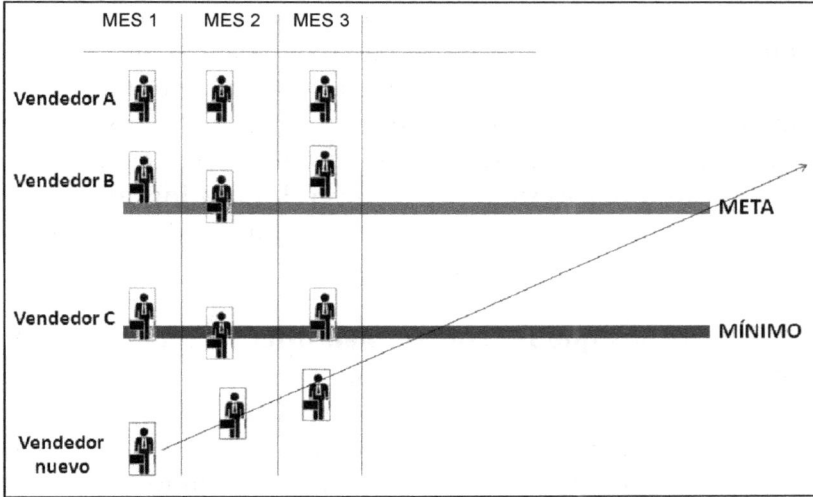

Vendedor B: se encuentra motivado para lograr la meta, porque la alcanzó en el mes uno y en el tres, pero no en el dos. Como todo objetivo alcanzable y a medida del vendedor, funciona para él y lo mantiene motivado.

Vendedor C: se encuentra motivado solamente para no perder la condición de cobro mínimo. Ve inalcanzable el resultado del vendedor B, y ni lo intenta. Su objetivo es no perder, como le sucedió en el mes dos.

Vendedor nuevo: su crecimiento en los tres meses fue considerable y su proyección, de seguir así, puede ser la del vendedor A; pero, como no llegó a la meta mínima durante tres meses, este trabajo ya no le sirve, acumula deudas y deberá irse.

Por lo tanto...

El sistema representado sirve solo para el vendedor B.

La empresa pierde al nuevo, que tenía potencial para llegar a ser como el A.

Me sorprende ver que aún haya compañías que tienen cinco vendedores y un sistema de remuneración único.

Entiendo que las empresas con miles de vendedores deben pensar en sistemas comunes, pero, cuando la fuerza es pequeña o mediana, prefiero un sistema para cada vendedor. Es más, apliqué sistemas diferentes, segmentando a los vendedores (según antigüedad, complejidad de venta, región, etc.) en una empresa con más de mil, para lograr incentivos según el crecimiento y los resultados de cada segmento.

6. Sistemas que no contemplan diferencias en dificultad de trabajo, cliente o producto

Cuando los sistemas son iguales para todos los integrantes, aunque vendan o manejen negocios diferentes, suelen ser injustos y ponen en riesgo el resultado.

7. Sistemas que obligan a tareas que no son remuneradas por los ingresos fijos

Por ejemplo, cuando se otorga un sueldo fijo bajo o comisiones únicamente y se exige una cantidad de visitas que no son cubiertas por el ingreso correspondiente a viáticos. En mi etapa de asesor, me topé con varias empresas que establecen un salario fijo para los vendedores, en concepto de viáticos, pero les piden un cumplimiento de metas que exigen gastos de hasta el doble. ¿Qué cree que hacen los vendedores? Mienten, no visitan a la cantidad de clientes exigida... ¡porque no pueden!

La última empresa en la que observé esto otorgaba un salario fijo de cien dólares y pedía una meta de venta que se lograba haciendo cinco visitas diarias, resultado de cinco o más viajes en transporte público. El dueño de la empresa se quejaba de que no llegaban a las metas y aseguraba que era porque no se hacían las cinco visitas diarias. Al hacer las cuentas de lo que costaba el transporte para esas visitas, más el almuerzo y el traslado del vendedor desde su casa a la empresa y viceversa, resultó que el costo necesario para movilizarse era de doscientos cincuenta dólares mensuales. Quiere decir que el vendedor nuevo debía invertir de su dinero esa diferencia para alcanzar la meta. Como, obviamente, no lo hacía, no llegaba y cobraba poco dinero, lo que lo llevaba a no poder invertir ese monto en su segundo mes en la empresa. Para no perder su trabajo, comenzaba a mentir en la cantidad de visitas. El dueño sospechaba de su veracidad, se enemistaba con el vendedor y lo desmotivaba dándole charlas explicativas acerca de cómo debería lograr la cantidad de visitas, cosa que resultaba imposible por una simple cuestión: no alcanzaban los viáticos para hacerlo.

En mis cursos, muchos gerentes y dueños preguntan: "¿Qué hago si le doy el dinero para esa cantidad de visitas y no las hace porque se lo gasta en otras cosas?". A lo que yo les respondo: "La pregunta que debes formularte es: ¿qué hago si no le doy el dinero y por esto no puede hacer las visitas que sí haría para intentar alcanzar la meta deseada?". Como ya expresé en otra parte del libro, el control formativo es motivación. Deles las herramientas y el soporte necesarios a sus vendedores y luego controle que los usen correctamente. No se prive del éxito por no proveer de lo necesario para alcanzarlo.

Estructura ideal de la remuneración de un vendedor

El siguiente gráfico muestra la estructura ideal, según mi experiencia.

Sería muy conveniente que usted recurra al gráfico a medida que vaya leyendo la explicación de esta estructura, que es la que considero ideal.

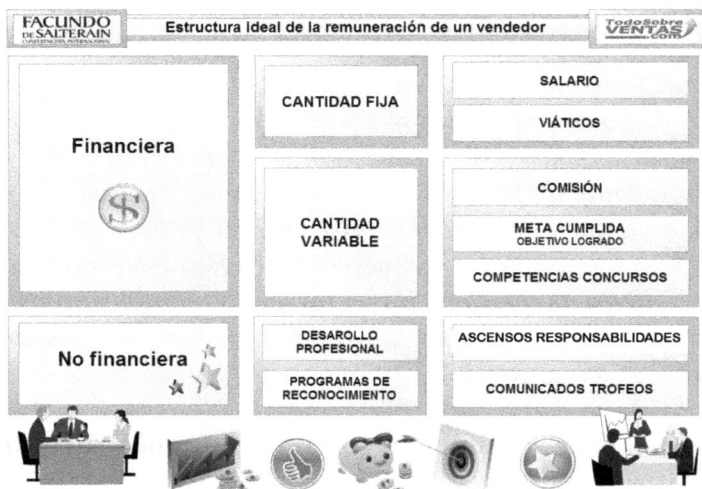

FACUNDO DE SALTERAIN	Estructura ideal de la remuneración de un vendedor	TodoSobre VENTAS .com

Financiera	CANTIDAD FIJA	SALARIO
		VIÁTICOS
	CANTIDAD VARIABLE	COMISIÓN
		META CUMPLIDA OBJETIVO LOGRADO
		COMPETENCIAS CONCURSOS
No financiera	DESAROLLO PROFESIONAL	ASCENSOS RESPONSABILIDADES
	PROGRAMAS DE RECONOCIMIENTO	COMUNICADOS TROFEOS

1. La parte financiera fija

Está compuesta por un monto destinado a salario y otro destinado a viáticos.

a) Salario

Aunque resulte sorprendente para algunos de mis lectores y alumnos de cursos, suelo encontrarme con muchos gerentes que confunden salario con viáticos y deciden un monto único, muchas veces resuelto en forma arbitraria o subjetiva, para remunerar al vendedor en forma fija.

El salario fijo de un vendedor debe otorgarle la tranquilidad mínima como para que su mente esté enfocada en producir y generar más ventas. El viático es el monto de dinero que debe brindarle la posibilidad de cubrir los traslados y otros gastos provenientes del trabajo, para cumplir los objetivos demandados por la gerencia o la empresa.

No ayudar a que el vendedor tenga cierta tranquilidad para enfocarse en las ventas es uno de los errores de las gerencias que fracasan. Sin otorgar un monto que le sirva al vendedor para cubrir todos sus gastos mensuales, porque provoca un estado de confort muy peligroso, no se debe correr el riesgo de tener vendedores con grandes preocupaciones financieras, que perjudiquen sus resultados.

La mejor experiencia al respecto es la que me sucedió en uno de mis trabajos de gerencia, con mi jefe, mentor y líder admirado, Juan Francisco González Saldívar.

En la primera oportunidad en la que me toca seleccionar un vendedor bajo su gerencia, él me sorprendió cuando le solicitó una copia de sus facturas de luz, gas, alquiler y otros gastos que tuviera. Al ver la cara de espanto del seleccionado, continuó diciéndole:

—Ya es nuestro vendedor, pero lo queremos tranquilo, dedicado a vender con todas sus neuronas, y no pensando en deudas. Dígame qué deudas tiene y veremos cómo ayudarlo.

Ni bien se retiró el vendedor, lo miré como quien mira a un loco y le dije que me parecía arriesgado invertir en el vendedor para pagar sus cuentas atrasadas, ya que si él decidía retirarse de la empresa estaríamos perdiendo ese dinero.

Él me contestó, como el gran líder que era:

—No debería estar preocupado por si invertimos en la persona incorrecta, ni por el dinero que se pueda perder. Debería estar preocupándose por hacer que sea la persona correcta y yo no pierda mi dinero. Y debería estar más preocupado por si invertimos un mes entero en capacitarlo, darle herramientas costosas, apostar a que logre las metas, y no que no las logre porque está pensando en que le van a cortar la luz. Piense como un empresario, Facundo, no como un empleado. Acabamos de decidir un negocio de ventas con un profesional, no de seleccionar a un empleado administrativo.

A partir de ese día, siempre invertí en brindarles tranquilidad a mis vendedores, cubriendo sus deudas desde el momento en que empiezan a trabajar para mí. Desde luego, siempre haciéndoles firmar pagarés y un contrato mínimo de trabajo, para cubrir esos costos con parte de sus comisiones.

Si usted no está de acuerdo con esta inversión, como muchos de mis alumnos o como los gerentes que asesoro, puede optar por seleccionar solo vendedores que no hayan estado dos a más meses sin trabajo; porque, si lo hace, y no tiene en cuenta ayudarlos con sus deudas, estará tirando parte del dinero que le pague por el primer mes de trabajo. Aunque él funcione, aunque este vendedor al que no ayudó con sus deudas sea luego un excelente vendedor, me animo a decirle que en el primer mes funcionó a media máquina y... ¡su empresa perdió mucho dinero!

b) Viáticos

Como ya dijimos, el viático es el monto de dinero que necesita el vendedor para trasladarse y cubrir los gastos que le demande el trabajo necesario para cumplir con los objetivos. Sin embargo, muchas veces también este monto es decidido en forma arbitraria y sin tener en cuenta los costos o gastos.

El monto debe ser la conclusión de un estudio de costos sobre las gestiones que se le van a requerir al vendedor. Si para lograr la meta que usted impone, él (por experiencia de otros vendedores que usted maneja, por estadística o por lo que fuere) necesita realizar cinco visitas diarias, usted tendrá que tener en cuenta que los viáticos cubran los traslados para esa cantidad de viajes y demás gastos.

En una pequeña empresa a la que asesoré, el propietario se quejaba de que sus vendedores solían mentirle acerca de la cantidad de visitas, y se frustraba porque sabía, por experiencia de haber vendido él personalmente el producto, que si cumplían con esas seis citas diarias estarían ganando mucho más dinero los vendedores y él. Siguió diciéndome que lo ayudara a encontrar nuevos vendedores, más ambiciosos, menos mentirosos y más disciplinados. Lo miré y me di cuenta de que mi boca estaba a punto de contestarle algo que podría significarme la pérdida del cliente; pero no pude contenerme. Sabía cuál era el problema y debía decírselo. Le dije:

—*Es posible que ya tenga vendedores ambiciosos y disciplinados, pero que usted los esté conduciendo a mentir y a fracasar. Es posible que el problema sea más fácil que contratar nuevos vendedores y solo se trate de que usted tome la decisión de ayudarlos a vender y no los obligue a excusarse.*

El crédito de otros aciertos impidió que me mostrara la puerta y, sin dejar de esbozar una cara de muy pocos amigos, me pidió que le explicara un poco más.

Le solicité que hiciéramos un análisis de costos para cumplir con esas seis visitas diarias durante todo un mes y el resultado, sumando los traslados desde el hogar del vendedor hasta la base de ventas y desde allí hasta las seis direcciones, más unos refrigerios mínimos, fue de doscientos dólares. Los viáticos asignados eran solo de cien dólares, lo que obligaba a los vendedores a mentir la mitad del mes, por falta de recursos. Lo más divertido es que, al ver esto, me dijo:

—*Y yo me paso el día diciendo que deberían estar vendiendo el doble de lo que venden si visitaran a los seis candidatos.*

Mi cliente entendió que debía dar el monto de viáticos correspondiente a las obligaciones, y luego exigir y controlar que ese monto fuera bien utilizado. Implementó un sistema de control satelital que monitoreaba los celulares de sus vendedores, cerró tratos con una estación de servicio para que proveyera el combustible a los vendedores corporativos y adquirió bonos de transporte mensual para los otros vendedores. Luego aumentó los viáticos, decidió pagarlos semanalmente y explicó a su fuerza de ventas cuál era el motivo, y cuál sería la sanción si ese monto era destinado o utilizado para otros gastos.

Con esa sola acción gerencial, ocho de los doce vendedores duplicaron sus ventas o estuvieron muy cerca de hacerlo.

2. La parte financiera variable

Está compuesta por una cantidad destinada a comisiones por las ventas, otro monto obtenido por el cumplimiento de metas y otro resultante de haber ganado concursos o competencias.

a) Comisiones

No hay mucho que explicar sobre este punto, teniendo en cuenta que a continuación, en este mismo capítulo, encontrará información que le permitirá diseñar un plan de remuneración dinámico y de fantásticos resultados, en el que las comisiones se resolverán de la mejor manera.

Sí es preciso aclarar que recomiendo no colocar un techo o un límite a las comisiones que decida para sus vendedores. No conozco desmotivador más importante en el área de ventas que los límites a la ganancia y los cambios de condiciones en las comisiones cuando los vendedores están ganando demasiado. Siempre digo en mis conferencias sobre este tema: "Si cuando uno toca el piso rebota hacia arriba por necesidad, cuando uno toca el techo rebota hacia abajo por desilusión".

b) Meta cumplida

Las metas proporcionan un sentido de dirección, permiten enfocar nuestros esfuerzos, guían nuestros planes y decisiones y nos ayudan a evaluar nuestros progresos. Una meta claramente establecida, medible y con una fecha específica, fácilmente se convierte en un estándar de desempeño que permite a los vendedores evaluar sus progresos. Por lo tanto, las metas son una parte esencial del control, y aseguran que la acción que se emprende corresponda a los objetivos y los planes creados para alcanzarlos.

Establezca metas individuales

Como expresé en el gráfico sobre los sistemas que no tienen en cuenta a los nuevos integrantes, una meta igual para vendedores diferentes solo logrará que sea motivante para algunos. Sea creativo y exclusivo al diseñar metas para sus vendedores. No hay meta más motivante, por ejemplo, que la carrera contra sí mismo. Observe a los entrenadores de atletas medallistas, que se proponen metas mundiales para superar; pero, para llegar a conseguirlas, primero establecen metas propias.

Algunas metas sugeridas

- Carrera contra sí mismo (si supera las ventas del mes anterior).
- Cantidad de visitas o llamadas efectivas.
- Producción de cuentas nuevas.
- Utilidad.
- Visitas a nuevos prospectos.
- Cuentas reactivadas de clientes perdidos.
- Demostraciones de producto realizadas.
- Presupuestos realizados.
- Cero stock (haber agotado un producto con las ventas).
- Porcentaje bajo de gastos generados para la venta.

No establezca metas con mucha presión

Si elige metas como "tres ventas hoy", lo único que logrará es poner a sus vendedores bajo mucha presión. Como ellos no pueden controlar los tiempos de sus clientes para cerrar las ventas, si no logran venderles a tres clientes encontrarán otra razón más para seguir pensando en la poca probabilidad de tener éxito al día siguiente.

Pero sí es útil poner metas diarias sobre acciones o actividades controlables por el vendedor. Por ejemplo: una cantidad de llamadas, visitas o demostraciones de producto en el día.

c) Competencias y concursos

Existen muchas razones por las cuales un vendedor se siente movilizado a cumplir metas e ir tras nuevos negocios. Puede sentirse motivado por el logro mismo, por afiliación, por autorrealización o por el poder que le brinda haberlo conseguido, pero no encontré hasta ahora mayor motivación en las personas que la competencia con otros.

Me gustaría poder expresar con palabras la enorme eficacia que tiene el hecho de instalar un sentimiento de competencia entre sus vendedores. La competencia es un excelente motivador para cualquier persona. Como ejemplo, observe, si en su país el fútbol genera pasión, la cantidad de personas festejando y agitando banderas en la calle principal de su ciudad el día en que el equipo local o la selección nacional ganaron un campeonato. Luego observe una foto del mismo lugar el día de la fiesta patria más importante. El sentimiento patriótico, la responsabilidad como nativo de su país, no parece ser más fuerte que haberle ganado al equipo rival de siempre en un mundial u otro campeonato relevante.

Tres experiencias formidables sobre competencias en ventas

Una empresa dedicada al expendio de combustible quería motivar a los vendedores del shop *(o tienda comercial). Sugerí tomar como hábito competitivo ir a la primera hora del primer día del mes al local de la competencia y adquirir un caramelo, para poder hacerse de un tique (que indicaba, por supuesto, el número de operación de venta). Luego se compraría otro caramelo en la última hora del último día de cada semana, para conocer la cantidad de operaciones semanales y mensuales. Ese número de transacciones se comparaba con el de la propia tienda y se colocaba en la cartelera interna, para conocimiento de los empleados. El resultado fue que los vendedores estaban pendientes siempre de superarlo y generaban muchísimos* up-sell *o ventas agregadas, ofreciendo otros productos en el momento de pago en caja. Es importante, para el punto que estamos tratando, que le cuente que los vendedores recibían comisiones desde hacía años, pero nunca se habían preocupado por aumentar las ventas hasta que se sintieron perdedores con respecto a la competencia.*

En un call center *de una empresa, de las denominadas "llame ya" (por la insistencia de este mensaje en sus publicidades televi-*

sivas), decidí colocar un televisor que comunicaba en vivo y en directo el ranking del resultado de ventas de las personas que atendían el teléfono. Días antes de colocar el televisor, los vendedores, en su mayoría mujeres, no tenían idea de cuánto vendían sus compañeros. Desde ese día no soportaban quedar últimos al finalizar el día y los mejores se peleaban por el primer puesto hasta último momento. Llegamos a tener que ponernos firmes con el respeto del horario, por razones de salud auditiva, porque eran muchos los días en los que nuestros vendedores preferían quedarse más horas para lograr un buen posicionamiento.

En una empresa de venta de electrodomésticos adoptamos una competencia similar al mundial de fútbol, durante el mismo año en que se jugaba el torneo. Diseñamos un fixture *de sucursales (tenía más de cincuenta), casi idéntico al que se veía en los medios gráficos anunciando los partidos del mundial. Establecimos, teniendo en cuenta la potencialidad de la zona, la historia y otros factores, qué volumen de venta significaba un gol para cada sucursal. Así empezaron los partidos. El resultado nos sorprendió una y otra vez a medida que avanzábamos en la competencia. No solo llegamos a un aumento de ventas jamás previsto y ni siquiera imaginado, sino que vimos atónitos cómo algunas sucursales decidieron abrir sus puertas un día feriado, para meter un gol. Otras mantuvieron abierto unas horas más, porque estaban a punto de concretar un gol y los partidos tenían fechas establecidas. Hasta vimos cómo flamearon banderas con el nombre de una sucursal, en una caravana de autos conformada por los empleados y sus familiares, cuando ese equipo ganó una de las semifinales y quedó confirmado para la final.*

Consejos para implementar competencias motivacionales

1. Tiempo limitado
Para que se produzca el efecto buscado, el tiempo estimado para un concurso o competencia debe ser relativa-

mente corto. Si se realiza durante un largo tiempo, es probable que las personas menos motivadas comiencen a jugar cuando se aproxime la fecha final.

2. Incluyente

La causa principal de fracasos en los concursos de ventas se da cuando el resultado es conocido desde el principio. Usted debe establecer metas que permitan competir a todos los participantes, sean vendedores, grupos de vendedores o sucursales. No tiene que ser un concurso en el que se sepa de antemano quién ganará, de lo contrario, los que más necesitan crecer serán los que menos se interesarán.

3. Premios en escala

Lo que más entusiasma en un mundial de fútbol es que hay escalas para superar (clasificar para la segunda ronda, pasar a los octavos de final, los cuartos de final, las semifinales y la final, y... ¡hasta competir por el tercer puesto!). Si el mundial fuera un campeonato de todos contra todos, donde en la última fecha se saben los ganadores, no tendría el mismo éxito. Su concurso o competencia debe tener estas escalas u objetivos, porque permiten palpar el triunfo a medida que se avanza.

4. No se exceda

No recurra constantemente a nuevos concursos y competencias de ventas, resérvelos para una situación especial, como el lanzamiento de nuevos productos o servicios, o para reforzar cambios deseables en la forma de vender de su personal. Piense que si el mundial de fútbol se hiciera todos los años no tendría el mismo efecto.

5. Cuide los comportamientos

Como en toda competencia –sucede también en los mundiales de fútbol–, las emociones pueden generar comportamientos no deseados, que lleven a los participantes a agresiones, insultos o prácticas poco éticas. Es necesario que usted establezca un reglamento minucioso y que controle constantemente los ánimos. Recuerde que cuando uno transforma a sus vendedores en leones devoradores de ventas, tendrá que cuidar que no se coman entre ellos.

6. La parte no financiera de desarrollo profesional

Ya le hablé, en este libro, de la importancia de la capacitación y el desarrollo del vendedor; pero creo que además de la formación debe tenerse en cuenta la asignación de responsabilidades y ascensos, como parte de la remuneración no financiera del vendedor.

Las empresas que más éxito tienen en el mundo categorizan a sus vendedores según sus actividades. Tienen promotores en exposiciones, vendedores de calle, de agencia, fijos, corporativos y sénior.

Si usted cuenta con una gran fuerza de ventas, no pierda la oportunidad de establecer categorías y responsabilidades cualitativas.

Si no tiene una gran cantidad de vendedores, puede asignar un trabajo retador, un reconocimiento social o empresarial, o una oportunidad de liderazgo sobre otros compañeros en algún área (por ejemplo, nombrando jefes de alguna comisión o de una tarea que aumente la productividad). Esto hace que los elegidos se sientan líderes.

7. La parte no financiera de programas de reconocimiento

No todo es dinero. A veces, tener en cuenta un programa de trofeos y reconocimientos creativos puede hacer que usted logre altos niveles de motivación entre sus vendedores.

Es importante que el empleado se sienta satisfecho, tanto por el aspecto económico como por otros factores no monetarios, relacionados con la percepción que tiene de cómo lo ve usted y de su posición de importancia dentro de la empresa.

¿A quién no le gusta que lo reconozcan y le agradezcan sinceramente su trabajo? Además, cuando es inesperado y espontáneo, el reconocimiento tiene un efecto emocional que alcanza de lleno al corazón de quien lo recibe.

Es preciso que las empresas implementen una cultura de estímulos que aumente el compromiso de sus vendedores y se convierta en una sólida y sostenible ventaja competitiva.

Todos necesitamos ser apreciados y reconocidos, pero no necesariamente de la misma forma o con los mismos obsequios. Cada persona es única y de usted va a depender averiguar cuál es la mejor forma para incentivar a sus vendedores.

Existen muchas ideas para reconocer eficazmente a los integrantes de la fuerza de ventas, ya sea de manera informal o formal. Dentro de una buena planificación, las posibilidades estarán limitadas únicamente por su imaginación.

Algunas sugerencias

Otorgar reconocimientos verbales o escritos de superiores

Puede hacer que el directorio escriba una carta o un e-mail felicitando a su vendedor y hasta colocarlo en la cartelera del departamento.

Otorgar reconocimientos simbólicos (trofeos o medallas)

Usted puede comprar trofeos o medallas para entregar al mejor vendedor. Muchas empresas prefieren los pines para colocar en el traje o uniforme laboral, porque permite que el reconocimiento social se perpetúe a lo largo del tiempo.

Otorgar reconocimientos de tipo material relacionados con el ambiente de trabajo

Una mejor oficina, una notebook, un nuevo celular, un traje de alta marca, un reloj con el logo de su empresa y el logro obtenido: "Vendedor del año", etcétera.

Invitación a la reunión de directorio

Puede invitar a su vendedor para que explique, en una reunión de directorio, cómo logró semejante resultado.

Publicación

Puede contar en un medio gráfico el logro de su vendedor, para darle un alcance mayor al reconocimiento social.

Placas permanentes

Puede confeccionar placas con el nombre de los vendedores récord de la compañía, para colocarlas en la sala de reuniones.

Tres experiencias inolvidables sobre reconocimientos en ventas

Cuando ya había logrado mi meta récord de ventas del servicio, y por ende cobrado el premio económico que eso significaba, me sorprenden las llamadas constantes de amigos, familiares y conocidos para felicitarme, porque vieron un aviso en el periódico donde la empresa en la cual trabajaba me agradecía el logro. Ese aviso le debe haber costado a la compañía el cinco por ciento de lo que yo había obtenido en premio monetario por el logro, pero puedo garantizarle que para mí fue una paga que superó en varias veces aquel monto. Es lo que llamo "moneda social", la oportunidad de que mi entorno me valorara más, y resultó un motivador muy fuerte para seguir brindándole todo mi esfuerzo a la empresa.

Era mi primer día en una compañía. Al entrar en la sala de reuniones de ventas, vi placas con nombres en la pared.

273

Inmediatamente, nuestro anfitrión empezó a señalarlas, indicando que eran los mejores vendedores de cada año y los vendedores que habían logrado algún récord o acción reconocible. Al acercarme, leí bajo varios nombres inscripciones como: "Mejor vendedor, 1988", "Venta récord de 1991", "Mejor idea de ventas de 1992", "A la trayectoria, 1959-1989", "Mejor gerente de ventas, 1996". Más de cuarenta placas del tamaño de la palma de una mano estaban colocadas en la pared. Visualicé la mía, y en dos años vi cómo la colocaban. Actualmente, mi placa está allí, motivando a otros gerentes de ventas.

En la fiesta anual de una empresa, el directorio me eligió, ya que era el gerente general, para otorgar diplomas y medallas a los mejores empleados. Pronuncié un discurso y luego empecé a abrir los sobres que me habían entregado. En ese momento me enteraba del nombre de las personas distinguidas, que se habían elegido en base a encuestas internas, resultados laborales y otras evaluaciones. Los llamaba uno a uno para que recibieran su reconocimiento. En el último sobre encontré mi nombre. Se había decidido que yo era el mejor gerente general que había tenido la empresa durante sus quince años de existencia. Mientras le escribo esta experiencia, me viene a la mente, como en una película, ese momento tan conmovedor de mi carrera laboral.

Sinceramente, me olvidé de los montos que gané en concepto de premios, comisiones o logros, pero...

Estos momentos de reconocimiento me resultan inolvidables, y los llevo para siempre en mi corazón.

El sistema ideal de comisiones por ventas

Si usted, por el título, se vio tentado de leer solo esta parte, evitando todo lo que está antes en este capítulo, permítame decirle que yo haría lo mismo, pero que es necesario leer lo anterior para entender el sistema que propongo como ideal para un plan de comisiones.

Remuneración variable vs. remuneración *variadora*

Lo que hay que diseñar no es un plan de remuneración variable. Hay que lograr una remuneración *variadora*.

La remuneración variable es la que se modifica como consecuencia de un resultado obtenido en las ventas pasadas. La remuneración *variadora* es la que logra que otros aspectos (por ejemplo: la motivación, la dirección de los esfuerzos y las prioridades) varíen como consecuencia de la remuneración.

Las comisiones, al ser un porcentaje sobre las ventas logradas, son un gasto variable, pero no son una remuneración *variadora*.

La remuneración variable es un concepto financiero y contable, no gerencial ni directivo. Lo que un gerente de ventas exitoso necesita no es un plan de remuneración variable que premie o castigue los resultados ya obtenidos, porque, si los resultados no fueron óptimos, el castigo en forma de pago insignificante no impedirá que su puesto como gerente corra riesgo, por no lograr lo esperado.

Un gerente de ventas exitoso necesita un plan de remuneración variador; es decir, que la remuneración sirva para variar la actitud del vendedor, su cantidad de esfuerzos para vender, la dirección, las prioridades y su sentido de compromiso con los resultados.

En fin, la remuneración variable tradicional, la que varía como consecuencia de algo (por ejemplo, las comisiones sobre ventas), no es una herramienta eficaz para la dirección de un equipo de ventas.

Con el sistema que explico a continuación, la retribución excederá el concepto de la obligación legal de pagar por las ventas obtenidas, para pasar a convertirse en una herramienta de dirección gerencial, ya que, en función de cómo se pague y no de cuánto se pague el gerente de ventas conseguirá influir poderosamente no solo en la cantidad de trabajo del vendedor, sino en su calidad.

La dirección por objetivos (DOP)

Es un enfoque gerencial mediante el cual quien dirige y quien es dirigido definen y estructuran conjuntamente los objetivos del sistema, y establecen las áreas de responsabilidad de cada uno, como base para la medición y evaluación de los resultados a alcanzar.

Pasaron varias décadas desde que Peter Drucker formulara los antecedentes de la "Dirección por objetivos". Poco después, George Odiorne contribuyó a su popularización. Desde entonces, otros expertos ahondaron en el tema. No es la meta de este libro profundizar sobre este tipo de dirección empresarial, pero sí debo explicar que para implementar un sistema de remuneración variador es necesaria una dirección en base a objetivos.

El primer paso

Dando por sentado que se tienen establecidas las comisiones por venta y los montos meta que se desea que los vendedores alcancen, se debe hacer un análisis más profundo sobre cómo obtenerlos y sobre qué actividades se deberían realizar para lograrlo.

Cuando vea desde un avión el color del mar en la costa, piense que ese color que muestra la superficie tiene que ver con los colores que hay en la profundidad.

Lo primero que debe hacer el gerente de ventas para implementar un sistema de remuneración variador es identificar qué factores, actividades o acciones son los que modifican los resultados de ventas.

Una vez definidos los objetivos a alcanzar, se debe establecer cómo llegar a ellos.

Por ejemplo, si se establece como objetivo un monto de ventas de un millón de dólares, se tendrá que observar y analizar qué actividades realizó un vendedor para lograr esa meta y, tal como cuando se desarma una máquina, para copiar sus componentes y hacer un inventario de piezas para armar otra igual o mejor, se deberá hacer un inventario de los factores influyentes en las ventas, para lograr metas iguales o mejores.

Estos pueden ser algunos de los factores:

- Cantidad de visitas o llamadas efectivas
- Visitas a nuevos prospectos
- Cuentas de clientes perdidos reactivadas
- Utilidades obtenidas en cada venta

O cualquiera que influya directa o indirectamente en la venta:

- Demostraciones de productos o servicios
- Cantidad o volumen de ventas (ignorando montos)
- Conquista de clientes de la competencia
- Folletos entregados en mano
- Resultados obtenidos en redes sociales

Una vez definida la lista de factores necesarios para lograr el objetivo planteado, se los debe categorizar y darles un valor de importancia o peso ponderativo, utilizando una escala del uno al diez.

Con estos datos, se puede implementar un sistema que promueva el cumplimiento de los factores.

En síntesis, se debe construir la profundidad, para que el mar tenga el color deseado en la superficie. A continuación, explicaré cómo.

El sistema variador

Este método propone un compromiso con la tarea más que con el resultado, y se basa en que se llegó a la conclusión de que la tarea realizada termina logrando el resultado esperado. Una vez establecidos los factores, su categorización, los objetivos y las comisiones directas por el dinero obtenido en las ventas, usted estará listo para aplicar el sistema variador.

Para comprenderlo, es preciso que observe el gráfico expuesto a continuación, en el que elegí, para hacerlo más sencillo, solo algunos factores relevantes de una empresa en la que se implementó el sistema.

FACUNDO DE SALTERAIN	Sistema variador de remuneración para vendedores				TodoSobre VENTAS .com
VENDEDOR "A"					
FACTOR	PESO	OBJETIVO	LOGRADO	PORCENTAJE	RESULTADO
VENTAS	2	10.000 usd	8.000 usd	80 %	160
UTILIDAD	3	2.000 usd	2.800 usd	140 %	420
NUEVOS CLIENTES	3	10	11	110 %	330
DEMOS	1	5	8	160 %	160
LAMADAS SALIENTES	1	200	260	130 %	130
				TOTAL DEL LOGRO	1.200
				PORCENTAJE LOGRADO	120 %

Ventas
Siempre sobre ventas cobradas.

Utilidad
La utilidad obtenida por esas ventas.

Nuevos clientes
Porque se necesitaba aumentar la cartera.

Demostraciones del producto
Se descubrió que era alto el porcentaje de ventas a prospectos que habían recibido una demostración.

Llamadas salientes
También fue notoria la efectividad de ventas por este medio.

En la columna "FACTOR" figuran las acciones, áreas, etc. que se han decidido en el primer paso. En la columna "PESO" está la ponderación de tal manera que la suma no supere el número 10 (diez) (note que 2+3+3+1+1=10). Luego se colocaron los objetivos para cada factor, en la columna "OBJETIVO". También el resultado obtenido, en la columna "LOGRADO". Y en la columna "PORCENTAJE" el tanto por ciento resultante entre el objetivo y el resultado logrado. Finalmente, se multiplicaron los números de la columna "PESO" por los de la columna "PORCENTAJE". Note, en el primer renglón ("VENTAS"), que el resultado 220 (doscientos veinte) proviene de la multiplicación entre 2 (dos) y 110% (ciento diez por ciento). La suma de la columna resultado es de 860 (ochocientos sesenta), y representa un 86% (ochenta y seis por ciento) de lo esperado, que debería ser 1.000 (mil), si todos los resultados hubieran sido del 100% (ciento por ciento) en la columna "PORCENTAJE".

Observaciones sobre el vendedor "A"

1. Superó el objetivo de ingresos por ventas.
2. No consiguió la utilidad esperada.

3. No consiguió los nuevos clientes que se le había pedido.
4. Cumplió con las demostraciones solicitadas.
5. Hizo menos llamadas de las exigidas para la tarea de ventas.

Conclusión

A pesar de haber superado el objetivo de ventas, no logró cumplir con las tareas exigidas y valoradas para su gestión comercial. Por este motivo, percibirá solo un 86% (ochenta y seis por ciento) de lo que le corresponde por comisión sobre los u$s 11.000 (once mil dólares) logrados.

FACTOR	PESO	OBJETIVO	LOGRADO	PORCENTAJE	RESULTADO
VENTAS	2	10.000 usd	8.000 usd	80 %	160
UTILIDAD	3	2.000 usd	2.800 usd	140 %	420
NUEVOS CLIENTES	3	10	11	110 %	330
DEMOS	1	5	8	160 %	160
LAMADAS SALIENTES	1	200	260	130 %	130

Sistema variador de remuneración para vendedores — VENDEDOR "B"

TOTAL DEL LOGRO 1200
PORCENTAJE LOGRADO 120 %

Observaciones sobre el vendedor "B"

1. No logró el objetivo de ventas.
2. Superó la utilidad esperada.
3. Consiguió un nuevo cliente más que lo solicitado.

4. Superó en cantidad las demostraciones pautadas.

5. Hizo muchas más llamadas que las exigidas.

Conclusión

A pesar de no haber alcanzado el objetivo de ventas, logró cumplir con las tareas exigidas y valoradas para su gestión comercial. Por este motivo percibirá un 20% (veinte por ciento) más de lo que le corresponde por comisión sobre los u$s 8.000 (ocho mil dólares) logrados.

Soluciones que aporta el sistema variador presentado

1. Es dinámico y respeta las decisiones que resultan de la dirección por objetivos

Este sistema permite que usted cambie la ponderación cada mes, según las decisiones del directorio. Por ejemplo: ¿por qué cree que en las ponderaciones se le dio importancia de 3 (tres) a la obtención de nuevos clientes? Porque no había mucho producto en stock, y porque se notaba una zona de confort de ventas, lograda por clientes que hacían compras habituales. Estas dos razones llevan a aumentar esa ponderación para una tarea que, obviamente, lleva más tiempo e implica más trabajo por parte del vendedor. Así, ambos se benefician: el vendedor, porque recupera con la ponderación el tiempo dedicado a obtener un nuevo cliente, y la empresa, porque encauza las ventas hacia donde decidió.

Esta opción de remuneración permite a la empresa que, si recibe una gran cantidad de productos y llena su depósito, pueda bajar la ponderación de "nuevos clientes" y la de "utilidad", para conducir la venta a los clientes de siempre y con más descuentos permitidos, porque se valorará el volumen de ventas más que la utilidad.

En los sistemas variables, el vendedor solo se preocupa por alcanzar y pasar el monto de ventas/objetivo, sin importarle los productos discontinuados, las tareas solicitadas, si se logra con clientes de siempre o si la utilidad no es la preferida por la dirección. Otorga descuentos sin sufrir perjuicio alguno, abandona tareas esenciales y, si tuvo la suerte de hacerle una gran venta a un viejo cliente, descansa, porque consiguió la meta con una sola operación.

En un sistema variador, el vendedor debe cumplir el objetivo de ventas sin descuidar los factores esenciales de su gestión y los objetivos de otras áreas, determinados por la dirección. Por eso se le llama "variador", porque no es una remuneración resultante del trabajo realizado en el pasado, sino un sistema que, al conocerlo cada mes (porque lo ideal es modificarlo mensualmente), varía la gestión del vendedor, dirigiéndola hacia el cumplimiento de los objetivos que la dirección propone.

2. Provoca acción en los períodos de crisis de ventas

Si el vendedor nota que a una semana de terminar el mes no está llegando a su objetivo de ingresos por ventas, se preocupa por realizar acciones sobre factores que le ayuden a aumentar el porcentaje de las comisiones obtenidas. Así, como usted observará en el gráfico del vendedor "B", que él se ocupó de hacer más llamadas, más demostraciones y de obtener más clientes nuevos.

3. Trabaja por usted

Dígame, estimado lector, si lo que se menciona en el punto 2 no es lo que pedimos en cada reunión con un vendedor que está bajo en ventas: "¡Acción!". Este sistema trabaja por usted, porque los vendedores, cuando están bajos en ventas, se mueven más, realizando las acciones ponderadas para conseguir más dinero por la misma venta conseguida. Y usted bien sabe que a más llamadas, más citas, y, como resultado, seguro que más ventas. Quizás no este mes, pero seguro que sí durante el mes siguiente.

De esto se trata el sistema, de variar la forma en que piensa el vendedor y de lograr mayor acción cuando se requiera.

4. Le brinda el poder que necesita para tener éxito

¡Imagine el poder que significa tener las manijas de la ponderación de factores en su mano! Podrá ponderar factores como, por ejemplo, ventas de productos prontos a discontinuarse, productos o servicios que muchas veces son ignorados por los vendedores, porque no le representan gran ganancia con relación al trabajo que les cuesta venderlos.

5. Le otorga la posibilidad de tener un plan remunerativo individualizado, a medida

Ya le mencioné la importancia de que cada vendedor tenga metas propias. Por ejemplo, la carrera contra sí mismo, o cualquier meta que lo haga crecer, según su personalidad, ritmo o hábitos incorporados. Piense lo fantástico que será poder ponderar una acción de ventas (como las visitas hechas por aquel vendedor al que no le gusta tanto salir a terreno). Dese cuenta de lo genial que será ponderar una acción de llamadas por teléfono a quien se niega a hacerlo.

Cuáles son los miedos u obstáculos con los que se encuentran los que quieren implementar este sistema

1. Miedo a pagar comisiones por ventas no generadas

Cuando algunos gerentes o directores se encuentran con la información de que un vendedor que vendió menos cobrará un veinte por ciento más de sus comisiones, tal como se observa en el gráfico del vendedor "B", tienden a pensar que se aumenta el egreso para cada venta.

Seguro que es así en el mes en ejercicio, pero también es seguro que las acciones ponderadas se traducen en ventas según su propia estadística. Aquí es donde la dirección debe poner el ojo en los factores elegidos y la ponderación decidida para cada uno.

Este sistema se basa en la premisa de que usted tiene cálculos ya establecidos sobre cuántas ventas resultan de un factor. Si usted ya sabe que, históricamente, cada cinco demostraciones del producto obtiene una venta, ¿qué miedo tiene de ponderar y pagar por hacer las cinco demostraciones, si sabe que va a obtener una venta de esa acción? Piense de esta manera: no apostar a que esto será así es preferir que el vendedor abandone cuando ve que su objetivo es inalcanzable cada mes. Como consecuencia, usted perderá cientos de ventas anuales, y, posiblemente... ¡pierda al vendedor!

2. Obstáculos por la trabajosa liquidación de comisiones

Ya mencionamos que cuando se implementa un sistema creativo, variador y dinámico se debe contar con apoyo informático. Un sistema que permita individualizar los objetivos de cada vendedor necesita un soporte importante.

3. Miedo al cambio (en los gerentes y en los vendedores)

Los sistemas tradicionales son de amplio confort para los vendedores y suelen transformarse en un sueldo fijo mensual cuando se tiene controlada la gestión de ventas. Este sistema obliga a pensar cómo actuar cada mes, no solo al vendedor, sino también a la dirección y a la gerencia. Es más fácil para el directorio quejarse porque el departamento de ventas no le da importancia a ciertos factores relevantes del negocio que tomar decisiones para que se les preste la atención necesaria.

Lo que puedo decirle es que este sistema es tan motivante que, después del terremoto del cambio, usted obtendrá una fuerza de ventas entusiasmada, llena de energía, con gran satisfacción por conocer qué nuevo desafío tiene para el mes siguiente. Eliminará la rutina y crecerá en ventas de una manera soñada.

Ejemplos reales en la aplicación del sistema variador

En una estación de servicio:

ESTACIÓN DE SERVICIO
NUEVO SISTEMA DE COMISIONES

	Ponderación	Objetivo	Logrado	%	Resultado	Comision
Combustible	2	100.000	92.000	92	184	$ 1.840
Lubricantes	2	30.000	20.000	67	133	$ 500
Accesorios	1	12.000	11.000	92	92	$ 275
Lavado	1	5.000	6.000	120	120	$ 150
Lubricentro	1,5	6.000	8.000	133	200	$ 160
Fuel Shock	1,5	3.000	500	17	25	$ 0
Evaluación	1			100	100	$ 0
					854	$ 2.925
					85%	$ 2.498

Observaciones:

Note cómo el encargado y responsable de las ventas de esta estación de servicio no cobra las comisiones de $ 2.925, sino que el monto obtenido es de $ 2.498, porque no logró buenos resultados en la venta de lubricantes y en la de un nuevo producto llamado "Fuel Shock". Después de ver esta planilla, el encargado sugirió la compra de un medidor de calidad del aceite (un aparato en el que se coloca una gota de aceite e indica su estado), para estimular en los clientes el cambio. Idea que potenció las ventas de lubricantes en todas las estaciones de la compañía y que no hubiera surgido sin este sistema.

Fíjese en el factor "evaluación". La empresa decidió incorporar un factor sumamente cualitativo: una evaluación de calidad en las estaciones de servicio que incluía desde la limpieza hasta la frescura de los productos en la tienda de venta.

Dos ejemplos en una multinacional del área de belleza personal:

PIZARRA DE VENTAS / diaria - Junio 2011						

SUPERVISOR   DÍAS HABILES 18
VENDEDOR   Máximo M.   DÍAS TRANSCURRIDOS 10
FECHA   15/06/2011   % TIEMPO TRANSCURRIDO 55,6%

	Plan del Día	HOY	ACUMULADO	CUOTA	% LOGRO	PROYECCIÓN AL CIERRE
VOLUMEN	10	8	190	378	50%	342
VISITAS	8	8	195	360	54%	351
PEDIDOS	5	4	133	198	67%	239
EFECTIVIDAD	63%	50%	68%	55%	124%	68%
DROP SIZE	2	2,0	1	2	75%	1,4
ACTIVACIÓN		4	133	208	64%	239
C. NUEVOS		0	0	0	0	0
CATEGORÍA 1	3	4	65	125	52%	117
CATEGORÍA 2	3	1	57	141	40%	103
CATEGORÍA 3	1	2	19	18	106%	34
CATEGORÍA 4	0	0	21	39	54%	38
CATEGORÍA 5	1	2	3	3	90%	5
CATEGORÍA 6	0,5	0	7	21	34%	13
CATEGORÍA 7	0,5	0	3	5	63%	5
CATEGORÍA 8	1	1	15	42	35%	27
				394		342

Observaciones:

Esta es una planilla diaria. Le llega a cada vendedor, por e-mail, al día siguiente de la gestión. Observe, en la parte de arriba, el dato que arroja sobre el porcentaje entre días hábiles y días transcurridos. El vendedor compara ese porcentaje con el que figura como logro del día en cada factor y, cuando encuentra que está débil en algún factor, comprende qué debe hacer ese día, para mantener el equilibrio en sus comisiones. Por ejemplo, en esta planilla podrá observar que el porcentaje de tiempo transcurrido es de 55,6%, y que en el factor "CATEGORÍA 6" se está al 34% del objetivo, por lo que deberá ofrecer este producto junto con las ventas que hoy realice. Nótese también la importancia de la proyección para darle una idea al vendedor del monto que estará percibiendo si sigue trabajando de esta manera.

El sistema, mediante una planilla diaria informativa, cumple un efecto variador en la forma en que el vendedor va a encarar su jornada.

CONFORMACIÓN DE COMISIONES DEL VENDEDOR - PARTES FIJA Y VARIADA

Total	Parte Fija 30%	Parte Variada 70%
3.000	900	2.100

		%		Liquidación volumen
Objetivo Volumen 20%	Resultado Volumen		Salario Volumen	
271	353	130%	420	504
Objetivo Categorías 30%	Resultado Categorías		Salario Categorías	
8	2	25%	630	0
Obj. Ef. / Fr. 20%	Efectividad Frecuencia		Salario Efect / frec	
60%	65%	108%	420	420
Obj. Mix 15%	Resultado Mix		Salario Mix	
80%	30%	38%	315	0
Obj. Días 15%	Resultado		Salario Días en la Calle	Salario Días en la Calle
10 dias	15dias		315	284

Vendedor Facundo de Salterain	2.108

Logro	Pago
menos de 89%	0
90% a 99%	90%
100%	100%
101% a 109%	100%
110%	110%
111% a 119%	110%
120% y más	120%

7 a 8	120%
5 a 6	100%
3 a 4	90%
menos de 3	0%

menos de 5 dias	120%
6 - 8 días	100%
9 - 16 días	90%
17 y mas	0%

Observaciones:

En esta planilla de conformación del ingreso de un vendedor, obsérvese que se definió un monto máximo o techo de ventas. No lo considero recomendable, pero sé que a algunas empresas les resulta muy necesario, porque manejan ventas muy dispares en algunas temporadas. Lo más rescatable se encuentra en las tablas destinadas al porcentaje de logro y el pago correspondiente (tablas de la derecha).

Note que se le asignó un monto a una cantidad de días en los que el vendedor está en la calle visitando los puntos de venta, porque en este caso se mide con un GPS y se puede controlar y poner como objetivo.

Otro dato interesante está en los factores elegidos por mi alumno para su empresa: el volumen de venta, la venta lograda por categorías y la efectividad de ventas.

Otras soluciones variadoras

Cuando se empieza a implementar sistemas variadores, se comienza a pensar en soluciones variadoras para todos los problemas de ventas que necesitan solución.

A continuación, un ejemplo de cómo puede implementar una solución variadora.

El problema de las ventas apuradas en fechas de cierre

Un problema habitual en ventas es que los vendedores suelen dejar todo para el final. Dejan todas las ventas supeditadas a la fecha de cierre. Sumado al período inmediato anterior, se transforma en un estado de confort.

En la mayoría de las fuerzas de ventas sucede lo que se observa en la primera barra del gráfico siguiente: al principio del mes, desde el primer día hasta el 10, el vendedor se pone en acción, visita prospectos y realiza presupuestos, debido a lo que yo llamo el "EFECTO MIEDO". Miedo, preocupación o incertidumbre generados por empezar el mes en cero, por no saber cómo se presentará la venta en ese período.

Además, es el tiempo en el que le llegan al vendedor las facturas de pago de compromisos. Luego de darse cuenta de que el mes es similar a los anteriores, el vendedor entra en una etapa de "CONFORT" hasta que llegan las fechas de "CIERRE DE VENTAS". En esos días de cierre, que suelen ser del 23 al 30 (dependiendo de cómo caiga la última semana), los vendedores, otra vez, se ponen en acción, debido a que sienten la necesidad de cerrar las ventas antes de que termine el mes.

Una forma de solución variadora es cambiar el mes de ventas a un mes ficticio que sucede del 20 al 20. Esta solución varía los hábitos del vendedor, como se observa en la parte inferior del gráfico.

MES NORMAL			

01 02 03 04 05 06 07 08 09 10 11 12 13 14 15 16 17 18 19 20 21 22 23 24 25 26 27 28 29 30

EFECTO MIEDO	CONFORT	CIERRES VENTAS

20 21 22 23 24 25 26 27 28 29 30 01 02 03 04 05 06 07 08 09 10 11 12 13 14 15 16 17 18 19 20 21 22 23 24 25 26 27 28 29 30

EFECTO MIEDO	CONCIENCIA	CONFORT	CIERRES VENTAS	CLIENTES

MES DEL 20 AL 20	

El "EFECTO MIEDO" de inicio de mes se traslada al período del 20 al 30. Del primero al 10, el vendedor no entra en un período de confort, porque la llegada de facturas con los compromisos de pago lo pone en un estado de "CONCIENCIA" de los ingresos que debe generar. Al finalizar ese período de "CONCIENCIA", entra en un pequeño estado de "CONFORT", que se interrumpe por la llegada de las fechas de "CIERRE". Finalmente, una vez que cerró las ventas, se ve obligado a atender los cierres naturales de los "CLIENTES", que están acostumbrados al viejo sistema y suelen decidirse para esas fechas, por hábito o porque vendedores competidores los estimulan.

En síntesis, este sistema variador brinda las siguientes soluciones:

• Reduce el estado de confort y aumenta el período dedicado a la venta y, como consecuencia, aumenta las ventas en forma inmediata.

• Los vendedores cierran ventas antes que sus competidores, porque presionan a los clientes para que tomen una decisión cuando los vendedores de la competencia están en su estado de confort.

Últimos consejos sobre el sistema

Tenga en cuenta que un cambio de sistema remunerativo puede ser el cambio más importante que haga en una gerencia. Si puede, cuente con asesoramiento de profesionales en recursos humanos y muéstreles este sistema, para que juntos vean la mejor forma de implementarlo con sus vendedores.

En algunas empresas lo implementaron con todo el personal. Aumentaron el sueldo fijo en un porcentaje variador y colocaron factores medibles, como, por ejemplo, tareas de trabajo u objetivos gerenciales.

Si no cuenta con el asesoramiento de un profesional de recursos humanos, impleméntelo primero en forma "virtual", o sea, haga todo el trabajo y, sin comunicárselo a sus vendedores, vea con las ventas actuales cómo remuneraría si aplica el sistema, porque uno de los riesgos más grandes es equivocarse en los factores y en sus ponderaciones.

Le deseo éxito pleno en la implementación, le aseguro que potenciará su gestión.

Sepa que cuenta con mi apoyo, solo búsqueme en las redes sociales y consúlteme.

MI DECLARACIÓN PROFESIONAL
COMO GERENTE DE VENTAS

De la misma manera en la que definí mi declaración como vendedor profesional, que está publicada en mi libro *Locos por las ventas*, cuando asumí por primera vez una gerencia y descubrí la importancia del liderazgo sobre los vendedores, decidí redactar mi declaración profesional como gerente de ventas.

A continuación, transcribo lo que elaboré en aquella oportunidad, hace ya varios años, con los conocimientos que tenía.

Luego de leerla, le aconsejo que defina la suya y la mantenga a la vista durante su gestión.

Soy gerente líder, no gerente jefe

Es un privilegio que me hayan dado la autoridad
de mando, pero desperdiciaré la oportunidad si no
entiendo que es un privilegio de servicio.

Nada podré lograr si utilizo como herramienta el cargo, el mando o la posición. Podré alcanzar todas las metas si logro que mis vendedores se sientan cautivados, apoyados, guiados y motivados para barrer con los objetivos.

No se trata de lograr las metas solo en un año, se trata de lograrlas todos los años.

No se trata de lograrlas todos los años con diferentes personas, se trata de lograrlas con el crecimiento de los que empezamos.

Mi propósito, como gerente y líder, será inspirar confianza, inyectar entusiasmo, envolver a los demás en aires de positivismo, dar poder a mi gente y fortalecer al equipo.

Ante los errores, corregiré, pero comprenderé; castigaré, pero enseñaré… Y sobre todo, sabré esperar a que mi gente cambie. Cada vez que despida a alguien sentiré que el fracaso es mío.

Jamás pensaré que sé hacer algo, hasta que no lo sepa hacer el equipo. Mi deber es formar, para que ellos sepan cómo hacerlo, y no hacerlo yo.

No me guardaré ningún secreto para alcanzar el éxito o la gerencia. Todo lo transmitiré a mi equipo, porque eso querrá decir que yo estaré aún más alto, o que tendré colegas que entienden las cosas como yo… porque de mi equipo salieron.

Conseguiré un compromiso real de todos los miembros de mi equipo, y formularé un plan de trabajo basado

en sistemas efectivos, generadores de voluntades y con
objetivos claros y concretos.

Solo sentiré el éxito pleno cuando me vaya de un cargo
y el que lo ocupe sea de mi equipo.

¡Soy líder, no jefe!

Y estoy orgulloso de asumir esta responsabilidad.

Facundo de Salterain

ACERCA DEL AUTOR

Facundo de Salterain (argentino, 1967, 3 hijos). Profesor de posgrado en escuelas de negocios de Sudamérica. Desde su inicio laboral se ha desempeñado en tareas de vendedor en casi todas las áreas: en tienda, puerta a puerta, por teléfono, por Internet y por televisión. Su experiencia gerencial de ventas fue adquirida como gerente de sucursal, gerente de ventas nacional, gerente comercial, gerente general de una empresa internacional y propietario de una exitosa empresa en la Argentina.

Su consultora, Todo Sobre Capacitación, organiza eventos de capacitación con conferencistas reconocidos internacionalmente en países de Sudamérica, edita una revista de distribución regional y coorganiza los congresos internacionales de ventas en Paraguay, Argentina, Venezuela y México.

Conferencista de renombre internacional en temas de ventas, recorre toda América hablando a vendedores y gerentes en diferentes congresos. Fue premiado como *conferencista revelación* en el Congreso Mundial de Ventas en la edición México 2010.

Es autor de los libros *Locos por las ventas* y *Felizmente exitoso*. Coautor de *Titanes de las ventas*, que reúne a los mejores conferencistas de ventas de América Latina seleccionados por una universidad mexicana. Es autor del film "Todo sobre ventas" y del audiolibro "Leyes del convencimiento".

Es miembro activo de la Red Mundial de Conferencistas, y creador del primer portal de Internet dedicado a los vendedores hispanos: www.todosobreventas.com, uno de los más visitados por vendedores de todo el mundo por sus más de 1.700 contenidos gratuitos de lectura sobre negociación, motivación y ventas.

Ha escrito cientos de artículos sobre su materia como columnista en importantes revistas y periódicos de Latinoamérica.